L'ESPION ANGLAIS

ou

CORRESPONDANCE

ENTRE DEUX MILORDS.

L'ESPION ANGLAIS

OU

CORRESPONDANCE

ENTRE DEUX MILORDS

SUR LES MŒURS PUBLIQUES

ET PRIVÉES

DES FRANÇAIS.

TOME DEUXIÈME.

A PARIS,

Chez LÉOPOLD COLLIN, Libraire, rue Gît-
le-Cœur, n°. 4.

1809.

L'ESPION ANGLAIS

OU

CORRESPONDANCE

SUR LES MŒURS PUBLIQUES ET PRIVÉES DES FRANÇAIS.

LETTRE PREMIÈRE.

Voyage de l'Empereur en France; son séjour à Paris, et dans quelques grandes villes du Royaume.

Vous êtes sûrement très-empressé, Milord, que je fixe vos idées sur l'Empereur, sur ce prince voyageur et observateur, dont on peut dire comme d'Ulysse : *Mores multorum vidit et urbes* : c'est aussi ce que je me propose dans cette lettre où je vais vous donner un journal exact de son séjour à Paris, après vous avoir rendu compte de son personnel, de sa façon de vivre, et des motifs supposés de son voyage, qui, peut-être, n'en a eu d'autres que le désir de voir, de s'instruire, motif qui fit entreprendre autrefois au czar des courses infiniment plus pénibles et plus longues.

M. le comte de Falkenstein (car respectant le voile sous lequel sa modestie a voulu s'envelopper, je ne l'appèlerai plus que par cette dénomination) M. le comte de Falkenstein (1) qu'on savait en France, était attendu depuis long-temps dans la capitale, lorsqu'enfin il est arrivé le 18 avril. Ce jour là la reine, sans doute impatiente d'embrasser son frère, traversa tout Paris dans la matinée avec quatorze cabriolets, le sien compris, pour aller au devant de lui; mais afin de lui garder l'incognito qu'il desirait, Sa Majesté prétexta une partie de chasse dans la forêt de Bondy, lieu du rendez-vous. Ce même cortège repassa sur les boulevards l'après-midi par une pluie affreuse. Comme les voitures étaient découvertes, et que rien n'y garantissait les têtes que des parasols, tous les chapeaux à la Henri IV (2) furent gâtés, renversés, abîmés. Les dames étaient enveloppées dans des redingottes d'hommes. Ce désordre faisait rire la reine,

---

(1) Falkenstein est un comté de la Lorraine qui appartenait à l'Empereur, au moyen de la réserve qui en avait été faite dans le traité de cession de 1735.

(2) Coiffure moderne des femmes de la Cour, que les bourgeoises imitèrent bientôt.

encore à cette fleur de l'âge où ce qui fatiguerait la délicatesse de son sexe en tout autre temps, devient un sujet de gaîté et d'amusement. Le comte de Falkenstein, par ce début, eut lieu de juger combien était aimable et folâtre la cour où il allait se trouver, et malgré la gravité de son caractère, il en prit dès ce jour là le ton avec toutes les grâces possibles. Cependant il desira se recueillir le soir. Il resta dans Paris et coucha chez son ambassadeur, le comte de Mercy Argenteau. Le lendemain il se rendit à Versailles et descendit d'abord chez la reine, qui le présenta au roi. On la vit ensuite sortir de son appartement, tenant son frère sous le bras; elle le conduisit chez toute la famille royale; après il alla visiter chaque ministre l'un après l'autre. Le comte de Mercy étant malade, il s'était fait accompagner pour l'étiquette par le comte de Belgiozo, son envoyé extraordinaire à la cour de Londres : il dîna en tiers avec leurs Majestés et consacra ce jour aux entretiens les plus doux avec elles. Son auguste sœur aurait bien désiré le retenir toujours près de sa personne; mais la capitale renfermant beaucoup de choses et d'hommes que le comte était empressé de connaître, il s'est partagé entre la cour et la ville, et une simplicité rare l'a caractérisé partout et en tout. Dans sa suite et ses bagages; il est arrivé avec un train moins considérable que celui d'un colonel qui va rejoindre son régiment ; il avait deux seuls domestiques de louage et un cocher de remise. Dans son extérieur ; aucun luxe, nulle décoration, un simple habit de drap brun ou verd est celui qu'il portait habituellement. Dans son logement; il n'est pas resté chez son ambassadeur, et il s'est fixé dans un hôtel garni auprès de lui, rue de Tournon. A Versailles, il n'a point voulu habiter le château, il s'est fait louer un appartement *au Juste* (1) de deux pièces seulement, ornées, il est vrai, des meubles de la couronne, précaution qu'on avait prise avant son arrivée et qu'il aurait refusée s'il en eût été le maître. On ne pouvait s'imaginer ici qu'un souverain qui a la prééminence sur tous les autres, le représentant des Césars, des maîtres du monde, marchât sans le plus léger appareil de la grandeur. Quoiqu'on eût lu dans les papiers publics cent traits arrivés à Vienne, le siège impérial, annonçant son goût pour se confondre dans la foule et se procurer de ces jouissances mystérieuses, on n'osait le croire ; on ne s'y faisait point, et après l'avoir vu, on en doutait encore. On rencontrait ainsi cet étranger, on causait avec lui, on en recevait des honnêtetés, des politesses, et l'on était tout surpris d'apprendre ensuite qui c'était. Cet *incognito* perpétuel écartait la foule

---

(1) Nom d'un hôtel garni.

de ses pas ; il lui laissait la facilité de parcourir plus à son aise et plus long-temps les objets de sa curiosité, et il enhardissait les personnages qu'il visitait à se découvrir à lui avec une franchise dont il leur donnait l'exemple.

Vous vous doutez bien, Milord, que le comte de Falkenstein devint aussitôt le sujet général des conversations. Ceux qui n'avaient aucune idée de sa figure voulurent d'abord savoir comment il était fait, afin de le reconnaître au moins par son portrait, puisque nul autre indice ne le décelait. On apprit que sans être excessivement grand, il était d'une taille noble et bien proportionnée ; qu'il était blond, qu'il avait le visage long, les yeux bleus et grands, le regard fier, mais tempéré, quand il voulait, par la douceur ; la lèvre autrichienne, c'est-à-dire un peu enflée ; l'air sérieux et pensif ; qu'il avait la démarche leste d'un homme accoutumé à faire beaucoup d'exercice, et l'extérieur d'une santé vigoureuse que procure ordinairement une fatigue modérée ; en un mot, qu'il ressemblait beaucoup à la reine, avec la différence que celle-ci possédait toutes les grâces de son sexe, et le comte avait tout le mâle du sien.

L'étonnement que causait tout ce qu'on entendait de l'illustre étranger, redoubla lorsqu'on sut sa manière de vivre ; qu'il mangeait très-sobrement et fort souvent debout ; ce qui n'annonce pas un repas long ; qu'il portait toujours son lit avec lui, consistant en deux peaux de cerf, dont on remplissait l'une de paille, et dont l'autre lui servait de couverture ; qu'il rentrait de bonne heure pour se rendre compte à lui-même chaque jour de ce qu'il avait vu, dit ou fait, et en dresser le journal, et qu'après avoir peu dormi, il se levait de grand matin pour recommencer le cours de ses occupations.

En vain quelques détracteurs voulurent affaiblir le sentiment d'admiration que les Parisiens éprouvaient à ces divers récits en accréditant un préjugé répandu avant son arrivée, qu'il n'était qu'un singe du roi de Prusse : il le détruisit facilement à mesure qu'il se produisit ; et dès qu'on le connaissait, on ne pouvait s'empêcher de l'aimer et de l'adorer. On trouvait en lui un prince fait pour penser et agir d'après lui-même, qui, aux vertus guerrières et à la noble simplicité de Charles XII et de Frédéric joint un esprit d'équité, de modération et d'humanité que ces monarques n'ont pas toujours montré.

Une rumeur plus fâcheuse et plus générale, c'est qu'il détestait les Français, et elle était très-vraisemblable. Né en effet sous les plus tristes auspices, la première fois qu'il avait entendu prononcer ce nom, ce n'avait dû être qu'avec horreur. Il ne pouvait se rappeler qu'en frémissant à quel excès de désespoir la France

(1) *Joseph Second est né le 13 mars 1741, et son grand père, l'Empereur Charles VI est mort le 20 octobre 1740.*

avait réduit sa mère, qu'elle avait voulu priver de la plus grande partie de ses états, et qu'il avait servi comme de signal de la guerre contre ce royaume, lorsqu'elle l'avait présenté encore à la mamelle aux palatins Hongrois, et l'avait fait passer de rang en rang pour exciter leur pitié et leur zèle à la venger. Il était difficile que les alliances subséquentes eussent déraciné cette haine profonde, invétérée et presque innée en lui; ainsi l'on ne pouvait se persuader que ce fût par goût pour la nation qu'il fût venu au milieu d'elle. On jugeait, au contraire, qu'il avait sans doute un motif bien puissant pour vaincre sa répugnance naturelle. Sur quoi son voyage était-il donc motivé? C'était un problème que tout le monde proposait, et que personne ne pouvait résoudre. Il n'y avait pas assez long-temps qu'il était séparé de la reine pour que le desir de revoir sa sœur l'eût porté à cette démarche. Il est rare que les souverains entreprènent de pareils voyages par excès de tendresse, et la renommée qui s'entretient sans cesse d'eux, les rend en quelque sorte presque toujours présents les uns aux autres, indépendamment de ces correspondances secrètes par lettres ou par messagers rapides qu'ils peuvent entretenir encore plus facilement que les particuliers. Il fallait donc que la politique eût dirigé cette démarche: on a dit qu'il avait le projet d'épouser madame Élisabeth, et quelques gens se sont arrêtés à cette idée, qui n'était pas sans vraisemblance; mais il n'a pas fait la cour à cette princesse, quoique très-aimable, et on a su depuis qu'il ne voulait pas se marier, qu'il avait amené à sa suite en homme sa maîtresse, la comtesse de Kington, avec laquelle on croit qu'il a même un hymen secret : enfin, un propos de madame Élisabeth prouve qu'elle même n'y songeait pas et qu'il y avait une autre négociation entamée; puisqu'en apprenant le mariage du prince de Beira fait par son oncle mourant, elle s'est écriée avec satisfaction : *Dieu merci, je n'irai donc pas en Portugal.*

On a été obligé de former d'autres conjectures. L'heureuse réussite du démembrement de la Pologne, suivant certains spéculateurs, ayant encouragé les puissances copartageantes, elles se sont occupées d'une autre conquête plus essentielle, imaginée depuis long-temps, desirée par les princes catholiques, et que la religion e l'intérêt commun semblent prescrire, c'est le recouvrement de la Turquie Européenne; croisade nouvelle qui mieux combinée aurait un succès certain. On veut que l'Empereur, plus actif que ses collègues pour obvier aux lenteurs inséparables des négociations, et surtout des négociations de cette importance, ait pris le parti de venir traiter en personne avec le roi de France. Selon le plan connu, on proposerait la neutralité à Sa Majesté très-chrétienne, et on lui abandonnerait en conséquence tous les pays qui peuvent arrondir ses états jusqu'au Rhin, de sorte que ce fleuve servirait de ligne de démarcation de ce côté-là. Pour moi, Milord, je ne doute pas qu'il n'y ait sur le tapis quelque plan de cette espèce. Je sais que M. de Vergennes l'a depuis long-temps en vue, y songe même avec complaisance ; qu'instruit qu'un Français (1) qui lui servait de correspondant sans caractère en Pologne, avait fait un ouvrage sur cette matière, il l'a fait venir à Paris, a desiré lire son mémoire, et l'a fait questionner beaucoup ; mais je sais aussi que ce projet n'est pas mûr et qu'il s'écoulera plusieurs années avant qu'il s'effectue. En tout cas, si tel est le motif du voyage du comte de Falkenstein, il s'est conduit avec une grande finesse ; car il a très-peu vu les ministres, et l'on n'a parlé d'aucune conférence qu'il ait eue avec eux, longue ou secrète. Pour moi, je pense qu'avant de former aucune entreprise, il aura voulu connaître par lui-même la cour de France, le génie de Louis XVI, celui de son gouvernement, le caractère de ses ministres, et partir d'un point fixe sur les obstacles qu'il en

---

1 (1) M. Carra, auteur de quelques ouvrages, mort sur 'éch af a:d pendant la révution.

aurait à craindre, ou les secours à espérer; mais il a voilé ces vues adroites et éloignées du motif plausible et flatteur de parcourir un aussi beau royaume et d'en connaître les richesses, les monuments, les arts et les habitants. Les Français, à leur tour, ont cherché à le deviner.

Le jour où le comte de Falkenstein a paru à Versailles pour la première fois, les courtisans qui l'avaient vu à Rome, l'observaient avec soin et ne lui ont pas trouvé cet air de fierté et de supériorité qu'il montrait dans la capitale du monde chrétien (1), mais l'air étonné et comme étourdi, de ce qu'il voyait, tant le premier coup d'œil de la pompe royale en impose à ceux mêmes le moins susceptibles d'en être frappés par leur caractère et par leur rang. La causticité française n'a pas manqué de s'exercer à ce sujet, et l'empereur ne lui offrant aucune prise, elle s'est

---

(1) On a raconté qu'en 1769, l'Empereur visitant dans l'église de St. Pierre le tombeau de la comtesse Mathilde, où se trouve un bas-relief qui représente cette princesse debout à côté du pape Grégoire VII, qui, sur un fauteuil, et dans l'appareil le plus orgueilleux, donne l'absolution à l'empereur Henri IV, humilié à ses genoux; lorsque l'antiquaire vint à lui expliquer ce morceau, il vit le visage de ce Prince se couvrir d'indignation, il recula un pas en arrière, et toute sa contenance marquait sa fureur; il se remit cependant et se contint.

portée sur la cour de Versailles par le quatrain suivant, qui a fait une grande fortune.

> A nos yeux étonnés de sa simplicité,
> Falkenstein a montré la majesté sans faste ;
> Chez nous par un honteux contraste
> Qu'a-t-il trouvé? du faste et point de majesté?

Ce jeu de mots avait peu de justesse; car rien de plus uni que le monarque français sympathisant à merveille à cet égard avec son beau-frère. On raconte même que témoignant au comte de Falkenstein sa surprise du faible cortège qu'il avait avec lui, et ce seigneur répondant que c'était son usage, qu'il en menait quelquefois moins, eh bien, reprit S. M. en riant et en lui montrant le comte d'Artois présent à la conversation, croiriez-vous que voilà un jeune gentilhomme qui me demande 150 chevaux pour aller à Brest? (1).

Un des premiers soins du comte de Falkenstein en arrivant a été de lever les difficultés du cérémonial. Les princes du sang en ont été prévenus; ils n'ont pu que lui rendre les visites qu'ils en ont reçues; et tous les grands s'étant

---

(1) En effet, le comte d'Artois partit peu après, c'est-à-dire, le 7 mai, avec treize voitures, ce qui joint à sa suite à cheval, pouvait bien faire monter ses chevaux de poste au nombre indiqué.

empressés de lui porter leurs hommages, il est allé successivement chez eux. Dans ses tournées, il se faisait écrire chez les hommes et entrait chez les dames; il amenait toujours la conversation sur des traits flatteurs pour chaque famille; il était le premier à les citer et semblait connaître la noblesse de France, comme celle de ses états. M. le Contrôleur-général lui ayant présenté son frère, M. de Villepatour, officier-général d'artillerie très-estimé, ce prince l'accueillit avec distinction en lui rappelant ses propres belles actions, qu'il a montré savoir plus que beaucoup de militaires et de ses camarades. Il refusait à la cour et à la ville tous les placets qu'on avait l'indiscrétion de lui présenter : il ne voulait être nommé que M. le comte, jusque par ses valets de pied; il allait de temps en temps à l'œil de bœuf (1) se mêler parmi les courtisans; il causait avec eux, et personne ne l'eût regardé comme étranger. Un jour il assista même au grand couvert, en qualité d'un des familiers du roi, et se plaça debout derrière le fauteuil de S. M. Une autre fois il s'était présenté au château avant le lever et resta dans la galerie jusqu'au moment de l'admission. Le roi, instruit qu'il

---

(1) C'est ainsi qu'on nommait l'antichambre qui précédait l'appartement du roi à Versailles.

était là, le fit inviter d'entrer. « Oh ! pour le coup, dit-il, on va me prendre pour un favori ! Enfin, lors de la première visite qu'il rendit au comte de Maurepas, on le fit attendre dans une salle d'audience, parce qu'on ne le connaissait pas. Le premier ministre qui était à travailler avec le contrôleur-général, se confondit en excuses. Il n'y a point de mal, lui répondit l'auguste étranger, les affaires d'Etat vont avant celles des particuliers.

A Paris, il a commencé par en visiter les grands monuments ; mais en simple curieux sans se faire attendre et annoncer nulle part. L'hôtel royal des Invalides est celui qui a fixé le plus son attention ; il ne pouvait se lasser d'admirer le dôme et sa superbe enceinte ; mais il demandait toujours : à quoi cela sert-il ? Il ne pouvait souffrir l'inutilité de ce vaste monument ; il approuvait fort le projet d'y placer le tombeau des rois, et de déposer leurs cendres à la garde des militaires, plutôt que chez des moines (1). Quelle a été son indignation lorsqu'il a su qu'on avait jusqu'à présent détourné Louis XVI de venir en

---

(1) Les rois et tous les personnages de la famille royale étaient depuis plusieurs siècles enterrés à Saint-Denis, abbaye de Bénédictins à deux lieues de Paris. On prétend que Louvois, en faisant bâtir les Invalides, avait eu le dessein de proposer à Louis XIV de s'y faire enterrer.

ce lieu, sous prétexte des difficultés d'une misérable étiquette (1)! L'Ecole Militaire l'a enchanté aussi, et il a gémi du vide qu'il y a trouvé. L'Hôtel-Dieu lui a déplu infiniment par son local étroit et au sein de la ville, par l'entassement de tant de malades en une même salle et en un seul lit; car il a tout examiné dans le plus grand détail, et sa délicatesse n'a point été blessée d'entrer dans l'intérieur de cet hôpital infect et pestilentiel. Les pauvres à tous les coins des rues l'ont aussi révolté dans une capitale dont la police, admirable à d'autres égards, pourrait facilement la purger de ces fainéants, et les appliquer à des travaux utiles.

A Notre-Dame, quand on a voulu en montrer le trésor au comte de Falkenstein, il a répondu qu'il avait assez vu de reliques, ce qui a peu édifié les chanoines. Quand on lui a fait voir la chapelle d'Harcourt où est le mausolée du comte nouvellement construit, il a demandé pourquoi cet honneur, en ajoutant qu'il ne se rappelait aucune action de ce seigneur? On lui a répliqué que ce n'était qu'un monument de tendresse

---

(1) On prétendait qu'il y aurait eu jalousie entre les gardes du Corps et les Invalides, qui n'auraient pas souffert les premiers en dedans, et auraient voulu avoir la garde de la personne royale.

conjugale, et non un monument patriotique, ou un trophée militaire.

Partout il s'ouvrait, il se communiquait, et ses propos, s'ils n'étaient saillants, étaient pleins de bon sens : lorsqu'il fut au palais, il ne dissimula pas sa façon de penser sur le compte de deux ministres si fameux sur la fin du règne de Louis XV. Se trouvant à la première présidence, dans une galerie où règne une suite des portraits de tous les chefs du parlement, il pria qu'on lui montrât celui de M. de Maupeou, le chancelier actuel : après l'avoir considéré attentivement, il demanda s'il était ressemblant? on lui répondit qu'oui. Il s'écria « Il fait bien de n'être pas ici » : puis se rassérénant et se tournant vers les magistrats qui l'accompagnaient : « *Pour vous, Messieurs*, ajouta-t-il, *vous avez essuyé bien des persécutions; mais tout est heureusement réparé.* »

A la chambre des Comptes, en lui expliquant les diverses fonctions de cette cour, on lui dit que c'était chez elle que les contrôleurs-généraux venaient prêter leur serment : on lui en lut la formule où ils promettent d'être fidèles aux commandements de la chambre. Le moment d'après la signature de l'abbé Terrai s'offrit à ses yeux dans quelque registre : *En voilà un*, reprit-il avec vivacité, *qui n'a pas tardé à rompre le sien.*

Ce jour là il parut très-satisfait de voir M. Séguier que le premier président lui présenta et dont il connaissait déjà l'éloquence : non content de le considérer, il revint une seconde fois au palais pour l'entendre. Un matin où ce magistrat portait la parole dans une cause d'éclat, il se rendit secrètement à la grand'chambre et se plaça dans une lanterne; mais on trahit sa modestie; on avertit l'orateur, et M. le premier avocat-général fit venir adroitement dans son plaidoyer l'éloge de la maison d'Autriche et de son auguste chef, morceau qui fut reçu avec transport de tout l'auditoire et excita les plus vifs applaudissements.

Au moyen du soin qu'avait le comte de Falkenstein d'éviter toutes les occasions d'exciter la multitude, ce qui serait infailliblement arrivé si sa marche eût été connue, soin qu'il portait jusqu'à tromper le public qui attendait souvent des heures entières à sa porte pour le voir sortir, tandis qu'il s'était échappé par une porte de derrière, les spectacles étaient les endroits les plus propres à le rencontrer : c'en devint un vraiment curieux le jour où il fut pour la première fois à l'opéra. Ce fut la reine qui l'y mena. Elle était accompagnée de Monsieur, de Madame, de M. le comte et Madame la comtesse d'Artois. La foule était excessive et applaudit à toute outrance S. M. à la descente de son carrosse. Après les révérences ordinaires, la reine s'assit, les battements de mains continuaient, elle se douta que ceux-ci regardaient son frère qui était au fond de sa loge et ne se produisait point; elle le tira presque malgré lui, l'amena sur le devant et le fit asseoir auprès d'elle.

On jouait Iphigénie en Aulide : à l'endroit où le chœur dit en voyant Clitemnestre, *chantons, célébrons notre reine;* les acclamations redoublèrent, le comte de Falkenstein s'en mêla, battit des mains, ce qui encouragea merveilleusement le parterre : son auguste sœur émue de tendresse ne put y tenir, des larmes de joie lui tombaient des yeux; elle se leva et témoigna sa reconnaissance de la manière la plus affectueuse. Ce triomphe rejaillissait sur le comte, auquel il était dû; car on ne peut dissimuler que les hauteurs déplacées de l'archiduc (1) n'eussent un peu refroidi les cœurs des Parisiens à l'égard de leur souveraine, qui les regagna complètement en cette circonstance.

Heureusement pour le comte, ces jours de représentation avec la cour étaient rares; il s'y soustrayait le plutôt qu'il pouvait et s'en délas-

---

(1) Pendant son séjour à Paris, dont on ne parla point, parce qu'il ne s'était rien passé de remarquable à ce sujet. On lui trouvait beaucoup d'orgueil et peu d'esprit, ce qui le faisait appeler, par les mauvais quolibétiers de la cour, l'*Archibête*.

Tome II. 2

sait, pour ainsi dire, en continuant de visiter en amateur et clandestinement tous les lieux dignes de son attention. Après les grands monuments, les églises, les palais, les salles de spectacles, il voulut voir aussi les maisons particulières, remarquables par leur élégance, par des recherches ingénieuses, par cet art des commodités si bien entendu, qui n'est point aussi essentiel et ne peut même se rencontrer dans les hôtels vastes et superbes. Il est entré dans le sanctuaire de Terpsicore, dénomination de la maison que s'est fait construire mademoiselle Guimard, et il n'en a pas moins admiré la divinité que le temple. Il s'est rendu à Luciennes chez la comtesse du Barri, qu'il était aussi empressé de voir que son château; en conséquence, il a choisi un jour où il était certain de la rencontrer chez elle. Après avoir parcouru tout l'intérieur, il fut question de se promener dans les dehors, la comtesse crut devoir lui en faire les honneurs et l'accompagner; il lui offrit le bras; et comme elle semblait honteuse de cet honneur, et s'en avouer indigne: « Ne faites point de difficulté, lui dit-il; la beauté est toujours reine; » il déclara, du reste, à son retour, en avoir été fort content, mais non de sa figure, bien au dessous de l'idée qu'il s'en était formée. Il n'est pas jusqu'au sieur Beaujon qui eut le bonheur de recevoir l'illustre étranger. Et quelle fut sa surprise, en apprenant que ce financier s'était trouvé trop resserré dans un hôtel où logeait, il n'y a pas un demi siècle, un des plus grands seigneurs du royaume, le comte d'Evreux, qui depuis, après avoir appartenu à la marquise de Pompadour, a été destiné pendant quelque temps à devenir l'hôtel des ambassadeurs extraordinaires. Quand il fut à la bibliothèque, il quitta le maître pour s'entretenir avec le bibliothécaire, M. Meunier de Querlon, homme de lettres fort instruit, avec qui le comte causa long-temps, développa beaucoup de nerf dans sa façon de penser, parut connaître tous nos ouvrages métaphysiques modernes, savoir parfaitement à quoi s'en tenir sur ces matières importantes, enfin avoir des principes très-décidés et pouvoir donner des leçons aux chefs de la philosophie moderne.

La sienne se manifestait partout. Un autre eût dédaigné ces lieux ignobles destinés aux amusements d'une canaille grossière, et où le moindre bourgeois rougirait de se trouver; il a voulu les connaître. Il est surtout dans un des faubourgs de Paris une guinguette immense, qu'on appèle *le grand sallon*. C'est là que se rendent, les fêtes et dimanches, le grand nombre des ouvriers et en général la plus vile populace. M. le comte de Falkenstein y a porté son coup d'œil observateur; mais, pour en mieux jouir, il a redoublé de mystère et a parcouru de la sorte à son aise la foule de tableaux à la Téniers que présente cet assemblage intéressant pour le seul philosophe. Un tel emplacement contient environ 2000 personnes, buvant, mangeant, dansant; le seul spectacle du vin, des viandes qui s'y consomment est effrayant.

Il entrait dans le plan du comte de connaître autant les hommes illustres en tout genre que les curiosités rares de la France, et il n'en est presque aucun, surtout entre les artistes, qu'il n'ait visité; il n'a pas paru faire autant de cas des gens de lettres et des philosophes qui en ont été jaloux. L'hommage cependant qu'il a rendu à M. le comte de Buffon l'aurait sans doute réconcilié avec ces derniers, si en adoptant ses ouvrages, ils ne le regardaient comme personnellement étranger à eux, en ce qu'il est toujours resté à l'écart et isolé, sans vouloir faire secte; en ce qu'il s'en est tenu à une admiration stérile de M. de Voltaire, en refusant constamment de se lier avec lui; en ce qu'il a surtout négligé la partie la plus essentielle de leur doctrine, la charlatanerie; en un mot, en ce que, sage dans ses écrits, il ne s'est jamais montré en société qu'un homme aimable, et au niveau des autres. Indépendamment de l'attrait particulier qui pouvait l'entraîner vers M. de Buffon, il avait à réparer une mortification que lui avait donnée, involontairement sans doute, l'archiduc. Ce grand homme, lors du voyage de celui-ci, avait eu l'honneur de lui présenter un exemplaire de ses œuvres. Ce prince avait trouvé le livre fort beau, en avait admiré la reliure magnifique, puis l'avait rendu à l'auteur, sous prétexte *qu'il ne voulait pas l'en priver.* Cette naïveté rare était parvenue à l'empereur; « Je viens, dit-il en abordant M. de » Buffon, chercher le livre que mon frère a ou- » blié chez vous, » tournure ingénieuse, dont la délicatesse flatta sensiblement le philosophe, et étonna tous les spectateurs de la scène.

Il a aussi desiré voir les séances de trois Académies, et il y a assisté successivement. Comme je n'ai pu m'y trouver, j'ai prié un témoin oculaire de m'en rendre compte. Voici, milord, la relation.

Le 10 mai, M. le comte de Falkenstein se rendit à l'académie des Sciences, vers les cinq heures du soir, c'est-à-dire lorsqu'elle était fort avancée : on la prolongea pour ce prince qui ne voulut accepter aucune place distinguée ni occuper un siége d'académicien, et se plaça au centre de l'assemblée sur une des chaises destinées aux étrangers ordinaires, admis quelquefois à ces séances.

M. Lavoisier lisait dans ce moment un mémoire dont il avait déjà fait part au public à la rentrée de Pâques dernier, sur les altérations qui arrivent à l'air dans différentes circonstances, et sur les moyens de ramener l'air vicié, soit par la respiration des hommes ou des animaux, soit par telle autre cause que ce soit, à l'état d'air respirable.

Il eut l'honneur de démontrer, en présence de l'illustre étranger, comment on pouvait décomposer l'air de l'atmosphère en demi-portion; l'une salubre, respirable, susceptible d'entretenir la vie des animaux, la combustion et l'inflammation; l'autre, au contraire, funeste pour les animaux qui la respirent, et dans laquelle les lumières et les corps allumés s'éteignent à l'instant. Après avoir ainsi décomposé en quelque façon l'air, M. Lavoisier fit voir comment on pouvait le recomposer, et refaire, avec trois parties d'air nuisible et une d'air salubre, un air factice tout semblable à celui de l'atmosphère et qui réunit toutes les mêmes propriétés.

De ces connaissances sur l'état le plus habituel et le plus ordinaire de l'atmosphère, M. Lavoisier passa aux altérations qu'il éprouve dans un grand nombre de circonstances; il fit voir que la respiration des hommes et des animaux avait la propriété de convertir en air fixe la portion salubre de l'air; de sorte que dans les salles de spectacles, par exemple, ou dans les dortoirs des hôpitaux, où l'air a été long-temps respiré, il existe deux espèces d'air nuisible, savoir, la partie nuisible propre à l'air et qui entre dans sa composition, et la portion d'air fixe qui s'est formée par l'effet de la respiration. Mais une circonstance très-remarquable, c'est que ces airs ne se mêlent point aisément entre eux, et M. Lavoisier démontre qu'il existe dans les salles de spectacles trois couches d'air très-distinctes; la supérieure, qui est la plus nuisible; la moyenne, qui est la plus respirable; et l'inférieure, qui contient une quantité notable d'air fixe. Ces observations et les expériences sur lesquelles elles sont fondées, conduisent M. Lavoisier à des réflexions sur la construction des salles des hôpitaux et sur les moyens qu'on peut employer pour donner issue aux deux espèces d'air nuisibles qui s'y forment continuellement.

Après avoir fait voir comment on peut connaître quelles espèces d'altération l'air a subies, soit dans les salles de spectacles, soit dans les hôpitaux, soit dans les prisons, soit dans les mines, M. Lavoisier passe aux moyens de corriger les airs viciés et de les ramener à l'état respirable, par des mélanges, des additions, etc. Cette partie du mémoire ne put être achevée, faute de temps.

Mais il ne faut point omettre une expérience intéressante, faite devant le prince par l'académicien, pour prouver les effets de l'air fixe, en faisant périr un oiseau, qui en fut frappé comme de la foudre. Toute la compagnie attesta qu'il était mort; on en parut convaincu. M. Sage seul, l'un des membres, moins charlatan que son confrère, prétendit qu'il ne l'était pas, ou du moins que la présence de M. le comte de Falkenstein opérerait peut-être un prodige, et dit que, plein de confiance dans ce puissant intercesseur qui semblait gémir sur le sort funeste de l'oiseau, il allait entreprendre de le ramener à l'existence. Il le demanda, il prit un peu d'alkali volatil fluor dans le creux de la main, et frotta le dedans du bec de l'oiseau, qui commença à faire quelques petits mouvements, et eut l'air de respirer avec des convulsions. M. Sage plaisantant alors l'auteur de la première expérience, déclara modestement qu'il craignait de s'être trop pressé, de ne pouvoir défaire entièrement le maléfice de l'habile chimiste, et de voir mourir une seconde fois l'innocente victime de son art. Cependant, comptant toujours sur le même secours, sur l'influence bienfaisante de M. le comte de Falkenstein, il recommença de frotter doucement le ressuscité avec la même liqueur : l'oiseau se remit par degrés, s'agita, s'envola, et le prince ayant demandé que le bienfait fût complet en lui rendant aussi la liberté, on ouvrit la fenêtre et il disparut.

On conclut de ce qui venait de se passer, que M. de Lavoisier connaissait tous les maux que l'air fixe est capable de produire, mais que M. Sage avait le talent plus utile d'en arrêter les effets funestes. On jugea aussi que l'expérience du dernier pouvait être d'une grande conséquence pour l'humanité, en indiquant un remède à des accidents tenant beaucoup de l'apoplexie.

M. Leroi, directeur de l'académie, lut ensuite le *Prospectus* d'un mémoire sur la construction des hôpitaux : cet académicien fit voir qu'un hôpital trop serré et mal construit enlève chaque année à la société une quantité innombrable de citoyens utiles. Il avait joint à son mémoire le plan d'un hôpital construit sur les meilleurs principes, et dans lequel il a profité de toutes les lumières que la physique peut fournir.

Ce prospectus est le même encore, déjà lu à l'assemblée publique dernière.

M. de Montigny fit enfin avec MM. Bezout et de Vandermonde, le rapport d'une éprouvette que MM. Lavoisier, Clouet, le Faucheux et de Glatigny, régisseurs des poudres, ont fait construire à l'arsenal de Paris, d'après les ordres du ministre, suivant la méthode de M. le chevalier Darcy. La précision de cet instrument surpasse tout ce qui a été exécuté jusqu'ici en ce genre : les commissaires nommés par l'académie pour l'examiner et en rendre compte, firent sentir tout l'avantage qu'on pouvait en tirer pour le service du roi ; et ils annoncèrent que les régisseurs des poudres avaient commencé une suite d'expériences très-intéressantes sur les moyens de perfectionner les poudres et de les faire meilleures, à meilleur marché, et en moins de temps.

M. le chevalier Darcy termina la séance, en présentant à l'académie deux fusils de son invention, déjà connus de l'académie, mais auxquels il a fait des corrections utiles. Le soldat, au moyen de ces fusils, peut tirer sûrement un plus grand nombre de coups en un temps donné et porter plus loin la balle. Ce nouveau fusil a, d'ailleurs, l'avantage de faire tirer facilement et sans danger trois rangs à la fois.

Le vendredi 16 mai, M. le comte de Falkenstein assista à la séance de l'académie royale des Inscriptions et Belles-Lettres. M. Dupui, secrétaire perpétuel, fit un petit discours, dans lequel il rappela les travaux dont la compagnie s'est occupée depuis l'époque où s'arrêtent les mémoires qui composent les deux nouveaux volumes de son recueil, que le public ne tardera pas à voir paraître. M. Lebeau lut un mémoire sur la discipline du soldat légionnaire. M. de Villoison donna une courte notice d'un manuscrit grec de l'impératrice Eudoxie, qui n'a jamais été imprimé et qu'il va publier. M. l'abbé Ameilhon lut ensuite un extrait de la préface de M. Dupui sur un fragment grec d'Antemius, concernant des paradoxes de mécanique, que cet académicien se propose de donner, avec une traduction française et des notes; puis il termina la séance par un autre extrait d'un mémoire de sa composition; sur la métallurgie des anciens.

On connaît tous ces morceaux, qui sembleraient annoncer une grande stérilité de la part de ces savants, puisqu'ils les ont déja lus au public.

Le 17 mai, M. le comte de Falkenstein se rendit à l'académie française : il fut reçu à l'entrée de l'antichambre par la compagnie en corps : arrivé dans la salle, il demanda qu'on lui nommât tous les académiciens présents, et s'assit au milieu d'eux, sans vouloir prendre une place plus distinguée, quelqu'instance qu'on lui fît. Pour lui donner une idée des divers objets dont l'académie s'occupe, on fit en sa présence différentes lectures. Le sieur Dalembert, secrétaire, lut d'abord quelques synonymes, et ensuite un abrégé de l'éloge de Fénélon, déjà connu. Le sieur de la Harpe lut quelques morceaux du premier chant de sa traduction en vers français de la Pharsale de Lucain, connu aussi; et le sieur Marmontel, le commencement d'un discours en vers sur l'histoire. Il n'acheva point, parce que le prince s'étant levé par une sorte de mouvement involontaire, qui semblait caractériser son ennui, le lecteur crut décemment devoir s'arrêter. La séance finie, l'académie eut l'honneur de présenter à M. le comte de Falkenstein un de ses jetons, qu'il voulut bien accepter, et en donna de même un à chacune des personnes qui l'accompagnaient. Il fit espérer à l'académie son portrait qu'elle lui demanda; et après s'être informé de plusieurs choses relatives à la compagnie, il sortit, en marquant à ses membres toute l'estime possible, et en exigeant qu'on ne le reconduisît pas.

Par cet hommage rendu aux lettres, le comte de Falkenstein prouvait bien qu'il n'en était pas l'ennemi; bruit que voulaient accréditer quelques poètes dont il avait refusé directement les louanges. Ce courage de sa part nous a épargné le déluge de mauvais vers dont nous aurions été à coup sûr inondés. Il n'a pu cependant empêcher qu'il ne perçât quelques pièces, fruit d'une admiration pure, et non productions basses d'une muse intéressée. On distingue principalement un madrigal attribué à une femme de qualité (1) et dont la tournure piquante réveillait la fadeur de l'éloge.

De vos propres sujets n'avez-vous pas assez?
Voulez-vous donc régner sur tout ce qui respire?
Gagner ainsi les cœurs partout où vous passez,
Des princes vos voisins c'est usurper l'empire.
 Mille vertus vous font chérir,
Vos bienfaits sont les lois que votre cœur impose;
 Et voyager ou conquérir
 Est pour vous une même chose.

---

(1) Madame d'Esparbès. Un M. le Grand a depuis réclamé cette pièce de vers.

J'en demande pardon aux poètes, aux philosophes, aux artistes, aux gens à talents merveilleux de cette capitale; mais l'homme que le comte de Falkenstein a le plus distingué, celui qu'il a le plus vu, le seul peut-être qu'il ait envié à la France, était un homme peu connu, moins célèbre qu'utile, et que leur amour propre regardait comme bien inférieur à eux: il s'agit, Milord, de l'abbé de Lépée, depuis nombre d'années, dans l'obscurité de sa retraite, opérant des prodiges, qui, chez les peuples de l'antiquité, lui auraient mérité un de ces autels qu'ils élevaient aux inventeurs des arts, aux bienfaiteurs du genre humain. C'est un Prométhée, qui vivifie en quelque sorte l'argile, et donne l'intelligence à une masse de matière brute. Vous en conviendrez, Milord, et la métaphore ne vous paraîtra pas trop hardie, quand vous saurez qu'il fait parler les sourds et muets de naissance. Que ne puis-je montrer ces êtres, presque doués seulement de la végétation, entre les mains de l'habile professeur prenant une existence nouvelle et la sentant! Alors leur âme que le manque d'organes retenait dans l'inaction et la captivité, s'élance avec ardeur, saisit les idées les plus métaphysiques, les communique aisément, et se met au niveau de toutes celles que la nature n'a pas traitées avec la même rigueur: le procédé du maître pour ses élèves, est d'une simplicité qui étonne. Outre l'alphabet ordinaire des sourds, il s'en est formé un avec le seul mouvement des lèvres, qui rend ses leçons plus vives et plus rapides. Quel spectacle lorsqu'il les donne! car il y admet tous les curieux, et ne cache rien de sa méthode. Les yeux de ses disciples dans lesquels paraît se porter toute l'activité des sens dont ils sont privés, se fixent sur lui : aucun de ses mouvements n'échappe ; tout est saisi dans son attitude, ses regards, ses développements ; en un instant les crayons sont en l'air, et à l'aide de quelque gestes faits avec promptitude, la question est écrite sur-le-champ ainsi que la réponse la plus satisfaisante (1). L'instituteur est tellement rompu à cet exercice qu'il le remplit en se jouant, et sans que la multitude des spectateurs, la conversation qu'il est obligé de soutenir avec eux, toutes les politesses de l'usage et du cérémonial le dérangent.

Malgré la longueur de ma lettre et les choses que j'ai encore à y joindre, j'ai cru, Milord, devoir me permettre cette digression sur un per-

---

(1) On rapportait alors que dans une séance publique, un spectateur ayant saisi le moment que le maître était au bout de la chambre, pour écrire sur une ardoise : *Nonne mentiris aliquando ?* La jeune fille qu'il questionnait répondit sur-le-champ par le passage du psaume : *Omnis homo mendax.*

sonnage aussi intéressant, et qui, d'ailleurs, ne forme sûrement pas un des épisodes les moins curieux du journal de l'illustre voyageur; il était bien digne de la visite d'un monarque ami de l'humanité; il ne pouvait se lasser de l'admirer, mais son plus grand étonnement a été l'oubli du gouvernement envers un citoyen aussi précieux. Cet étonnement s'est converti en indignation quand il a su que, loin de favoriser ce charitable ecclésiastique dont tous les revenus étaient employés à son école, on le persécutait (1). Il l'a prôné à Versailles; il a excité la reine à venir le voir, et c'est devenu une mode. Son école ne désemplit plus de gens de la cour; moi-même, je vous avouerai à ma honte, qu'il m'a fallu une impulsion aussi générale pour vaincre ma paresse et m'y porter. Il est bien à souhaiter que l'enthousiasme du moment ne s'évanouisse pas avec le comte qui l'a produit; qu'on connaisse toute l'importance des fonctions de M. l'abbé de Lépée; qu'on l'encourage à se donner un successeur, et qu'on lui fonde au Louvre une chaire qui vaudra bien celles de grec et d'hébreu, établies avec tant de munificence au collége royal.

---

(1) M. l'archevêque, sous prétexte que M. l'abbé de Lépée était janséniste, lui avait ôté ses pouvoirs, en sorte qu'il gémissait de ne plus confesser ses élèves, ne pouvant d'ailleurs remplir ce devoir de religion avec aucun autre prêtre.

Quoi qu'il en soit, le comte de Falkenstein, non content d'avoir tiré de l'oubli en France l'instituteur des sourds et muets, lui a proposé de recevoir un éleve qu'il lui adresserait, et l'a prié de former ce sujet de façon à pouvoir établir dans ses États une école semblable; il lui a fait présent de son portrait, faveur qu'il ne prodigue pas, comme font tant de souverains, et qui n'en acquiert que plus de prix.

Entre tous les arts, quoique l'art militaire le plus familier au comte ne semblât pouvoir lui offrir rien de nouveau, il faisait trop de cas des guerriers Français pour être indifférent à leurs études et à leurs manœuvres. Depuis quelques années, immédiatement après la revue du roi à la plaine des Sablons, le régiment des gardes Françaises répète au champ de Mars ses évolutions, en y ajoutant l'exercice à feu. Le jeune étranger s'y rendit, et pour lui plaire, chacun avait laissé à la ville cet attrait du luxe et de la mollesse qui suit trop souvent les héros de cette nation, même dans les camps: cette fois on ne voyait briller, au lieu de l'or, que du fer, des soldats; les femmes mêmes, sans toilette, et sans parure n'offraient que les charmes naturels de nymphes qu'on vient d'arracher au sommeil: tout cela donnait à la fête l'air champêtre et mâle qu'elle devait avoir. Le comte de Falkenstein, après avoir admiré la beauté du régiment et applaudi à l'habileté de ses voltes, à desiré voir ensuite jusqu'où allait l'attention du colonel. Il s'est transporté à l'hôpital des gardes et n'a pas dédaigné d'entrer dans tous les détails qui concernent l'administration de cette maison ; il en a témoigné sa satisfaction au maréchal de Biron.

A l'occasion de l'exercice du régiment des gardes, le comte de Falkenstein a parlé des différents corps qu'il avait vus à Strasbourg, et des spectacles militaires qu'on lui avait donnés. Il a loué surtout l'artillerie Française ; il est convenu que cette partie du service l'avait émerveillé, principalement quand de cent cinquante pièces de canon qu'on avait fait jouer devant lui, quatre-vingt dix-neuf avaient atteint le but : il est convenu que ces artilleurs étaient les meilleurs de l'Europe.

Après vous avoir fait suivre, Milord, cet illustre étranger dans ses diverses promenades, et vous l'avoir présenté en action, il faut finir par un choix de pensées de ce prince, marquant tantôt la gaîté de son caractère, la justesse ou la finesse de son esprit ; tantôt son affabilité, sa bonté, la grandeur de son âme, et sans doute un jour aussi précieuses à la postérité que celles de cet empereur, de ce Marc-Aurèle dont il occupe le trône si dignement, en imitant sa philosophie et ses vertus.

Etant arrivé dans une ville de France avant

son équipage, l'hôtesse qui était une femme fort bavarde et fort indiscrète, lui demanda s'il était de la suite de l'empereur? *Non*, répondit-il, *puisque je le précède*. Un moment après, l'hôtesse repassant encore pendant qu'il était occupé à se faire la barbe, voulut savoir s'il avait quelque emploi auprès de l'empereur. *Oui*, dit-il, *je le rase quelquefois*.

Se trouvant dans un cercle de Paris, dans la conversation on parla de la guerre entre les Anglais et les Américains: une dame essaya de faire expliquer le comte de Falkenstein sur cette matière délicate; elle osa le questionner: » Qu'en pensez-vous, lui dit-elle, Monsieur le comte, et quel parti tenez-vous? » *Eh mais, Madame*, reprit-il, *mon métier à moi est d'être royaliste*.

Un jour chez madame la duchesse de Civerac, on lui proposa de jouer; il s'excusa sur ce qu'il ne jouait pas si gros jeu, ajoutant qu'en général un souverain devrait s'abstenir de cet amusement dispendieux dont le résultat ne pouvait être que de perdre ou gagner l'argent de ses sujets.

Il s'est également expliqué sur la chasse qu'il regarde comme un exercice utile, lorsqu'il est pris à raison de santé, ou par simple délassement, mais très-funeste pour un État, quand il devient chez le souverain une passion, à cause des injustices que la chasse entraîne souvent, et du goût de dissipation qu'elle lui fait contracter.

Dans une des garnisons qu'on lui a fait passer en revue; on lui a montré le régiment de Schomberg dragons, en lui observant que c'était autrefois le régiment des Hullans du maréchal de Saxe. « Pourquoi lui avoir fait changer de nom? » s'est-il écrié; nous avons encore à Vienne le régiment du prince Eugène.

Je m'arrête-là, Milord, pour ne pas trop m'appesantir sur le même sujet; d'autant que j'aurai vraisemblablement encore occasion d'en reparler. Le comte de Falkenstein est actuellement à faire la tournée du royaume de France (1) et sûrement il nous en reviendra plus d'une anecdote.

P. S. Il vient de mourir à Compiègne une dame de Gaya, riche veuve du major commandant de cette ville. Cette vieille folle (2) avait été maîtresse de M. de Richelieu; loin de rougir de son déshonneur, elle s'en faisait gloire vraisemblablement, et elle a voulu le consigner à la postérité par un acte également puéril et barbare.

Elle a laissé un testament, très-réfléchi à coup sûr, puisqu'il s'est trouvé confirmé par plusieurs

---

(1) Le comte de Falkenstein partit de Paris dans la nuit du 31 mai au 1er juin 1777.

(2) Elle était née le 16 novembre 1693. Il fallait qu'il y eût plus de quarante ans que M. de Richelieu eût couché avec elle.

codiciles, où, excluant son héritier naturel, son petit-neveu dans l'indigence, elle fait un legs universel à son illustre amant, avec substitution en faveur du duc de Fronsac et de ses descendants.

Heureusement que cet acte, monument de délire, de vanité et de haine, est caduc de lui-même.

Le premier point se démontre par les dispositions dérisoires de la testatrice, qui parle d'ailleurs avec autant d'indécence que de mépris des cérémonies de l'église, ... » Je ne veux point, dit-» elle, de cloches, ni petites cloches, ni grosses » cloches... c'est pure fanfaronade que l'honneur » qu'on croit faire aux morts, et gasconade pour » les vivants.

Elle ne s'exprime pas plus convenablement sur la justice et ses formalités. « Je ne prétends pas » que ni avocats, ni procureurs, ni huissiers » mettent le nez dans mes affaires, ni même » dans mes maisons ; je ne veux pas qu'ils y met-» tent les pieds.... »

L'énoncé des termes de la testatrice suffit pour spécifier le second caractère reproché à son testament. « Je prie monseigneur Armand duc de » Richelieu, maréchal et pair de France, de re-» cevoir les dons que je lui fais.... Je fais mon-» seigneur Armand duc de Richelieu, maréchal » et pair de France, mon légataire universel.... » Je donne à monseigneur le duc de Fronsac,

» après monseigneur Armand duc de Richelieu,
» maréchal et pair de France, mon hôtel de
» Gaya tout meublé, que je lui substitue pour
» monseigneur son fils aîné et messieurs ses des-
» cendants mâles.

Sans cesse elle répète ce legs universel pour l'orgueilleux plaisir de redire environ vingt fois : « monseigneur Armand duc de Richelieu, ma-
» réchal et pair de France est mon légataire
» universel et sera en quelque sorte mon hé-
» ritier.... »

Sa fureur contre son propre sang, qui naît de ce fastueux attachement pour les grands et les grandeurs, ne se manifeste pas moins ; elle la porte non-seulement à abandonner son neveu (1), vil, pauvre, qu'elle ne peut reconnaître sous la tutèle d'un artisan obscur ; elle le calomnie, elle s'écrie : « Celui qu'on dit mon héritier dans le
» public, ne porte pas mon nom ; il ne peut être
» qu'un bâtard venu de fille de joie de Paris : je
» n'ai jamais connu cette vilaine race de cabare-
» tiers de la rue Fromenteau ; c'est tout ce que
» je sais... Je défends et je prie qu'on ne donne

---

(1) Ce neveu se nommait Dupré, écuyer, fils d'un officier mort aux Invalides ; il procédait sous la tutèle d'un sieur Tabusse, marchand bourrelier, son oncle, et c'est ce côté de parenté qui offensait la vanité de la dame de Gaya.

» rien, ni pouvoir aux tuteurs ni aux curateurs
» du prétendu héritier : ces gens-là, ce sont des
» cabaretiers de la rue Fromenteau.... je ne les
» connais pas ; qu'on nomme d'autres tuteurs
» honnêtes. »

Il y a environ deux mois que cette coquette douairière, est décédée. Aussitôt les flatteurs du maréchal vinrent lui en annoncer la nouvelle et l'en féliciter. Il leur répondit en vétéran de la fatuité : Ah parbleu, *si toutes les femmes avec qui j'ai couché en avaient fait autant, je serais plus riche que le roi.* C'est ainsi que ce vieillard libertin, en diffamant la testatrice, lui a témoigné sa reconnaissance : il n'a cependant pas répudié le legs, et semble disposé à en poursuivre la délivrance ; il connaît le prix de l'or ; il vient d'éprouver dans son procès combien il est nécessaire et utile. Nous ne l'éprouvons que trop ainsi en Angleterre et dans notre parlement, sinon pour les affaires particulières, au moins pour les affaires publiques.

Divina humanaque pulchris
Divitiis parent.

Paris, ce 15 juin 1777.

LETTRE II.

De la révolution de la Musique en France. Écrits à ce sujet.

Je vous ai parlé, il y a dix-huit mois, Milord, de la révolution opérée (1) sur le théâtre lyrique de cette capitale et du triomphe du chevalier Gluck. Les partisans de la musique italienne ont saisi ce moment pour tenter d'en causer une nouvelle en faveur de celle-ci et de ramener les jours brillants des Bouffons (2). Ils ont appelé, des rives du Tibre, le célèbre Piccini, si fécond en

---

(1) Voyez la lettre sur l'Opéra, tom. I, pag. 318.

(2) En 1752 on avait fait venir des bouffons d'Italie qui jouèrent sur le théâtre de l'Opéra tout l'hiver, et, quoique des plus médiocres, acquirent beaucoup de partisans. Il s'ensuivit une guerre si vive entre les deux partis, que le gouvernement, pour empêcher les suites qu'elle pouvait avoir, crut devoir les renvoyer à Pâques 1753 ; mais ces ultramontains semèrent par leur apparition un germe de révolution qui se développe insensiblement. Les Français apprirent qu'il pouvait y avoir une meilleure musique que la leur, et le chevalier Gluck vint profiter de ces heureuses dispositions.

opéras *Bouffes* (1), et ont voulu l'opposer au premier. Malheureusement la comtesse du Barri, sous les auspices de laquelle il devait paraître, ayant été disgraciée, cet étranger a éprouvé des contrariétés, des retards, et pendant ce temps son rival a multiplié ses triomphes, et s'est consolidé dans son nouvel empire. Enfin, arrivé dans cette capitale depuis deux ans, après s'être mis au fait de la langue française, qu'il ignorait, M. Piccini doit incessamment faire jouer un grand opéra de sa composition. C'est M. Marmontel qui lui a arrangé un ancien poème (2). Cet académicien, furieux de voir sa tragédie lyrique de *Céphale et Procris* (3) bafouée par les Gluckistes, en a conçu contre le chef une antipathie qui a jeté beaucoup d'aigreur entre eux, et l'a déterminé à s'attacher de plus en plus à l'adversaire de celui-ci. De son côté, le chevalier Gluck ne remarquait pas sans peine les liaisons de M. Marmontel avec le musicien italien ; et leurs tracasseries sourdes ont enfin dégénéré en une guerre vive, dans laquelle toutes les sociétés

___

(1) C'est le terme des amateurs.

(2) Le *Roland* de Quinault, réduit en trois actes avec des changements.

(3) Jouée sans succès en 1775, et remise ensuite sans beaucoup plus d'enthousiasme. La musique était de Grétry.

prènent un rôle pour ou contre ; car le troisième parti, celui de la musique française n'en fait plus un, et ses faibles restes sont obligés de choisir et de se distribuer dans les deux autres.

L'adroit Allemand, pour grossir le sien de ces débris, avait imaginé de remettre en musique *Armide* ; il croyait déjà flatter les vieillards et autres amateurs de la musique française, en travaillant sur un des poèmes auxquels ils étaient le plus attachés. Afin qu'on ne lui reprochât en rien d'éluder la rivalité contre Lulli, il avait dédaigné de se soustraire aux mutilations faites à la dernière reprise (1). Ne craignant ni les difficultés, ni l'ennui, ni le ridicule, il avait restitué le beau poème de Quinault dans toute son étendue et son intégrité. Il n'avait pas voulu omettre une seule de ces chansonnettes simples, ne prêtant guère qu'à des *Pont-neufs* (2), et il avait prétendu leur montrer qu'au génie pour manier les grandes passions, les peindre, les faire parler et les inspirer, qu'ils lui accordaient générale-

---

(1) On avait remis *Armide* en quatre actes, ou plutôt on avait absolument supprimé le quatrième acte en 1764.

(2) Mot énergique pour caractériser les airs les plus communs, les chansons les plus triviales, dont la police faisait régaler de temps en temps le peuple par des aboyeurs gagés exprès, et qui choisissaient leur champ de bataille principalement sur le Pont-Neuf.

ment, il savait joindre le talent de procurer les émotions douces, de rendre les images voluptueuses, de composer ces airs délicieux, chantants, gais et folâtres qui les ravissaient dans les opéras anciens, et que Rameau avait su perfectionner.

C'est au mois de septembre dernier (1) qu'a eu lieu la première représentation de cet opéra, que M. Gluck assure être celui qui lui a coûté le plus, tant il avait à cœur de se concilier les Lullistes ; mais il n'a pas réussi aussi complètement qu'il s'en flattait. En admirant certains morceaux de force, des endroits pittoresques et pleins d'énergie, une expression d'harmonie quelquefois sublime, on a trouvé que le compositeur moderne avait absolument manqué la partie gracieuse, celle du chant, de la mélodie, des airs de ballet ; qu'il découvrait plus que jamais son impuissance d'exciter dans l'âme ces affections tendres, ces sensations ravissantes, ce charme inexprimable, attributs distinctifs de son rival, qui produit les plus grands effets par des moyens simples, tandis que lui, avec les plus grands moyens, ne produisait que peu ou point d'effet. On lui reprochait enfin, jusqu'à des disparates, des contre-sens marqués entre sa mu-

---

(1) Le 28 septembre.

sique et les paroles de Quinault. Jugez, Milord, combien cet échec donnait d'avantage aux Piccinistes.

M. Marmontel, aujourd'hui le coryphée du parti anti-gluckiste, et qui, ainsi que je vous l'ai observé, porté là comme malgré lui et par les circonstances seulement, est intéressé à conserver le poste qu'on lui a confié, quelque inepte qu'il soit dans un art où il ne s'est jamais exercé, avait, depuis quelques mois, jeté en quelque sorte le gant aux ennemis en répandant une brochure (1) que je vous ferai passer à la première occasion.

Il faut convenir que c'est peut-être ce qu'on a écrit de plus raisonnable sur cette matière. Dans sa dissertation, très-sage et remplie d'excellentes vues, l'auteur parcourt les époques importantes du bel art de la musique en France ; il fait voir comment Lully, dans sa simplicité toujours noble, a su faire parler aux passions leur langage ; comment Rameau, en renforçant la méthode de celui-ci, a façonné l'orchestre du théâtre lyrique à l'harmonie la plus savante, et a enrichi les Français de ces accompagnements dont on ignorait l'avantage et presque la théorie ; il en vient au chevalier Gluck, et en convenant qu'il

___

(1) *Essai sur la révolution de la musique en France.*

a produit sur ce théâtre la révolution la plus prompte et la plus inespérée, il en discute les causes et les effets ; et il semble donner à entendre que c'est plutôt au charlatanisme et aux intrigues du musicien, qu'à un enthousiasme vrai et durable qu'il faut l'attribuer. Il ne trouve point déplacés, dans les accès d'une douleur déchirante, les cris arrachés à la nature ; mais il ne veut pas qu'on en fasse un usage trop fréquent; qu'on rompe, par saccades réitérées et habituelles, l'unité de la phrase harmonique : en un mot, il exige une période oratoire, sans quoi il n'y a point de discours dans l'un ou l'autre genre.

M. Marmontel va plus loin contre le chevalier Gluck : il prétend que ce musicien, aujourd'hui l'idole de Paris, n'a eu aucun succès en Italie ; que sa composition est tout-à-fait opposée au génie de la musique italienne. Il lui reproche une présomption intolérable : il cite en preuve différentes lettres de cet Allemand, où il regarde successivement chacun de ses opéras comme autant de chefs-d'œuvres.

On voit aussi, dans cet écrit, que le chevalier Gluck s'est égayé sur le compte de l'académicien, et lui en veut de prôner Piccini. Les anecdotes sont très-curieuses et ne font qu'ajouter du piquant à la dissertation ; mais elles tiènent à l'ouvrage entier, qu'il faut lire, et isolées elles perdraient tout leur intérêt, et même ne seraient pas intelligibles.

Quoi qu'il en soit, le but véritable de cette diatribe est de prévenir en faveur de Piccini. On ne connaissait encore sa musique qu'à la comédie italienne (1); on annonçait qu'elle était digne de briller sur un plus grand théâtre, et l'on voulait lui assurer la supériorité sur celle du musicien allemand. Celui-ci et ses partisans redoutèrent les impressions que pouvait produire un écrit plein de raison et de philosophie. Mais, soit qu'ils ne se sentissent pas en état de réfuter méthodiquement les assertions et le système de M. Marmontel, soit qu'ils jugeassent plus sûr d'employer la plaisanterie, ils ne firent qu'escarmoucher contre lui; ils choisirent le journal de Paris pour leur champ de bataille, et on le persifla pendant long-temps sur cette période musicale, que ses adversaires crurent prêter aux sarcasmes et au ridicule.

Comme des gens de beaucoup d'esprit avaient pris part à la querelle; il en résulta des lettres souvent piquantes où il règnait beaucoup de gaîté et de sel. Tantôt c'était un Gluckiste, qui, se travestissant, semblait du parti de M. Mar-

---

(1) Spécialement par *la buona Figliola*, opéra-comique en trois actes, que M. Cailhava avait traduit et arrangé en français.

montel, pour mieux le tourner en dérision ; tantôt un partisan déclaré de l'Allemand, qui se servant de la figure de l'ironie, n'exaltait aux nues la brochure que pour mieux en faire valoir l'ineptie et l'absurdité. Une autre fois c'était une critique directe de l'ouvrage, pleine de vivacité, de légèreté et de finesse. Puis un chanteur de l'opéra entrait en lice et dévoilait les mystères, les ruses secrètes du parti picciniste. Un hermite de la forêt de Senart lui succédait, et montrait très-sérieusement à M. Marmontel qu'il n'avait pas le sens commun ; mais la plus cruelle facétie fut celle où l'on faisait intervenir un certain *Urlubrelu*, qui en opposant jour par jour la recette de *Céphale*, avec celle de différents opéras du chevalier Gluck, prouvait que la salle était déserte toutes les fois qu'on jouait l'un dans sa primeur, et pleine quand on représentait les autres (1), déjà usés. Après cette comparaison où, toutes égales, quatre représentations de ceux-ci

---

(1) Voici quelques-uns de ces rapprochements : on donna à l'Opéra *Céphale*, le mardi 3 juin, et la recette fut à 777 livres. Le vendredi 6, on donna *Iphigénie*, qui rendit 3265 livres 10 sols. Le dimanche 8, *Céphale* donna 554 livres, et le mardi suivant 1410 livres 10 sols ; le vendredi 13, *Alceste* produisit 4309 livres 10 sols. Le dimanche 15, *Céphale* rendit 625 liv. 10 sols, le mardi 17, *Alceste* rendit 2600 livres ; le vendredi 20, *Iphigénie* 4480 livres.

avaient valu plus de 10,000 livres d'excédent que celui-là (1), ce qui était frapper dans la partie sensible M. Marmontel, encore plus avide d'argent que de gloire, le *mauvais plaisant* ajoutait en l'apostrophant : « Voilà qui est net. Je n'aime
» que tout ce que tout le monde entend, et je me
» moque des grandes phrases et de la métaphy-
» sique de vos raisonnements sur la musique..... »

Un gentilhomme allemand, sans avoir des arguments *ad hominem* aussi piquants, dissertait très-ingénieusement sur la brochure (2). « C'est,
» disait-il, l'ouvrage d'un auteur qui sait fort bien
» écrire, et qui parle aussi bien qu'un homme
» d'esprit peut le faire, d'un art dont il n'a ni
» le sentiment ni la connaissance. Il n'y a qu'en
» France qu'on voit cette manie de parler de ce
» qu'on ignore, et c'est une maladie particulière,
» surtout à vos beaux esprits. La facilité de faire
» des phrases, d'attraper, à la pointe de l'es-
» prit, des idées vagues sur toutes sortes
» d'objets, et de rendre des pensées communes
» avec des mots choisis et spécieusement arran-
» gés, leur fait croire qu'ils ont vu le fin de tout,
» et les voilà juges des peintres, des architectes,

---

(1) La recette de *Procris* était de 3357 livres, et celle d'*Iphigénie* et d'*Alceste* de 14,665 livres.

(2) L'Allemand était censé écrire une lettre en remerciment à quelque Français qui lui avait prêté *l'Essai sur les révolutions de la musique*.

» des musiciens, sans avoir manié jamais le
» crayon, et sans savoir la gamme.

» Mais il y a parmi les beaux esprits français
» un autre travers de présomption, aussi ridicule
» et plus grave dans ses effets ; c'est celui de
» mépriser les autres nations, sous prétexte
» d'une supériorité qui n'est pas prouvée, et
» qu'il serait malhonnête d'affecter, fût-elle
» réelle.

» Dans le dernier siècle le jésuite Bouhours
» se rendit ridicule pour avoir proposé, en pro-
» blème, si un Allemand pouvait être bel esprit?
» On s'est moqué de lui dans toute l'Europe ;
» mais en Allemagne on a pris la chose plus
» sérieusement.

» J'ai vu des bourgeois d'une petite ville de
» Saxe citer, en haine des Français, le mot du
» père Bouhours. J'ai vu, dans la dernière
» guerre égorger dans un village d'Allemagne la
» moitié d'un petit détachement, par la suite de
» l'impertinence d'un officier Français, qui
» s'était amusé à contrefaire publiquement les
» manières des Allemands. En attaquant cet
» ancien ridicule, je ne fais que répéter ce que
» disent depuis long-temps tous les bons esprits
» et gens sensés de votre nation.

» Mais l'accusation du jésuite était bien peu de
» chose. Les Allemands pouvaient renoncer sans
» peine au frivole mérite du bel esprit, qui con-

» siste plus dans la tournure que dans les choses.
» Mais que répondre à ce bel esprit français,
» qui vient disputer aux Allemands le goût de
» la musique ; qui dit avec une fine ironie, que
» Gluk était *célèbre en Allemagne* ; qui parle
» avec dédain du *goût Allemand*, des *modula-*
» *tions Tudesques*, etc ? Comment peut-on
» ignorer que depuis plus de cent ans le goût de
» la musique, et de la bonne musique italienne,
» est établi en Allemagne, et, suivant même
» l'avis de plusieurs gens, que le goût italien s'y
» est conservé plus pur et plus austère qu'en
» Italie même ; qu'on y exécute plus de musique
» italienne qu'en Italie ; que les plus grands
» compositeurs et virtuoses Italiens y ont passé
» une partie de leur vie ; qu'une grande partie
» des ouvrages des Scarlati, des Viraldi, des
» Corelli, etc. est dédiée à des princes d'Al-
» lemagne ; que depuis Léopold II jusqu'à Jo-
» seph II, les empereurs ont aimé et cultivé la
» musique, ont appelé à leur cour, protégé et
» récompensé, en grands monarques, les grands
» maîtres de l'Italie ; que c'est pour l'Allemagne
» qu'Apostolo Zeno et Metastasio ont composé
» la plus grande partie de leurs opéras ; que les
» Allemands sont au moins après les Italiens, le
» peuple le plus sensible et le plus exercé à la
» musique ; que dans les places de guerre, les
» villages, les soldats et les paysans même

Tome II. 4

» chantent naturellement en parties. Est-ce à un
» Français qu'il convient de parler avec mépris
» du pays qui a produit les Handel, les Orlando-
» lasso, les Hasse, les Bach, les Wagenseil, les
» Stamitz, les Toeschi, les Schobert, les Hayden,
» et tant d'autres compositeurs et virtuoses vi-
» vants, qui sont applaudis et recherchés dans
» toute l'Europe ? Les conservatoires d'Italie ont
» toujours été remplis d'Allemands, et c'est
» dans l'excellent ouvrage de l'Allemand Fux,
» que les Italiens apprènent les règles de la com-
» position. Les Allemands auraient-ils donc quel-
» que chose à envier à cet égard aux Français,
» qui sont de tous les peuples ceux qui paraissent
» avoir l'oreille la moins musicale, et qui ont
» été les derniers de l'Europe à adopter le bon
» goût du chant que les Italiens ont répandu
» partout.

» Ce qu'il y a de remarquable, c'est que ce
» n'est pas seulement le goût, la grâce, le beau
» chant que notre grand connaisseur refuse aux
» Allemands ; c'est le sentiment de l'expression
» et du pathétique, c'est-à-dire, de ce dont tous
» les hommes sont juges, et peut-être d'autant
» meilleurs juges, qu'étant moins raffinés par
» l'art, et moins sensibles à ce qui ne va qu'à
» l'esprit, ils le sont davantage à toutes les im-
» pressions de la nature. Voyez avec quel air
» de mépris et de persifflage l'auteur de l'Essai

» nous dit que l'Alceste de Gluck n'a pas été
» goûté en Italie, où, par parenthèse, il n'a
» pas été joué, mais qu'il *passe en Allemagne*
» *pour le chef-d'œuvre du pathétique.* Ceux qui
» n'ont pas goûté à Paris les ouvrages du Michel-
» Ange de l'harmonie sont, dit-il, *des connais-*
» *seurs délicats, dont l'oreille est accoutumée*
» *à la musique italienne, les admirateurs de*
» *Pergolèse, de Buranello, de Jomelli...* Si
» notre connaisseur délicat avait vu les théâtres
» de Vienne, de Berlin, de Dresde, de Man-
» heim, de Stutgard, etc., il saurait qu'ils ne
» sont pleins que de gens dont un quart sait fort
» bien la musique, et qui n'ont entendu de leur
» vie que la musique de Pergolèse, de Bura-
» nello, de Jomelli et de leurs égaux, exécutée
» par les premiers virtuoses du monde. Il est
» singulier que n'ayant jamais vu jouer un opéra
» italien, pour avoir entendu estropier dans des
» concerts assez mauvais quelques airs de quel-
» ques grands maîtres, on se croie en état de
» les juger, et, qui plus est, de les protéger.
» Ce travers n'était pas fait pour un homme d'au-
» tant d'esprit que l'auteur de l'Essai, et il ne
» convenait pas de déprimer le goût allemand à
» un auteur, dont plusieurs ouvrages sont tra-
» duits et généralement goûtés en Allemagne. »

L'apparition de l'Armide du chevalier Gluck fut le signal d'une guerre littéraire, plus violente et plus multipliée, par les renforts survenus des deux côtés.

M. de la Harpe, devenu en quelque sorte l'aide-de-camp de M. Marmontel, ou plutôt son second, a commencé l'attaque par des *Observations sur Armide*, insérées dans son journal du 5 octobre, qu'il a appelées *sa profession de foi en musique*. En y donnant des louanges à l'ouvrage de M. le chevalier Gluck, il le critique encore plus amèrement.

Ce musicien, au moins aussi irascible qu'un poète, fit insérer au journal de Paris une lettre ironique en son nom à M. de la Harpe : où, en le remerciant de ses avis, et semblant y souscrire et les regarder comme très-judicieux, il le tourne dans le plus parfait ridicule ; il relève palpablement ses inepties, et lui enseigne à ne point parler de ce qu'il n'entend pas.

On sait bien qu'une pareille épître, très-bien faite et écrite avec l'urbanité française, ne pouvait être l'œuvre de l'allemand. Il avait derrière lui MM. l'abbé d'Arnaud et Suard, deux académiciens propres à prêter le collet aux deux premiers.

Un anonyme riposta, et défendant le journaliste sérieusement, fit voir à M. Gluck qu'il éludait la question, qu'il n'y répondait nullement ; qu'il s'agissait de savoir, non s'il fallait refroidir l'intérêt de l'action en se livrant trop à un chant mesuré, compassé, phrasé, dialogué; mais si, dans un drame lyrique, il n'était pas plus souvent besoin d'une musique régulière et périodique, que des élans, des écarts et des accès convulsifs propres à exprimer les grandes passions. Il prétendit, au contraire, que ces morceaux hachés de fougue et de délire ne devaient être que très-rares, comme les mouvements violents du cœur humain qui les produisent.

Alors M. le chevalier Gluck ne se sentant pas assez fort pour un combat littéraire en règle, quitta la plume, ou plutôt ses partisans impatients de s'élancer eux-mêmes dans la carrière, et de n'être plus gênés par son simulacre, l'engagèrent à implorer lui-même leur secours; ce qu'il fit.

Bientôt parut la *Réponse de l'anonyme de Vaugirard*, très-longue, mais très-bien raisonnée, très-bien écrite, se faisant lire avec plaisir, et par des arguments spécieux établissant la supériorité de la musique de M. Gluck sur la musique italienne.

Cette réponse fut accompagnée ou suivie d'une facétie, intitulée *Profession de foi en musique, d'un amateur des beaux-arts* (1), *adressée à*

---

(1) Cette profession de foi était de l'abbé Arnaud; voyez tout ce que cet ingénieux académicien a écrit sur la musique et sur les beaux-arts en général, dans ses œuvres imprimées en 3 vol. chez Léopold Colin.

M. de la Harpe. C'était une parodie où l'on plaisantait cet académicien sur le ton dogmatique de l'article de son journal, origine de toute la querelle. On prétendait ainsi en foudroyant d'une part ses assertions avec l'avantage d'un homme consommé dans un art sur un ignorant qui ne peut qu'y balbutier, l'exposer de l'autre à la risée de la foule des amateurs par le ridicule dont on le couvrait complètement (1).

Le parti adverse, accablé par ces écrits pleins de sel, de goût et de raison, se contenta d'abord de relever une ineptie historique de l'anonyme de Vaugirard. Il reprit ensuite un peu haleine et se permit une plaisanterie, où il y avait quelques sarcasmes assez bons, mais en général lourde et sans gaîté. Ces messieurs voyant que leur prose ne leur réussissait pas, eurent recours aux vers : ce nouveau moyen eut plus de succès : ils firent rire par le vaudeville suivant. Il était adressé à l'anonyme de Vaugirard, ce champion infatigable du chevalier Gluck (2).

Je fais, Monsieur, beaucoup de cas
De cette science infinie,

---

(1) On peut joindre à cette facétie la *lettre d'un ignorant en musique* à M. de La Harpe, insérée au numéro 305, du journal de Paris, autre persifflage plus court et non moins piquant.

(2) On sait aujourd'hui que cet anonyme était M. Suard.

Que, malgré votre modestie,
Vous étalez avec fracas,
Sur le genre de l'harmonie
Qui convient à nos opéras;
Mais tout cela n'empêche pas
Que votre Armide ne m'ennuie.

Armé d'une plume hardie,
Quand vous traitez du haut en bas
Le vengeur de la mélodie,
Vous avez l'air d'un fier-à-bras;
Et je trouve que vos débats
Passent, ma foi, la raillerie :
Mais tout cela n'empêche pas
Que votre Armide ne m'ennuie.

Votre style est plein d'embarras;
De vos peintres la litanie,
Sur leurs talents votre fatras,
Sont une vaine rapsodie,
Un orgueilleux galimatias,
Une franche pédanterie :
Et tout cela n'empêche pas
Que votre Armide ne m'ennuie.

Le fameux Gluck, qui dans vos bras,
Humblement se jète et vous prie (1),
Avec des tours si délicats,
De faire valoir son génie,

---

(1) Ceci est relatif à une lettre du chevalier Gluck, se retirant de la lice, et invitant l'anonyme de Vaugirard d'y entrer pour lui.

Mérite, sans doute, le pas
Sur les Amphions d'Ausonie ;
Mais tout cela n'empêche pas
Que son Armide ne m'ennuie.

Pour ne laisser aucune sorte d'armes inutile, les partisans du chevalier Gluck chansonnèrent aussi M. de la Harpe, mais toujours avec le désavantage des rieurs en second.

La facétie était intitulée *Vers d'un homme qui aime la musique et tous les instruments, excepté la Harpe.*

J'ai toujours fait assez de cas
D'une savante symphonie,
D'où résultait une harmonie
Sans effort et sans embarras :
De ces instruments hauts et bas,
Quand chacun fait bien sa partie,
L'ensemble ne me déplaît pas;
Mais, ma foi, la Harpe m'ennuie.

Chacun a son goût ici bas :
J'aime Gluck et son beau génie,
Et la céleste mélodie
Qu'on entend à ses opéras.
Mais faut-il que je vous le die ?
La période et son fatras
Pour mon oreille ont peu d'appas,
Et surtout la Harpe m'ennuie.

A ces vers on avait joint une lettre comme servant de supplément à leur faiblesse. On y reprochait à M. de la Harpe de joindre à une grande ignorance de la matière dans cette dispute, beaucoup de présomption, de fatuité, et surtout un très-mauvais ton.

Ce qui acheva d'humilier ce petit coryphée, ce fut une ânerie d'autant plus grave, qu'elle n'était plus en musique, mais dans un genre relatif à ses fonctions : il s'agissait d'un mot grec, dont il avait mal formé l'étymologie. Sentant tout l'avantage qu'en tireraient contre lui ses ennemis, il prit le parti de gagner de primauté et de se dénoncer lui-même au public.

Ce fut le dernier mot du journaliste, qui, convaincu trop tard de l'inégalité du combat, fit retraite. Ses adversaires continuèrent à le battre encore avec acharnement par plusieurs écrits, dont le dernier était la *Lettre d'un Serpent de village*, qui dans son patois le raillait très-finement sur son audace impertinente, ne sachant pas une note de musique, de vouloir disserter sur cet art et donner des leçons au plus grand compositeur de l'Europe. Il lui offrait son secours ; il lui apprenait qu'il y a trois clefs dans la musique, et l'engageait à s'adresser à lui ou à ses enfants de chœur qui au besoin lui enseigneraient également la gamme.

En rendant, Milord, toute la justice due au talent divin du compositeur allemand, je ne puis m'empêcher de lui reprocher une conduite indigne d'un homme de génie, des cabales sourdes, des ruses puériles pour se faire louer, exalter à outrance et mendier des suffrages (1) jusque chez l'étranger; un esprit de jalousie et de tracasserie peu délicat sur les moyens d'atténuer, de dénigrer le mérite de ses concurrents; enfin, un despotisme tyrannique, avec lequel il voudrait occuper la scène exclusivement. C'est avec d'autant plus de regret que je me vois obligé de reconnaître ces défauts et ces faiblesses dans ce grand homme, que je suis son partisan; je lui trouve beaucoup de ressemblance avec notre *Handel* (2), et je doute que M. Piccini puisse soutenir la concurrence. C'est le mois prochain décidément qu'elle doit avoir lieu, et je vous en parlerai si l'événement fait assez de sensation pour le mériter, et si je ne suis pas entraîné par le cours d'autres faits plus importants qui se préparent et redoublent mes alarmes.

Paris, ce 18 décembre 1777.

_____

(1) Les applaudissements que ses opéras obtiennent encore aujourd'hui, prouvent que cette accusation était aussi injuste que peu convenable.

(2) Allemand d'origine, mais qui transplanté de bonne heure dans la Grande-Bretagne, était regardé par les Anglais comme le fondateur chez eux de la musique nationale.

LETTRE III.

Sur l'École française de Peinture, et sur l'Exposition au Salon.

> Il est au Louvre (1) un galetas,
> Où dans un calme solitaire,
> Les chauve-souris et les rats
> Vièneut tenir leur cour plénière.
> C'est là qu'Apollon sur leurs pas,
> Des beaux arts ouvrant la barrière,
> Tous les deux ans tient ses états,
> Et vient placer son sanctuaire.

On ne peut, Milord, mieux définir le lieu où se fait l'exposition, qu'on appèle le *Salon* ; il faut ajouter seulement qu'on débouche par une sorte de trape, d'un escalier, quoiqu'assez vaste, presque toujours engorgé : sorti de cette lutte pénible, on n'y respire qu'en se trouvant plongé dans un gouffre de chaleur, dans un tourbillon de poussière, dans un air infect qui, imprégné d'atmosphères différents, d'individus d'espèce souvent très-malsaine, devrait à la longue pro-

---

(1) Ces vers sont tirés d'une critique en vers du Salon de l'année, attribuée au marquis de Villette.

duire la foudre ou engendrer la peste ; qu'étourdi enfin par un bourdonnement continuel, semblable au mugissement des vagues d'une mer en courroux. Au reste, ce mélange de tous les ordres de l'État, de tous les rangs, de tous les sexes, de tous les âges, dont se plaint le petit maître dédaigneux, ou la femme vaporeuse, est pour un Anglais un coup-d'œil ravissant ; c'est peut-être le seul lieu public où il puisse retrouver en France l'image de cette liberté précieuse dont tout offre le spectacle à Londres, spectacle enchanteur, et qui m'a plu davantage que les chef-d'œuvres étalés dans ce temple des arts. Là le Savoyard coudoie impunément le cordon bleu ; la poissarde, en échange des parfums dont l'embaume la femme de qualité, lui fait fréquemment plisser le nez pour se dérober à l'odeur forte du brau-de-vin qu'elle lui envoie ; l'artisan grossier, guidé par le seul instinct, jète une observation juste, dont, à cause de son énoncé burlesque, le bel esprit inepte rit à côté de lui, tandis que l'artiste, caché dans la foule, en démêle le sens, et la met à profit. Là enfin, les écoliers donnent des leçons à leurs maîtres : oui, Milord, c'est des jeunes élèves, répandus dans cette cohue immense, qu'émanent presque toujours les meilleurs jugements. En effet, déjà pourvus d'assez de talent pour raisonner pertinemment sur leur art ; dénués de préjugés, de passions, de jalousie, de basse complaisance, ils ont encore les idées primitives dans toute leur pureté, le goût sain de la nature, qui n'est altéré par aucun attachement à aucune école, à aucun maître, ils s'expriment avec la candeur de leur âge ; ils se combattent avec bonne foi, et de leurs petites disputes, de leurs querelles enfantines souvent naît la vérité pour le connaisseur, qui, préoccupé des systèmes divers, et flottant dans ses incertitudes, avait besoin de ce coup de lumière, afin de se décider et se fixer : mais aussi que de cabales se forment dans cette obscure enceinte, et que de complots s'y forgent ! Que de méchancetés ! que de noirceurs ! La fureur y aiguise ses traits ; l'envie y prépare ses poisons, et bientôt naissent ces pamphlets éphémères qui désolent les artistes, et pour la plupart n'acquerraient, il est vrai, aucune consistance sans leur extrême sensibilité. Heureusement qu'ils ont aujourd'hui un chef qui, jaloux de ménager leur faiblesse, leur épargne, autant qu'il peut, ces mortifications ; autre abus sans doute, puisque la critique n'est pas moins utile au talent que la louange : l'une l'aiguillonne et l'éclaire ; l'autre l'encourage quelquefois, mais le plus souvent l'engourdit.

Le chef dont il est ici question, est M. d'Angivillers, qui enchérit sur ses prédécesseurs, et a des projets très-vastes pour la perfection des arts. Indépendamment du Musée qu'il doit former dans la galerie des Tuilleries, où l'on placera tous les chef-d'œuvres de peinture et de sculpture entassés dans les gardes-meubles de S. M. et qui s'y dégradent et dépérissent honteusement, imagination hardie, ne pouvant s'exécuter qu'à grands frais et avec beaucoup de temps, il a déterminé le roi à consacrer tous les deux ans une certaine somme pour des tableaux du grand genre (1), dont les sujets doivent être principalement tirés de l'histoire de France, et pour les statues des hommes illustres dont elle s'honore. (2)

Les artistes ne sont pas aussi contents du directeur de l'académie, M. Pierre, premier peintre du roi, auquel ils reprochent beaucoup de morgue et d'importance, surtout une paresse dans laquelle il s'autorise par les fonctions de sa place ; et ils prétendent qu'au contraire, c'est par de nouveaux travaux qu'il devrait s'en montrer digne. » Il se croit, disent-ils, obligé à donner des au- » diences, à aller à la cour, à ne pas manquer » le lever du roi. Cependant la principale affaire » d'un peintre est de composer des tableaux.

---

(1) Il y en avait dix d'exposés cette année là, dont trois sujets de l'histoire de France.

(2) Le nombre était fixé à quatre.

» Wanloo (1) travaillait le dimanche (2) comme
» les autres jours, sans que S. M. s'en apperçût,
» et son lever ne s'en faisait pas moins bien. Il
» paraît que depuis 1761 il n'a point concouru
» au salon ; mais il a fait de grands ouvrages
» tel que la coupole de saint Roch, le plafond
» du palais royal, le plafond de St.-Cloud (3). Il
» se repose aujourd'hui. » Ses partisans assurent
que ses ouvrages réunissent les parties les plus
rares à trouver ensemble, dessin, coloris, caractère, expression, tout y est également suivant
eux. Oui également, répliquent ses détracteurs,
parce qu'il est médiocre en tout. Pour moi je
m'en rapporte à ce qu'en écrivait un amateur
plein de goût, il y a près de trente ans (4), d'un
rang au dessus des ménagements, et dans un âge
où l'enthousiasme seul des arts le faisait parler.
» M. Pierre me paraît très-propre à consoler la
» Peinture de ses pertes ; il est rare de voir des
» artistes aussi jeunes réunir autant de talents.

---

(1) Premier peintre du roi avant M. Boucher, auquel succéda M. Pierre.

(2) Le dimanche est surtout le jour pour les courtisans, auquel ils se rendent en foule à Versailles.

(3) Château de plaisance appartenant alors à M. le duc d'Orléans, dont M. Pierre était premier peintre.

(4) C'était M. le baron de saint-Julien, auteur des *Lettres sur la Peinture à un Amateur*, qui parurent en 1750.

» C'est le fruit du génie et d'un temps solide-
» ment employé à de mûres réflexions... Louons-
» le de son amour pour les arts et de sa mâle
» activité au travail, qui lui en fait dévorer toutes
» les difficultés. On trouve dans cet auteur une
» grande facilité de composition, beaucoup de
» vigueur de coloris, et un dessin, pour l'ordi-
» naire savant et exact. Son pinceau est aisé,
» coulant, voluptueux... »

Le critique cite ensuite six tableaux de ce maître (1), dont quatre du genre historique et exaltés avec les plus vifs transports.

Pour plus de commodité, je parcours l'ordre du tableau, Milord; prenez votre almanach royal et suivez-moi.

M. Dumont le romain et le Moine sont deux anciens directeurs; ne croyez pas que ce surnom de *Romain*, à l'égard du premier, signifie que ses ouvrages sont dignes de l'école romaine; s'il ne marque son talent, il fait honneur à son zèle; on le lui a donné, parce que dans sa jeunesse ne pouvant faire le voyage d'Italie faute d'argent, il l'entreprit et l'exécuta à pied. Ses ouvrages sont extrêmement travaillés; il dessine et peint avec sévérité; mais il est dur, monotone, et sans

---

(1) Une *Psyché*, une *Léda*, l'*Enlévement d'Europe* et la *Présentation au Temple*. Les deux autres étaient une pastorale et une solitude.

grâces (1). Le second est un sculpteur très-connu, sûrement un grand homme ; car il est d'une modestie rare : il vieillit malheureusement, et n'a rien exposé cette année.

Après eux marche un ancien recteur, M. Nattoire, venu depuis peu de Rome, où il était directeur de l'académie de France. Toutes ses dignités, ainsi que l'honneur qu'il a d'être chevalier de l'ordre du roi, sont un préjugé en sa faveur. Il est fameux, en effet, par un grand nombre d'excellents ouvrages qu'on voit de lui dans différentes églises de Paris, et surtout par la chapelle des Enfants-trouvés qui fait salon à elle seule. Il est renommé pour la supériorité de son dessin ; mais il a un coloris toujours plombé et livide, qui dépare entièrement ses meilleurs tableaux. On lui reproche encore de la froideur. Voici comme, en le louant, un poète, dont j'adopte volontiers le jugement, lui reproche ingénieusement ce défaut (2). « Dois-je t'oublier ici, toi
» placé au centre des arts, comme à leur source,
» pour diriger la marche de nos jeunes élèves,

---

(1) Ce jugement est encore du baron de Saint-Julien déjà cité.

(2) Dans les *Caractères des peintres français actuellement vivants*, que l'on trouve imprimés à la suite d'un poème sur la peinture de M. le baron de Saint-Julien, en 1775 et du même auteur.

» et modérer dans eux l'ivresse du talent ? Faits
» pour habiter sous le ciel le moins tempéré, et
» recevoir leurs idées de la présence immédiate
» du génie, il voulut que ta sagesse leur servît
» de guide ; que ces aiglons ambitieux, devenus
» plus timides à ton exemple, s'accoutumassent,
» mais de loin, à contempler cet astre brûlant
» d'un œil serein et sans s'éblouir. Chez toi le
» feu subjugué de l'enthousiasme le cède partout
» à celui du bon sens. Ton guide fidèle est le
» scrupule, ta divinité chérie l'exactitude. Tel
» fut cet ingénieux la Motte, qui peu propre à
» recevoir les impulsions du génie, se servit en
» sophiste de sa raison pour l'opposer au senti-
» ment ».

Vous jugez facilement, Milord, par la nature des ouvrages de M. Nattoire, que c'est un dévot, méprisé de ses confrères, pour avoir compromis à Rome les privilèges de l'école française, en voulant assujétir un élève à l'inquisition exercée contre les sujets du pape (1).

Dans le régime ancien il n'y avait que deux recteurs. L'un d'eux, M. Jaurat, ne produit plus : son genre grivois et poliçon exige tout le feu du jeune âge ; la gaîté, que ne comporte

---

(1) Il s'agissait d'un sieur Mouton, exclu de l'Académie à Rome par le sieur Nattoire, pour n'avoir pas satisfait à son devoir pascal.

guère la vieillesse, en fait le principal mérite. On m'a montré deux charges de lui très-agréables : dans la première c'est un taudis de filles qu'un commissaire fait enlever en présence d'une foule de poissardes témoins de la scène. L'autre représente un déménagement bourgeois troublé par des créanciers importuns. Son défaut est de ne pas assez empâter ses tableaux, qui manquent absolument de relief (1). Son confrère est un sculpteur, ce Coustou qui vient de mourir, et dont je vous ai fait tout récemment l'éloge.

Des adjoints à recteur, il suffit de nommer M. Pigal pour le faire connaître. L'Europe entière parle de son mausolée du maréchal de Saxe; et M. André Bardou qui, quoique poète, peintre, historien, n'en est pas plus connu.

Je passe légèrement sur les huit honoraires amateurs et les huit associés libres où l'on compte la moitié de grands seigneurs, gens de qualité, militaires (2), recevant au moins autant de lustre de l'académie qu'ils lui en donnent; quatre financiers, gens riches (3), s'étant avisé le soir d'être

---

(1) On trouve ce reproche dans un recueil de lettres sur le salon, attribuées à un M. de Bachaumont.

(2) MM. comte de Baschi, marquis de Calvière, chevalier de Valory; marquis de Voyer, duc de Bouillon, Blondel d'Azincourt, baron de Bezenwal, Turgot.

(3) MM. Watelet, de la Live de July, Bergeret, de Montullé.

savants dès le lendemain, et croyant avoir acquis beaucoup de connaissance après avoir acheté beaucoup de tableaux; de ces sots qu'aiment singulièrement les marchands, et qu'adulent et prônent certains peintres qui, oubliant la noblesse de leur art, s'associent secrétement aux marchés lucratifs de ces brocanteurs et à leurs manœuvres honteuses (1). Quant à M. de Boulogne (2), d'un nom illustre dans la peinture, il n'est point étranger à l'académie; mais qu'y fait celui de l'abbé Pommier, qui n'a point la manie d'être dupe, qui n'a point fait de voyage en Italie, personnage borné, sans illustration, sans lumières ? Sans doute comme conseiller de grand' chambre, il est de ceux qu'admet la nouvelle loi, en qualité de gens utiles, et pourra solliciter les procès de la compagnie, si elle en a.

M. Gabriel est le premier architecte du roi, c'est l'auteur de la colonnade de la place de Louis XV, qui ne vaut pas tout-à-fait celle du

---

(1) Tout cela se trouve détaillé dans *des Dialogues sur la Peinture* avec des notes qui parurent en 1774 à l'occasion du salon de 1773. Le septième dialogue roule sur les manœuvres entre les peintres et les brocanteurs et les marchands d'estampes.

(2) Conseiller d'état ordinaire et au conseil royal, intendant des finances. Il descendait d'un peintre de ce nom très-connu.

Louvre ; mais de la nouvelle salle de Versailles qui, tout bien examiné, est ce qui s'est fait de mieux du siècle dans les maisons royales ; et M. *Souflot* son confrère ne dépare pas non plus cette liste. L'auteur de la modeste église de Sainte-Geneviève a droit de s'asseoir dans toutes les académies des arts.

Des douze professeurs, M. Hallé est le plus ancien ; il se montre infatigablement à toutes les expositions ; mais cette fois, la noblesse de son pinceau se ressent de sa main débile (1). Il a pourtant encore du dessin, une distribution sage, une ordonnance bien entendue. On l'a toujours regardé comme de la seconde classe (2), seulement à raison de sa mauvaise couleur et de son défaut d'enthousiasme, sans lequel il n'y a point de génie.

M. Vien n'a point exposé cette année ; il est directeur de l'académie à Rome, et y réside actuellement, ce qui prive le public de ses ouvrages qu'on aime : il n'a pas beaucoup d'imagination ; mais il n'est point effrayé d'une vaste ordonnance : il a le goût de l'antique, il dessine avec correction

---

(1) *Dans Cimon l'Athénien, qui, après avoir fait abattre les murs de ses possessions, invite le peuple à entrer librement dans ses jardins et à en prendre les fruits.* Tableau pour le roi, de 10 pieds quatre pouces quarrés.

(2) Jugement de M. le baron de Saint-Julien en 1750.

et supérieurement les pieds et les mains ; la plupart de ses têtes manquent d'expression, surtout dans les passions fortes et tragiques ; du reste, peu de manière, couleur assez vraie, belle entente du clair-obscur : c'est le peintre qui réunit le plus de parties (1). On vante, comme son meilleur ouvrage, la bannière qu'il a faite pour la paroisse de Saint-Germain l'Auxerrois (2) ; et quoique je n'aime pas les processions, Milord, j'ai été exprès à celle de cette église, le jour de la Fête-Dieu dernière : j'ai trouvé que c'était plutôt le triomphe de l'artiste que du Créateur. Toute l'admiration se portait sur ce trophée brillant.

---

(1) « C'est un bien habile homme : ça vous dessine « d'une correction charmante, avec de la grâce, de la » naïveté.... on est étonné que ce peintre ait fait les personnages si bien, les velours si velours, les cheveux si vivants et si bien faits, car on se dit à l'oreille que jusque-là ce n'avait pas été son métier, et que c'était un » peintre de nudités anciennes..... » Tel est le jugement que portait d'un des principaux tableaux de M. Vien exposé en 1769, représentant *l'inauguration de la statue équestre du roi*, M. Cochin dans une facétie qu'on lui attribue, intitulée : *Réponse de M. Jérôme, rapeur de tabac, à M. Raphaël, peintre de l'Académie de St.-Luc ; entrepreneur général des enseignes de la ville, faubourg et banlieue de Paris....*

(2) Cet ouvrage fut exposé au salon de 1745, et c'est le jugement de M. le baron de Saint-Julien.

Reposons-nous, Milord, et permettez que je remette à une autre séance la suite de ce coup-d'œil sur l'école française qui devient plus étendu que je ne comptais. On est aisément bavard quand on parle de ce qu'on aime.

Paris, ce ~~13 septembre~~ 20 Décembre 1777.

LETTRE IV.

Suite du coup-d'œil sur l'École Française.

. . . . . Voyons tout par nos yeux :
Ce sont là nos trépieds, nos oracles, nos Dieux.

C'est ce que beaucoup d'artistes ne voudraient pas, Milord ; ils aimeraient mieux qu'on s'en rapportât à eux, et ils ont raison, parce qu'ils gagneraient infiniment à ne se montrer qu'au microscope de leur amour-propre, ayant l'admirable et double qualité contraire de grossir les beautés de leurs ouvrages et de diminuer celles des autres, surtout à l'égard de leurs rivaux. Il en est quelques-uns de meilleure foi, qui conviènent que c'est au public seul à juger du mérite d'un tableau, à le fixer irrévocablement. Cette assertion n'est pas nouvelle ; mais l'auteur des *Dialogues sur la Peinture* en donne une raison fine et détournée que tout le monde n'apperçoit pas. « Quoique, dit-il, il soit en géné-
» ral naturel de penser que les gens de l'art s'y
» connaissent mieux que les autres ; on se trom-
» pe, quand même on les supposerait de bonne
» foi, sans passion et sans jalousie ; ils sont les

» jours prévenus sur la partie qu'ils ont le plus,
» et la regardent comme la seule essentielle. Ce
» goût exclusif enfante les sectes et les systèmes.
» Les peintres napolitains, copiant la nature
» sans choix, avaient une fierté de touche, et
» une verité de couleur qu'ils regardaient comme
» le seul mérite ; ils ne concevaient pas la répu-
» tation du Dominiquin, qui, par l'étude de
» l'antique, scrupuleux dans le choix des formes,
» et par une observation profonde, parvenu à
» peindre l'âme, préférait une imitation précise
» de la belle nature, à la facilité du pinceau ;
» alors la liberté des *Espagnols* était méprisable
» pour un artiste à choix et à expression. »

Encouragé par cet aveu, je continue, Milord, et reprends le tableau de différents membres de l'Ecole Françoise.

Le sieur Allegrain, troisième professeur, est un sculpteur qui a terminé cette année une *Diane surprise au bain par Actéon*, destinée pour être placée à Lucienne (1), chez Madame la comtesse du Barry. Cette masse ne pouvant être transportée au salon, l'artiste a ouvert son attelier au public. Il serait difficile de voir une figure mieux dessinée, d'un ciseau plus doux, plus moelleux ;

---

(1) Ancien château donné par Louis XV à cette favorite, où elle fit construire un pavillon que tous les étrangers venaient admirer.

elle est prise dans le point où elle sort de l'eau, et dans son embarras cherche à soustraire au profane tant de beautés; mais, tandis qu'elle les cache d'un côté, elle les découvre de l'autre. Son attitude est d'être un peu courbée, ce qui rapproche cette figure au dessus de la stature de nos femmes, c'est-à-dire de cinq pieds dix pouces de haut, des proportions ordinaires; il y a un art infini dans les contours, dans les plis, dans les développements du corps. Quelques amateurs en trouvent les membres trop forts pour son sexe; mais une Diane ne doit pas avoir la délicatesse du corps de Vénus. La tête n'est pas moins séduisante que le reste, et c'est le défaut qu'on reproche à l'auteur. On trouve que c'est un contresens dans le moment de l'action qu'il annonce, puisque l'expression, loin d'être celle d'une femme coquette, jouant la surprise, dont elle n'est pas fâchée intérieurement, devrait être celle d'une déesse pudique, indignée de se voir en proie aux regards sacriléges d'un mortel.

Un poète (1), en voyant cette statue, dans son enthousiasme a écrit au bas le distique suivant:

<blockquote>
Sous ce marbre imposteur, toi, que Diane attire,
Crains le sort d'Actéon, tu vois qu'elle respire!
</blockquote>

Son confrère Falconet, depuis long-temps en

---

(1) M. Guichard.

(75)

pays étranger, semble perdu pour sa patrie ; mais sa gloire rejaillit sur elle, et la postérité apprendra avec admiration que ce fut un Français qui éleva la superbe statue de Pierre Ier en Russie, et eut l'idée sublime de le mettre en action, de lui faire franchir sur son coursier ce rocher énorme dont le transport seul est déjà un des prodiges du règne de l'immortelle Catherine.

En voici un que vous aimerez beaucoup, Milord, car il peint les nudités, et est très-voluptueux : on l'appèle l'Albane de l'Ecole Française ; malheureusement, ce genre, qui semble tenir principalement à l'ardeur, à la fraîcheur, au brillant de la jeunesse, n'en comporte guère d'autres, et M. de la Grenée l'aîné, dont il s'agit, est déjà loin de cet âge aimable. Il a voulu rendre cette fois la grandeur d'âme de *Fabricius recevant les présents que Pyrrhus lui envoie* (1). L'idée est belle assurément, mais exigeait une élévation de pensées dont l'auteur n'était pas susceptible. Il a mieux caractérisé l'ambassadeur du roi d'Epire, qu'on suppose être Cynéas, parce que ce personnage devait avoir un air de candeur et de séduction en même temps, dans le genre de poésie du peintre. Il n'en est pas de

---

(1) Tableau de dix pieds de haut sur huit de large, pour le roi.

même du Romain, dont il fallait plus exprimer l'action par le mouvement de l'âme, que par le repoussement de la main allongée. Au lieu de l'indignation qu'on s'attend à remarquer au plus haut degré sur sa physionomie, on n'y lit que de l'humeur : ce n'est point le courroux d'un héros ; c'est un air boudeur et maussade ; et le refus ne se détermine que par la roideur du bras, gesticulation forcée qui sent plus le rhéteur que le grand homme.

Malgré ce que j'ai dit, Milord, M. de la Grenée se soutient dans ses productions plus riantes et plus légères ; mais je préfère à tous les tableaux de cette espèce qu'il a exposés cette année, un de 1773, que j'ai vu, je ne me rappèle pas où, et qui m'a charmé : c'est une allégorie de la paix dont l'idée est délicieuse. Vous vous rappelez ce joli distique latin :

Militis in galeâ nidum fecere columbæ ;
Apparet Marti quàm sit amica Venus.

C'en est la traduction fidèle. Tandis que la déesse des amours reçoit le dieu de la guerre entre ses bras, des colombes font leur nid dans son casque. Je voudrais seulement que le Mars, sans être moins mâle, se ressentît plus du moment où il se trouve. En général l'artiste, qui excelle à rendre les beaux corps de femme, ne prononce pas aussi bien les muscles vigoureux de ses héros.

Encore un sculpteur, Milord, et un bon, car il n'en est guère que de cette espèce à l'Académie, et la génération actuelle des artistes en ce genre ne dégénère point de la première ; on ne peut leur opposer de rivaux que parmi les anciens de la nation italienne. M. Pajou, vraiment digne d'être professeur, puisqu'il appuie ses préceptes de l'exemple, et qu'il le fait fréquemment et bien, n'a cependant pas autant réussi qu'on s'y attendait dans la statue de Descartes, dont il était chargé. On trouve qu'il a totalement manqué l'expression de son sujet rêvant à la suisse, bien loin de frapper le spectateur par les conceptions fortes d'un philosophe fabriquant le monde dans son imagination. J'ai été voir au jardin du roi la statue de M. de Buffon, du même artiste, qu'on y a posée et qu'on commence à laisser regarder (1) au public ; quoiqu'elle soit mal placée, au pied d'un escalier dans un vestibule étroit, où elle manque du point d'optique nécessaire à ce monument colossal, j'en ai été beaucoup plus content. L'auteur de l'Histoire naturelle est de-

―――――――――――――――――――――――

(1) Cette statue en marbre, exécutée aux dépens de Sa Majesté avait été commandée par Louis XV, à l'insçu de M. de Buffon ; c'était un hommage que le monarque voulait rendre au grand homme.

bout, dans l'attitude d'un homme qui compose. Le génie enflamme sa figure pleine de noblesse; il tient d'une main un poinçon, de l'autre un rouleau suivant le costume antique : les attributs qui l'accompagnent, indiquent le genre de ses occupations, et un globe auprès de lui désigne la nature entière soumise à son examen : il règne dans cet ouvrage un grand caractère. M. Pajou, très-fécond dans son art, est en outre un savant, ce qui lui a valu une place à l'académie des belles-lettres, dont il est en même temps dessinateur.

Pour le petit *Briard*, ainsi que le qualifient ses confrères, il craint la critique en diable, et n'a garde de s'y exposer. Il ne met plus de tableaux au salon depuis long-temps; il s'est attaché à madame du Barry dans le temps de sa faveur; il a travaillé pour Lucienne. Là, point de censure : il reçoit des éloges et de l'argent, c'est bien doux. Il a peint aussi le plafond de la salle de Versailles. Il enchantait le feu roi et ses favoris, singes du maître; on n'avait des yeux que pour lui, ce qui faisait taire les jaloux : c'était véritablement un enfant gâté de la cour, le moyen de braver ensuite un public sévère !

Au contraire, M. Wanloo, curieux de soutenir un nom célèbre dans la peinture (1), et de

---

(1) Il était frère du fameux Wanloo, peintre du roi de France et le premier qui ait conservé le goût sain de l'an-

remplir les devoirs de son état, ne laisse passer aucun salon sans produire des fruits de son travail. J'aime assez son morceau de l'*Aurore et Céphale*, dont il était chargé cette année pour le roi (1). La déesse est fraîche, amoureuse et séduisante; mais on ne pourrait se persuader qu'elle puisse enlever un chasseur très-corsé et qui pèse lourdement encore sur la terre. Elle est sur un nuage qui a trop de consistance, et, en général, ce sujet n'est pas gai, léger et vaporeux, comme il devait l'être.

Il est fâcheux qu'on reproche à M. *Bachelier*, bien des choses qui diminuent de beaucoup son mérite et le rendent indigne du Professorat. Dès 1750, on l'annonçait comme donnant de grandes espérances pour le genre d'*Oudry* (2), on lui trouvait seulement une exactitude si minutieuse, qu'elle dégénérait en froideur; on l'exhortait à se départir de la patience des *Gerad-dow* et autres Flamands ou Hollandais, pour se livrer davantage à sa verve, et on lui promettait d'atteindre son rival. En 1755, on le décidait très en état de remplacer ce maître qu'on venait de perdre, avec la différence que le nouveau la Fon-

---

tique, au milieu de la contagion générale. Il y avait encore le Wanloo d'Espagne, médiocre.

(1) Tableau de sept pieds de large sur dix de haut.
(2) Fameux peintre d'animaux, mort il y a 57 ans.

taine traitait mieux les paysages, qu'il faisait reverdir les plantes avec plus de vérité. On citait un certain *loup renversé*, comme peut-être ce qui avait été fait de plus vivant dans le genre des animaux. Il paraît que l'artiste ambitieux a voulu s'élever au dessus de son talent, et monter au premier rang en se faisant admettre à l'académie comme peintre d'histoire ; mais ne pouvant exécuter son tableau de réception, M. Pierre avait eu la charité de le faire pour lui : l'anonyme, moins charitable que celui-ci, qui relève l'anecdocte, outre ce plagiat, licite du moins, et fait de concert avec le propriétaire, l'accuse d'autres plus odieux ; d'avoir disputé au comte de Caylus la découverte de la peinture encaustique (1), et de s'attribuer l'invention de l'établissement de *l'Ecole gratuite de dessin*, dont il n'avait fait que piller le plan dans notre *Gentleman's Magasine* (2), ou, pour mieux dire, dans une tra-

---

(1) Façon de peindre avec des couleurs délayées dans de la cire fondue. Dans l'assemblée publique de l'académie des belles-lettres pour la rentrée de la St.-Martin, 1754, M. le comte de Caylus présenta une Minerve dans le goût antique, peinte de cette manière, et prétendit que c'était l'encaustique des anciens : ce ne fut que quelque temps après qu'il parut une brochure dans laquelle on revendiquait la découverte pour M. Bachelier.

(2) Du mois d'août 1746.

duction française qui en avait paru peu après (1). Il ne sera point hors de propos, Milord, de vous faire ici une petite digression sur cette école.

L'institution dont il s'agit date d'environ quinze ans (2) : elle est due aux soins du lieutenant général de Police d'alors, M. de Sartines. Elle est fondée en faveur des métiers, pour quinze cents élèves à qui l'on enseigne les principes élémentaires de la géométrie pratique, de l'architecture, de la coupe des pierres, de la perspective, et des différentes parties du dessin, comme figures, animaux, fleurs et ornements ; elle est régie par un bureau d'administration à perpétuité sous la présidence des successeurs de ce magistrat patriote.

M. le Noir, marchant dignement sur les traces de son prédécesseur, n'a pas eu moins à cœur de soutenir l'école gratuite de dessin ; il l'a consolidée en sollicitant, en 1776, des lettres patentes qui pourvoient complètement à sa dotation, et il a obtenu un chef-lieu (3), où se rassemblent tous les genres d'instructions élémen-

---

(1) Par M. Ferrand de Monthelon. Cette traduction fut imprimée à Paris la même année 1746.

(2) L'école royale gratuite de dessin a été fondée en 1767.

(3) Rue des Cordeliers, où étaient autrefois les écoles de chirurgie.

taires propres aux arts mécaniques auxquels sont attachés les sujets qu'on y reçoit. Il porte plus loin ses vues et son attention : gémissant sur la perte du temps, les fatigues et les risques qu'occasionnent à ces enfants les distances qu'ils ont à parcourir, soit pour établir l'ordre de leur admission aux exercices de l'école, soit pour recevoir aux différentes époques les objets que la munificence des fondateurs a destinés pour faciliter leurs travaux ; il s'occupe à vaincre les obstacles qui s'opposent à la réunion des détails les plus essentiels de l'administration dans le lieu consacré à leurs études, en sorte qu'ils soient bientôt, sans interruption, immédiatement placés sous les yeux de ceux qui doivent les instruire, les surveiller et les récompenser.

En outre, il y a de grands et de petits prix fondés pour ceux qui se distinguent. La distribution en est marquée par tout ce qui peut la rendre solennelle. Elle se fait aux Tuileries, devant les divers membres du bureau d'administration, où ne dédaignent pas d'entrer les plus grands seigneurs, et devant une foule considérable de citoyens de tous les ordres. C'est le président qui couronne le vainqueur, en l'embrassant, au bruit des fanfares et des acclamations du public.

Telle est, Milord, l'école royale gratuite de dessin, à laquelle on voudrait joindre une exposition d'ouvrages capables d'entretenir le bon goût dans l'orfévrerie, les bijoux, meubles et ornements, pour lequel la France est citée avec tant de raison. Quoi qu'il en soit, l'excellent et l'excellentissime Bachelier, comme le qualifie par dérision l'auteur des Dialogues sur la Peinture, à titre de récompense de sa prétendue invention, s'est fait colloquer directeur de l'Ecole royale gratuite de dessin. Il y préside en despote, et sous prétexte de ses fonctions plus sublimes, dédaigne le mécanisme de son art, et s'est absolument éclipsé du salon.

Reprenez votre liste, Milord, et vous y compterez, pour onzième professeur, M. Caffiéri, vraiment excellent et excellentissime, titre que personne ne lui conteste. Entre ses ouvrages exposés cette année, on remarque le buste de Benjamin Franklin, nommé dans le livret en toutes lettres, ce qui annonce qu'il commence à sortir de son obscurité et qu'il a l'espoir de figurer bientôt à son rang. Au surplus, sur cette figure vraiment pittoresque, l'artiste a su très-bien réunir la douceur, la sérénité d'un sage philantrope, aux mouvements d'indignation d'un fier insurgent révolté contre la détestable politique de nos ministres et contre la guerre barbare et dénaturée de nos généraux.

On ne doute pasque le dessin du tombeau d'un général, demandé à l'artiste, et qu'il exécute actuellement en marbre, ne lui ait été commandé par les agents de l'Amérique ; et l'on murmure contre la réticence injurieuse avec laquelle on cache le nom du héros, parce qu'on suppose que c'est une faiblesse du gouvernement qui, sans doute, l'a défendu pour ne pas nous déplaire. C'est une de ces petites complaisances misérables, dont il voudrait que nous lui sussions gré en dissimulant des procédés autrement graves et vraiment hostiles. On juge qu'il est destiné au général Montgomery, mort en Canada, de ses blessures, entre les bras d'Arnold, qui lui a succédé. L'esquisse, digne de l'antique, est d'une simplicité noble, comme les vertus de celui dont le monument doit perpétuer le souvenir et la gloire.

Le nom du dernier réveillera de grandes idées chez vous; il n'est pas que vous n'ayiez ouï parler de M. Doyen, comme du premier peintre d'histoire actuel. Un amateur des plus distingés, disait de lui en 1767 (1):» le chef-d'œuvre de M. Doyen, » emporte la palme sans contredit. C'est le pre- » mier tableau qu'on remarque en entrant; en » sortant, c'est le dernier qu'on regarde encore: » il fixe tous les yeux : l'artiste, l'amateur, l'igno- » rant, se réunissent pour l'admirer. Le peintre,

---

(1) Dans une lettre sur les tableaux exposés au Louvre, attribuée à feu M. Bachaumont, et que l'on trouve dans une gazette de Bruxelles du 12 septembre 1767.

(85)

» comme Calypso au milieu de ses nymphes, » s'élève entre ses rivaux et les laisse bien au » dessous de lui. » Eh bien ! aujourd'hui le seul tableau qu'il ait mis au salon, n'est propre qu'à amuser par l'excès du ridicule (1), ou à faire gémir sur le sort de notre humanité, qui veut que le talent le plus sublime soit quelquefois au dessous du plus médiocre. Aussi ses confrères regardent-ils son ouvrage avec une complaisance singulière, avec une joie qui pétille dans leurs yeux ; car à la jalousie naturelle du métier, se joint une détestation rare qu'il s'est attirée par sa vanité. Enflé d'avoir été en intimité avec Madame Dubarri et conséquemment avec Louis XV, il s'est cru un personnage. Il s'exprimait sur ses confrères avec une familiarité méprisante ; il ne ménageait personne ; il ne parlait plus que des grands de la Cour : dans toutes ses conversations, il y avait toujours quelque chose que lui et le roi s'étaient dite.

Avançons, Milord, et prenons les adjoints à professeurs, au nombre de huit. J'omets le premier,(1) dont on ne voit rien au salon et dont je n'ai guère entendu parler. Je passe légèrement sur le second,(2) peu connu dans l'histoire, meilleur dans le genre où il ne brille pourtant pas aujourd'hui :

---

(1) C'était l'*ex voto* d'un cuisinier, dédié à la Vierge, à sainte Geneviève et à saint Denis.

(1) *m. d'huez.* (2) *m. lépicier.*

quant à M. Brenet, il mérite une notice particulière, et je me fais un plaisir de relever le talent modeste et dédaigné. Quand il fut question pour accélérer les tableaux de l'histoire de Saint-Louis, dont devait être décorée la chapelle de l'Ecole Militaire, d'en répartir les sujets à autant de peintres, ce qui dépendait du premier, de M. Pierre; M. Brenet se présenta humblement ; mais il l'éconduisit bien loin, et avec beaucoup de dureté. Ce ne fut qu'à force de sollicitations des protecteurs de ce pauvre diable, et forcé par l'urgence des circonstances que, faute d'autres, il l'admit au concours. Durant cet intervalle, M. Pierre était sur les épines, il s'excusait envers tout le monde; il protestait n'avoir cédé qu'à l'importunité, en nommant M. Brenet ; qu'il ne répondait pas du succès... Qu'est-il arrivé ? C'est que, sans que M. Pierre s'en doutât, le tableau de M. Brenet s'est trouvé être le meilleur. Depuis lors cet artiste, qui a peu de verve, mais qui est sage, correct, savant, laborieux, a soutenu sa réputation et est monté aux honneurs; il est actuellement le plus occupé dans le grand genre.

Son voisin n'a pas eu autant de peine à percer; il a avancé dans la carrière, à pas de géant, et reçu sculpteur académicien en 1775, il est déjà au rang des officiers. Aussi ce M. Bridan est un vigoureux homme ; il est chargé d'une statue en marbre pour le roi, dont on avait cette année le modèle en plâtre : *c'est Vulcain présentant à Vénus les armes d'Enée*, et l'on admire la charpente du corps de ce Dieu ouvrier, dont les *méplats* (1), partie si difficile du mécanisme de l'art, excitent surtout l'attention des artistes par une parfaite imitation de la nature.

M. du Rameau, qui succède au sculpteur, n'a pas fait une fortune moins rapide ; aussi est-ce un élève de M. Pierre; mais élève qui vaut mieux que son protecteur, au gré de certains amateurs, qui vantent son agencement, ses caractères, son dessin hardi, et lui reprochent en même temps une couleur factice et exagérée, qui gâte tout ce qu'il a de bon. Pour moi, je suis très-mécontent de son tableau pour le roi, dont la composition me semble très-défectueuse ; et, autant que j'ai pu le recueillir, c'était assez l'avis général du salon.

Je donnerai une leçon à M. *Gois*, quoique adjoint à professeur, sur son Chancelier de l'Hôpital, et je le crois assez grand homme pour me pardonner cette liberté. Il annonçait dans le livret (2), avoir choisi le moment le plus intéres-

---

(1) Terme de l'art par lequel on caractérise les élevures ou bouffissures de la peau en certains endroits du corps.

(2) Catalogue où sont numérotés tous les ouvrages exposés au salon, avec les noms des auteurs et l'explication des sujets.

sant, celui où ce chef de la justice, exilé dans son château, apprenant que les ennemis venaient pour l'assassiner, loin de s'émouvoir, commanda d'ouvrir toutes les portes, et son intention n'est point du tout rendue. Le sublime de ce héros patriote, n'est nullement exprimé sur sa figure, qui n'offre que de l'indifférence ou de l'impassibilité ; ce qui y ajoute même du puéril, c'est une innovation qu'il a regardée comme une finesse savante et hardie dans l'exécution, qui peut l'être aux yeux des gens de l'art, mais qui est sûrement maladroite. Au premier coup d'œil on croit le Chancelier manchot : pour retrouver sa main gauche, on est obligé d'aller la chercher par derrière, où elle est occupée à retrousser sa simarre, geste peu noble et surtout dans un pareil moment. Si l'on regarde ensuite les pieds, on remarque le droit soulevé avec légèreté, comme s'il allait faire un pas de danse ; autre gaucherie qui ne va point à la gravité du personnage. Du reste, on ne peut qu'applaudir à l'exécution, soit de la tête, soit de l'à-plomb du corps, soit des draperies, sous lesquelles on sent parfaitement le nu. On est fâché de voir qu'un habile homme ait plus songé à faire briller son ciseau que son intelligence.

M. la Grenée le jeune, tandis que son aîné baisse, monte et se soutiendra plus long-temps, en ce que son talent, quoique analogue à celui de son frère, inférieur pour les grâces, a plus de vigueur et d'étendue. Son Saint-Jérôme le prouve, suivant les amateurs que j'ai consultés ; ils y retrouvent ce nerf, cette savante connaissance de l'anatomie qu'ils avaient déjà découverts dans son tableau de l'*Hiver* (1). Il est fécond aujourd'hui en sujets agréables. Entre douze qu'on compte au salon, son Télémaque racontant ses aventures à Calypso, paraît réunir tous les suffrages. La candeur du jeune prince, la sagesse et la prudence de Mentor, la curiosité participant déjà de la passion qui s'allume dans le cœur de Calypso, désignent chaque personnage dans le degré convenable. Il n'est pas jusqu'à la nymphe *Eucharis* qui, plus spécialement caractérisée entre ses compagnes, laisse prévoir qu'elle jouera bientôt un rôle entre les acteurs principaux. Toute cette composition est charmante, pleine d'intérêt, bien empâtée ; d'un coloris excellent, sauf le ciel, lourd et d'un bleu d'empois, et les arbres d'un verd sec, noir, et dont les feuilles, sans aucun jeu, semblent collées et ne faire qu'une masse morte. Sa bergère *allaitant son fils, pendant que son berger la contemple*, est d'un faire supérieur, du pinceau le plus tendre et le plus moelleux. Peut-être y a-t-il trop de noblesse dans la tête de

---

(1) Exposé au Salon de 1775.

la femme, qui n'a rien de la rusticité de son état.

Ce même artiste a exposé quantité de dessins, dont un attire les plaisants, et les fait rire. Ce sont des Anges ramassant les corps des enfants innocents, pour les empêcher d'être dévorés par les chiens. Il faut convenir qu'il n'est guère possible de pousser plus loin un délire mystique, de rencontrer une image à la fois aussi puérile et aussi dégoûtante.

Vous ne trouverez qu'un seul professeur pour la perspective, quoique cette partie difficile semble exiger de longues et fréquentes études. M. Challes, qui est chargé de cette fonction, a en outre le titre de peintre et de dessinateur de la chambre du roi, ce qui lui vaut l'honneur d'être bardé du cordon noir. Il a composé autrefois des tableaux qui n'étaient pas sans mérite; mais depuis long-temps, à l'exemple de beaucoup de ses confrères, tournant ses vues du côté de l'utile, il s'est voué à la décoration. Il travaille pour les menus (1), pour les catafalques. Sa femme, fille du fameux Nattier (2), donnant dans le bel esprit, le seconde,

---

(1) On appelait ainsi certains officiers de finances chargés des fêtes de la Cour, sous le titre d'*Intendans des menus*.

(2) Peintre de portrait, que Gresset avait qualifié de *peintre des grâces* dans son épître à M. *Orry*.

et imagine les devises. Entre autres ouvrages de cet artiste, la chaire à prêcher de Saint-Roch, est renommée pour son goût bizarre et profane, ce qui lui a attiré dans les temps, beaucoup de plaisanteries et de ridicule.

Je ne sais, Milord, pourquoi entre les officiers que nous avons parcourus jusqu'à présent, il ne se trouve aucun graveur; serait-ce parce qu'ils ne sont censés admis à l'Académie que comme des accessoires, des artistes en sous-ordre, ne travaillant que d'après les peintres et les sculpteurs, ne vivant que de leur esprit ? Il est certain qu'il n'en est fait aucune mention dans la nouvelle déclaration, et qu'ils ne sont pas même énoncés dans le titre du catalogue, qui ne porte que celui d'*Académie royale de peinture et de sculpture*. Quelle que soit la raison de cette omission, je serais de l'avis de César, qui aimait mieux être le premier dans un village, que le second dans Rome : je préfère un graveur du premier ordre, à un peintre médiocre. Je suis persuadé, par exemple, que M. Roettiers (1), que je trouve à la tête des conseillers, ne se troquerait pas contre beaucoup des grands personnages que je vous ai nommés. C'est un artiste unique dans son genre; j'ignore pourquoi il ne figure pas au salon cette

---

(1) Graveur des médailles du roi et graveur général des monnaies et des chancelleries de France.

fois, et ce n'est sûrement pas faute de médailles dignes de la curiosité du public. On est surpris des allégories heureuses, aussi finement inventées, qu'agréablement exécutées, dont ses ouvrages forment une suite précieuse. On cite entre autres sa médaille de *la Corse*, où le sujet a peut-être le défaut d'être trop compliqué ; mais dont la précision de l'artiste a réparé la confusion.

Voici, Milord, encore deux peintres qu'on a laissé vieillir dans la place de conseillers, sous prétexte qu'ils n'étaient que peintres de portraits, et dont une seule tête vaut mieux qu'un tableau entier d'histoire, de la plupart de ceux qui les ont déprimés. Le plus ancien, M. Chardin, étonnait de nouveau au salon dernier, par trois têtes au pastel (1), d'une facilité, d'une légèreté de crayon, digne d'un artiste à la fleur de l'âge. Il régnait sur la figure de la femme une fraîcheur de coloris, avec lequel contrastait merveilleusement le ton vigoureux de la carnation de l'homme, et sa main sûre ne s'était jamais méprise en rien. Enfin, son *faire* magique était toujours fier, et de la plus grande hardiesse. Quant à M. de *Latour*, il a bien acquis le droit de se reposer ; dès 1748,

---

(1) Le pastel est une pâte qui se fait avec des couleurs broyées : on en compose des crayons de toute espèce dont on se sert pour peindre sur de gros papier.

il avait atteint la perfection de son talent, et un critique sévère lui adressait ce quatrain :

Par les tons ravissants d'un pastel enchanteur,
Fascinant tous les yeux d'une commune erreur,
Les chefs-d'œuvres divers de ta main noble et sûre,
Sont au dessus de l'art et trompent la nature.

Le même poète (1), enthousiasmé des ouvrages de M. Vernet, fit alors des vers qui vous en donneront une meilleure idée que tout ce que j'en pourrais dire ; qui peuvent dailleurs se rapporter au temps présent comme au temps ancien, en ce que tous les ouvrages de ce peintre de marine se ressemblent. La monotonie est le seul défaut qu'on lui reproche assez généralement : des incendies et des orages sont les grands événements autour desquels il tourne. Voici la description de l'un (2) :

A travers l'épaisseur d'une vaste fumée,
L'œil y voit les débris d'une ville enflammée.
On croit ouïr la plainte et les gémissements
De mille infortunés, dans ces lieux expirants.
Le ciel brûlé des feux, dont s'y couvre la terre,
En retrace l'horreur dans les flots qu'il éclaire ;
Partout enfin, partout, sur ce funeste bord,
Est peinte en traits de feu l'image de la mort.

---

(1) M. le baron de Saint-Julien.
(2) Tableau de 1748, représentant un incendie que M. Vernet avait envoyé de Rome.

Là de leur désespoir les mères accablées,
Et prêtes à quitter leurs âmes désolées,
Paraissent négliger dans ce désordre affreux
L'inutile secours de leurs jours malheureux.
Dans la fuite, plus loin, et triste et nécessaire,
Partageant sa douleur, le fils y suit son père.
Dans le séjour des morts tout semble l'appeler,
Mais il lui reste encore un cœur à consoler.

La peinture de l'autre est pleine de chaleur et de philosophie (1).

Sous un ciel orageux que la tempête excite
La mer s'enfle, mugit, se déborde et s'irrite :
Mille flots bondissants, l'un sur l'autre poussés,
Y brisent d'un vaisseau les débris fracassés;
Et font rentrer au sein de l'avide Neptune
Les trésors criminels qu'en tira la fortune.
Sur l'humide élément tout cède à leur pouvoir
Et la mort dans leurs flancs semble se faire voir.
Quelques infortunés qu'a dédaignés sa rage
Sur un roc escarpé contemplent leur naufrage.
Ils semblent invoquer dans leur sort malheureux
Cette mort menaçante, et qui s'éloigne d'eux.
Ils détestent, hélas ! ce desir trop bizarre
D'aller ravir des biens dont le ciel nous sépare ;
De commettre au caprice et des vents et des flots
Sa fortune, sa vie, et surtout son repos :
D'immoler dans l'ardeur d'une soif téméraire,
Les biens dont on jouit pour ceux que l'on espère ;

---

(1) A l'occasion d'un tableau de M. Vernet, de 1750, représentant un orage.

Et de hâter, enfin, comme en étant jaloux,
Les effets d'un malheur, toujours trop près de nous!

Voici un faiseur de portraits qu'on est tout étonné de voir en si bonne compagnie, et siéger parmi les plus fameux maîtres. C'et qu'aussi il est supérieur dans son genre ; quoique vivant, il jouit déjà du privilége des grands artistes morts. On a supprimé le *Monsieur*, escorte des noms vulgaires, et l'on ne dit plus que *Roslin*. Je ne puis vous en parler d'après moi, puisqu'il n'a point paru au concours. On dit qu'il dessine très-correctement ses figures, qu'il les pose bien, qu'il imite avec succès les étoffes les plus difficiles à rendre, mais qu'il n'atrappe pas toujours les ressemblances et qu'il historie mal ses tableaux, quand il faut grouper plusieurs personnages. C'est ce qu'on a critiqué dans son tableau du roi de Suède s'entretenant avec ses frères, qui lui a valu cependant un argent immense, et la décoration de l'ordre de Vasa.

M. le Bas, graveur, obtient par ses œuvres le premier rang que lui donne son ancienneté. *Sa vue du port et de la citadelle de Saint-Pétersbourg* sur la Néva, prise de dessus le quai, près du palais du grand chancelier, comte de Bestuchef, est une vaste composition d'après le tableau de M. le Prince, qui fixe tous les yeux par sa magnificence. Il prouve que les machines immenses n'effrayent pas le génie de cet artiste, voué spécialement aux sujets plus naïfs et plus gais. Il est vrai qu'on le retrouve dans les détails où il a pu se livrer à son goût, dans tous ces groupes amusants, dans mille traits spirituels qu'a saisis son modèle, dont il est digne, et qu'il rend avec une liberté d'original. Cette estampe doit être dédiée à S. M. l'Impératrice de toutes les Russies, et en reproduisant à Paris les superbes ouvrages de cette souveraine, elle attestera en même temps à Pétersbourg les talents de nos artistes.

Vous retrouverez ici, Milord, M. le Prince que je viens de vous nommer; il a séjourné dans sa jeunesse en Russie, et à son retour il a longtemps occupé le public des études qu'il y avait faites : aujourd'hui il ne transporte plus le spectateur dans ces climats étrangers ; ce n'est plus cette nature marâtre qu'il offre aux yeux ; ce sont les sites délicieux des environs de Paris. Il dessine le paysage d'un grand goût; en général, il pétille d'esprit. Imitateur des Berghem, des Wateau, des Teniers, il a leur gaîté, leur finesse; mais il fait mieux et n'est jamais ignoble ; je ne puis m'empêcher de vous décrire ici un petit tableau qu'il avait intitulé *la crainte*, pour masquer le vrai sujet de la composition, dont l'idée licencieuse l'eût fait exclure du salon, s'il l'eût annoncée au naturel.

Une femme couchée, d'une belle figure, dont

le corps parfaitement bien dessiné est tout-à-fait séduisant, a ses couvertures relevées; elle n'est qu'en chemise, qui laise entrevoir ses appas de toutes parts. Elle semble s'élancer après quelqu'un; et ce mouvement, ainsi que son teint très-coloré, ne désigne rien moins que la frayeur. Un fauteuil est renversé près de son lit; un déjeuner préparé avec deux tasses très-distinctes, prouve qu'elle ne devait pas le faire seule, et que c'est à une heure où ne s'introduisent pas ordinairement les voleurs. Un chien dans l'ombre, courant à la porte, semble aboyer après quelqu'un qui vient de s'enfuir, et vouloir venger sa maîtresse qu'il a outragée. En un mot, tout caractérise un amant téméraire, qui n'a pas eu la force de se rendre coupable, et est allé cacher ailleurs sa honte et son désespoir.

M. Machy est un peintre d'architecture d'une fécondité rare. Il a le dessin exact, pur, riche; il a exposé différentes vues des plus beaux édifices, qu'on envisage des quais, et d'autres des environs de Paris, et chacun a pu juger de la vérité de ses tableaux.

Après ces huit conseillers, on a placé comme le dernier des officiers M. Cochin, secrétaire et historiographe de la compagnie; malgré cette hiérarchie, c'est une des dignités les plus importantes, et il a fallu une forte protection pour la faire conférer à un graveur. Mais celui-ci avait

Tome II. 7

accompagné le marquis de Marigny dans son voyage d'Italie; il lui avait servi de mentor et d'instituteur; il avait fait servilement sa cour à Madame de Pompadour, et l'a emporté ainsi sur tous les artistes, qui, par des talents supérieurs avaient plus de droit à ce titre. On ne peut juger, à cette exposition, de son talent; car il n'a rien produit; mais l'auteur des dialogues, en qui j'ai une grande confiance, le regarde comme le meilleur de ses confrères; il est vrai qu'il ne fait pas grand cas des autres, et qu'il est trop dénigrant. Quant aux compositions littéraires de M. Cochin, je ne connais de lui que la facétie que je vous ai citée, où l'écrivain prend très-bien le style poissard, et à travers son galimatias dégoûtant fait preuve de gaîté, d'esprit et de finesse.

Le secrétaire a pour adjoint M. Renou, à ce que j'entends dire, car il s'est aussi dispensé de paraître au salon; mais homme de lettres en même temps, et plus digne de la place que M. Cochin, s'il était véritablement auteur des dialogues sur la peinture qu'on lui attribue, ouvrage d'une critique sévère et lumineuse, écrit d'ailleurs du meilleur ton, et quoique sur une matière aride, plein d'intérêt pour toutes les espèces de lecteurs.

Des cinquante-trois académiciens il n'y en a pas un tiers qui ait exposé. Et en général j'en vois tout au plus huit à dix qui méritent de vous être cités ; tels que MM. Guay, graveur du roi en pierres, unique dans son genre. Les plus grands amateurs de l'antique, ceux qui s'y connaissent le mieux pourraient être trompés à ses ouvrages, et ce ne serait point à leur désavantage. Casanova, peintre de batailles, d'une imagination vaste et fougueuse, chaud de couleur, entendant bien la perspective aérienne, les dégradations de la lumière, mais confus et loin de la pureté, de la netteté de Vandermeules qu'il prétend égaler ; Roland de la Porte, admirable pour l'illusion de ses bas-reliefs en peinture, étonnant par la magie de sa perspective, donnant de l'élévation aux figures les plus plates ; Robert dont le génie mâle et libre se déploie surtout dans les ruines, qui a donné cette année deux vues des jardins de Versailles, dans le temps qu'on abattait les arbres, où l'on trouve peu d'exactitude, mais beaucoup de génie ; Loutherbourg, rival de Vernet, moins parfait, mais plus varié : il faut avoir pour argent et pour or, à quelque prix que ce soit, un *calme* et une *tempête* du premier, refuser ensuite tous les autres, les donnât-on pour rien : au contraire, on en pourrait acheter mille de Loutherbourg, et les admirer toujours avec un nouveau plaisir ; Greuze, dont on ne parle plus guère que par réminiscence, tant il y a long-temps qu'il ne s'est montré dans la lice, à qui l'on conseille de faire des enfants et des nourrices plutôt que des empereurs, à qui l'on accorde beaucoup de talent, mais qui devrait se renfermer dans les sujets de sensibilité domestique, dans le naturel et le naïf.

Vous rencontrez sans doute avec surprise, Milord, dans cette foule d'académiciens, trois femmes; et vous serez encore plus étonné en apprenant qu'elles y tiènent très-bien leur coin: je ne vous parle que sur parole de Mad. Vien et de Mad. Therbouche; l'une est à Rome et l'autre en Prusse. Quant à Mlle Vallayer, j'ai trouvé au salon beaucoup d'ouvrages d'elle. Son pinceau sûr et fidèle s'est soumis non seulement tous les objets de la nature inanimée, tels que les fleurs et les fruits; mais elle excelle dans le portrait par une touche ferme et hardie, les groupes aussi, et historie avec un égal succès: c'est ce qu'on admire dans *sa jeune personne montrant à son amie la statue de l'amour.*

Un architecte, figurant parmi les peintres, est un phénomène encore plus rare, et M. de Wailly est le seul qui ait cet honneur. Il est admirable pour la décoration, et à ce titre a été admis par ces Messieurs, qui, en général, font peu de cas des architectes, et les rangent tous dans la classe des entrepreneurs de bâtiments, des maçons, s'ils ne se distinguent comme celui-ci par une imagination brillante et pittoresque.

Il me reste, Milord, à vous parler des Agréés;

mais la longueur de ma lettre m'oblige de m'arrêter pour ne pas devenir fastidieux en répétant trop souvent les mêmes éloges et les mêmes censures. Il suffira de vous observer qu'ils sont très-nombreux; que plusieurs égalent déjà les maîtres; que quelques-uns les surpassent, et donnent les plus fortes espérances de voir se ranimer l'école française dans le grand genre, dans celui de l'histoire, éclipsé depuis long-temps par le goût des futilités et des poliçonneries.

J'ai l'honneur d'être, etc.

Paris, ce ~~13 novembre~~ 22 Décembre 1777.

LETTRE V.

Sur la Scène française; sur les Acteurs et Actrices; sur les querelles des Poètes dramatiques avec eux; sur la tragédie de Gabrielle de Vergy; sur son Auteur.

Depuis mon séjour dans cette capitale, Milord, je me suis tellement blasé sur le spectacle, à force de le fréquenter dans les commencements, que je n'y vais presque plus, surtout à la Comédie Française, où je cherche en vain le mot pour rire. Nous autres Anglais, notre *Spleen*, vous le savez, nous oblige de fuir comme un poison, la tragédie, le drame et même la comédie larmoyante ou trop sérieuse; je n'y vais guère qu'aux nouveautés, et durant notre correspondance, il ne s'est encore présenté aucune occasion de vous en parler. Il y en a peu, ce dont je vous donnerai plus loin les raisons, et celles qu'on y joue, ou sont bientôt vieilles, ou même oubliées tout à fait. Enfin voici une pièce qui marque; c'est le moment de s'y arrêter et de vous entretenir à ce sujet, de tout ce qui a rapport au théâtre national de la France.

Vous vous ressouvenez du local, c'est le même

où représentait l'Opéra avant de prendre possession de la nouvelle salle ; seulement les comédiens français, tirant au lucre, et par conséquent à la multiplication des petites loges ou loges à l'année (1), l'ont gâté, en sorte qu'il n'y a plus aucun goût, aucun ensemble dans la décoration intérieure ; mais comme tout cela n'est que provisoire, le mal n'est pas infiniment grand, et il faut espérer qu'on s'arrêtera enfin à quelque plan d'édifice pour ce spectacle qu'on exécutera, et qui, par sa magnificence, dédommagera le public de son attente.

Une chose plus essentielle, et dont il a un besoin urgent dès ce moment, ce sont des acteurs pour le tragique. Ils se réduisent aujourd'hui à cinq en tout. Vous en connaissez trois : les sieurs *le Kain, Brizard et Molé* (2) ; mais le premier, toujours supérieur, joue si rarement, qu'on ne peut guère compter sur lui. Le second n'est point doublé, et cependant vieillit. Le troisième commence à n'être plus assez jeune pour remplir les rôles des princes adolescents, et il n'a pas assez de consistance pour ceux qui exigent beaucoup de représentation et de dignité. Les deux nou-

---

(1) On les appelait ainsi, parce que les princes, les grands seigneurs, les gens riches voulaient avoir chacun leur loge où il pussent aller quand et comme bon leur semblait.

(2) Morts.

veaux sont un sieur *Monvel*, qui, au talent de comédien, joint celui de la composition ; il a quelque chose d'intéressant, soit dans la figure, soit dans le son de la voix ; il a une grande intelligence, et il est sûr de ses rôles ; mais ses moyens sont si faibles ; mais son physique est si frêle, qu'il est fréquemment malade, et ne peut suffire long-temps à son emploi de doubler le sieur *Molé*. Quant à l'autre, qui se nomme *Larive* (1), il aspire à remplacer le sieur *le Kain*, et a déjà bien de l'avance, puisqu'outre une très-belle figure, il déploie un organe superbe, deux dons de la nature qui ont toujours manqué à son modèle. Reste à savoir s'il l'égalera jamais du côté de l'art et de l'étude, par lesquels le sieur *le Kain* a vaincu tous les obstacles, et est devenu le premier tragique de l'Europe. Son émule a débuté depuis trop peu de temps, pour pouvoir l'apprécier encore (2), et ses moyens extérieurs sont séduisants à tel point, qu'il ne serait pas surprenant qu'on se fût prévenu en sa faveur, sans qu'il l'eût réellement mérité. D'ailleurs, il est élève de Mlle *Clairon* (3), et c'est un grand préjugé pour lui.

Ce qui est inconcevable, c'est qu'entre qua-

---

(1) Tiré du théâtre, ainsi que Monvel.
(2) En 1775.
(3) On trouve à ce sujet une anecdote très-plaisante

torze actrices à part (1), il n'en est que trois en état de jouer la tragédie, et la plus ancienne ne date que de dix ans. C'est Mlle. *Sainval l'aînée* (2);

---

dans une gazette poétique du 20 juin 1767. Elle donne la filiation de l'acteur dont il s'agit.

>De l'auguste Clairon le trop commun destin
>>Vous amusera davantage,
>
>L'anecdote est plaisante et le fait très-certain.
>D'un tendre adolescent, à la fleur de son âge,
>Elle formait le cœur, l'esprit et les talents.
>Ceux-ci devaient bientôt être des plus brillants.
>>La nature pour le théâtre
>>L'avait doué de tous ses dons,
>>Et de son élève idolâtre
>
>L'actrice lui donnait nuit et jour des leçons.
>Pour en mieux exprimer la beauté douce et fière,
>>Elle l'avait nommé *l'amour*,
>>Et lui par un juste retour,
>>Ne l'appelait plus que sa mère.
>>Mais, comme son patron chéri,
>>L'enfant volage, ingrat, perfide,
>>De plaisirs étrangers avide,
>>A bientôt déchiré le sein qui l'a nourri.
>>Au lieu de la plaindre, on a ri
>>Du malheur de la Melpomène.
>>En vain dans sa jalouse haine,
>
>A-t-elle renvoyé ce petit traître nu:
>Nos filles l'ont ainsi trouvé plus ingénu.
>>Grande émulation entre elles
>>A qui mieux le réchauffera,
>>Et pour soi le conservera,
>>Aux risques des peines cruelles
>
>Que le triomphe, hélas! peut-être leur vaudra.

(1) C'est-à-dire, qui partageaient dans les bénéfices divisés en vingt-trois portions ou parts.

(2) Retirée du théâtre, ainsi que sa sœur.

elle est laide à faire peur ; elle a une voix sourde et ingrate, un ton pleureur et monotone, et cependant ne laisse pas que d'avoir beaucoup de partisans, parce qu'à une sensibilité profonde, elle joint une chaleur prodigieuse, parce qu'elle est toujours à son rôle, s'en pénètre, en est pleine, et ne cesse d'étudier son art qu'elle aime beaucoup. Sans avoir autant d'écarts que Mlle. *Dumesnil*, ni autant de naturel, elle a, comme elle, les inégalités du génie.

Madame *Vestris* (1) est plus fille de l'art ; elle est travaillée, maniérée, et sans être, que je sache, l'élève de Mlle. Clairon, se sent beaucoup de son école ; elle n'a paru au théâtre que deux ans après Mlle. Sainval, et a bientôt partagé les amateurs. Sans être belle, sa figure est théâtrale ; quoique d'une taille moyenne, elle s'élève sur la scène ; elle a beaucoup de noblesse dans ses positions, dans ses attitudes, dans ses gestes, dans sa déclamation : malheureusement elle grasseye, défaut peu propre à rendre les élans et la véhémence des grandes passions.

La petite *Sainval* n'est au théâtre que depuis un an, et y a fait une grande sensation, moins à raison de son mérite réel, que relativement à sa sœur qu'on aime, et qui a mis sur pied sa nombreuse cabale. Quoique beaucoup plus jeune que celle-ci, elle n'est guère mieux de figure ; elle est petite,

---

(1) Morte.

sans grâces, et même grimace déjà. Elle a de la douceur, de la sensibilité; mais manque de poitrine, ensorte qu'on ne doit pas compter beaucoup sur un pareil sujet, qui ne peut s'améliorer que par le travail, et que le travail tuera : elle a déjà essuyé une maladie mortelle au milieu de ses débuts, ce qui les a rendus plus brillants à la reprise par l'intérêt général qu'on y avait pris.

Dans le comique, je ne vois, Milord, que deux hommes qui vous soient absolument inconnus, les sieurs *Dugazon* et *Desessart* (1). Celui-là est un mime délicieux, c'est un bouffon du premier ordre sur la scène et même dans la société : son défaut est de trop charger, et, à force de vouloir faire rire, de manquer quelquefois son but : celui-ci, déjà très-plaisant par sa vaste corpulence, est doué d'un naturel précieux, et sans doute d'un grand attrait pour le théâtre, puisqu'il a commencé fort tard son nouvel état, auquel il a sacrifié celui de procureur qu'il exerçait. Il est excellent dans les rôles à manteau ; on désirerait seulement que son organe fût moins rauque. Les bons sujets de même genre entre les actrices, sont tous anciens, et auraient même grand besoin d'élèves capables insensiblement de les remplacer.

Il est fort singulier, Milord, qu'une troupe de comédiens, comme celle du premier théâtre de la France, soit dans le délabrement où l'on se

---

(1) Ce dernier est mort.

plaint de la voir, et qu'on ne recrute pas sans cesse dans celles de province de quoi la compléter, de façon à ce qu'il ne s'y forme jamais aucun vide. Tout cela provient de la mauvaise discipline de cette troupe, dont la jalousie écarte souvent les sujets que redoutent les coryphées qui occupent les premiers emplois. Ils ne veulent que des disciples, et point de maîtres. C'est ainsi qu'un sieur *Aufréne*, fait pour produire une révolution au théâtre dans le tragique, en substituant à l'enflure d'une déclamation tonnante, le langage simple et majestueux des *Dufresne* et des *Baron*, a été rejeté et forcé de retourner dans son obscurité.

Ce défaut d'acteurs influe sur les auteurs qui se dégoûtent, faute de pouvoir obtenir d'être joués. On comptait en 1776, sur le répertoire, quinze tragédies ou drames, onze grandes comédies, et vingt comédies en un, deux et trois actes. Devinez combien il en a été représenté durant le cours de la dernière année dramatique (1) ? Cinq. Il s'ensuit qu'un poète peut très-bien voir s'écouler deux et trois lustres, avant d'avoir son tour. Mais c'est aujourd'hui la moindre de leurs plaintes ; il y a une fermentation considérable parmi les auteurs du théâtre, contre les comédiens, et les premiers sont disposés à secouer

---

(1) L'année dramatique commençait au retour du voyage de Fontainebleau, à la fin de novembre.

enfin le joug intolérable dont les seconds les accablent. Trois procès ont donné naissance à cette guerre vive et déjà sanglante en sarcasmes et en épigrammes.

M. Mercier est d'abord entré en lice, provoqué, il est vrai, par les comédiens; ceux-ci se prétendant outragés dans un ouvrage de sa façon (2), l'ont, de leur autorité, rayé du répertoire, et lui ont déclaré qu'il eût à désavouer le livre, ou à renoncer à être joué; qu'ils ne voulaient avoir rien de commun avec un homme qui cherchait à les couvrir de ridicule et d'infamie. Il a été forcé de les attaquer en justice pour les contraindre à remplir leur engagement; de là des *factum* et un procès en règle, mais que le crédit des adversaires, qui ont intéressé dans leur querelle l'amour propre des gentilshommes de la Chambre, leurs supérieurs immédiats, a bientôt fait évoquer au conseil.

Ce champion a été peu après suivi d'un autre, de M. Palissot, qui a trouvé mauvais que le comique Aréopage s'ingérât de prononcer sur l'article de la morale, et en comblant d'éloges la pièce des *Courtisanes*, déclarât qu'elle était trop contraire à l'honnêteté publique et à la dignité du théâtre Français pour la recevoir. Il a cru lever les scrupules des juges, en se munissant de l'ap-

---

(1) L'*Art du théâtre ou nouvel Essai sur l'art dramatique.*

probation de la police; mais alors ceux-ci, piqués de son obstination, lui ont répondu qu'ils refusaient de rechef sa comédie présentée une seconde fois, parce qu'il n'y avait ni action, ni intérêt, ni mœurs, ni gaîté. Cette exclusion, effet d'une passion manifeste, suivant le poète, lui a paru digne de l'animadversion de la justice, et il a eu recours à elle. Second procès évoqué encore au conseil.

Un troisième pendait au conseil depuis plusieurs années : les deux agressions nouvelles ont ranimé le courage de l'ancien plaideur, qui revient aujourd'hui, et veut faire cause commune avec ces mécontens. Celui-ci est un M. Lonvay de la Saussaye, et l'objet de sa réclamation est encore plus singulier, puisque non seulement il s'agit de ses honoraires qu'on lui conteste, de la propriété de son ouvrage (1) qu'on lui enlève après cinq représentations, mais encore d'une créance pécuniaire qu'on veut exercer, et dont, quoiqu'il n'ait rien touché, il se trouve reliquataire envers la comédie.

C'est ce dernier exemple qui a touché sensiblement les poètes dramatiques, et qui leur a paru trop funeste pour ne pas s'y opposer; mais ils auraient gémi long-temps inutilement sur tant

---

(1) *Alcidonis* ou *la Journée Lacédémonienne*, pièce en trois actes et en prose.

d'injustices et de vexations qu'ils éprouvaient, s'il ne s'était venu mettre à leur tête un de ces hommes remuants, ne respirant que le trouble et la discorde, tel qu'il en faut dans les circonstances critiques, et capables, par son audace, de donner l'impulsion à tout un corps, et de s'en rendre le chef. Or, qui pouvait mieux remplir ce rôle que le sieur de Beaumarchais ? Il aime beaucoup l'argent, mais il a encore plus de vanité. Il avait voulu d'abord trancher de l'auteur qui ne travaille que pour la gloire, et laisser aux comédiens, la part qui lui revenait de ses honoraires de son *Barbier de Séville* ; il ne s'attendait pas au succès prodigieux qu'il a eu, et comptait ne faire qu'un léger sacrifice pécuniaire à sa renommée. La troupe s'est piquée d'honneur, et lui a envoyé son argent et son décompte, c'est alors qu'il a montré les dents, et leur a déclaré qu'il ne calculait pas ainsi ; que si ses confrères étaient leurs dupes, il ne voulait pas l'être. Il les a menacés d'un procès qui serait suivi plus chaudement que celui de M. Lonvay. Les comédiens, effrayés de ce formidable athlète, ont eu recours aux gentilshommes de la Chambre qui, craignant à leur tour de voir rejaillir sur eux quelques sarcasmes, dont le sieur de Beaumarchais ne manquerait pas d'accabler leurs vassaux, ont mieux aimé entrer en pourparler. On est convenu que celui-ci rassemblerait chez lui ses confrères, qu'ils établiraient leurs griefs, et qu'on dresserait un autre réglement qui concilierait tous les intérêts. C'est, Milord, quand j'en serai à vous rendre compte des séances de ce comité, que leur chef appèle fastueusement *Bureau de législation dramatique*, que j'entrerai dans plus de détails, et vous gémirez en apprenant à quel excès d'avilissement en étaient venus les auteurs envers les histrions.

J'en reviens à cette pièce qui marque, objet principal de ma lettre; il ne faut point entendre, par cette expression, une tragédie d'un genre transcendant, qu'on puisse assimiler aux chefd'œuvres de Corneille, de Racine, de Crébillon, de Voltaire; cela signifie qu'elle fait un bruit du diable, qu'on s'en entretient depuis un mois sans interruption dans les cercles, aux soupers; que les Parisiens en sont engoués, en raffolent, qu'elle a la plus grande vogue; que la mode est d'y aller deux fois, trois fois, quatre fois, cinq fois, autant de fois qu'on la joue; qu'on l'appèle *divine, miraculeuse!* miraculeuse en effet, puisqu'elle donne des vapeurs aux petits-maîtres et fait tomber les femmes en syncope. Voici un de ces prodiges dont j'ai été témoin: ces jours derniers on en était à la septième représentation; j'étais dans les foyers à entendre disserter sur la pièce qui venait de finir; soudain on y traîne une femme dans l'état le plus déplorable, pour la conduire à une petite terrasse voisine et lui faire prendre l'air : cette personne, d'une taille moyenne, maigre, chétive, âgée, semblait d'une constitution très-délicate. Elle était pâle, défaite en ce moment, les yeux retournés; sa langue, ordinairement très-affilée, ne rendait que des sons lents et mal articulés; tous ses membres tremblaient; en un mot je crus qu'elle était tombée en apoplexie. Ne me doutant pas qu'elle pût être de ma connaissance, je n'y pris que cet intérêt général que nous inspire un de nos semblables souffrant. Je fus bien surpris de la voir repasser quelques minutes après et de trouver que c'était Madame d'E***, si renommée pour ses *d'Épinai* liaisons avec Jean-Jacques, et pour son goût des nouveautés et des lettres. Ah !Madame, lui dis-je en la reconduisant à son carrosse, qu'est-ce qui vous est arrivé? Heureusement vous voilà ressuscitée. Oh ! Monsieur, vous êtes bien bon; ce n'était rien, une attaque de nerfs qui se passe avec un peu de sel qu'on m'a mis dans la bouche. C'est cette maudite tragédie. — Sans doute, vous n'y reviendrez-plus ? — Pardonnez-moi, je l'aime beaucoup; je n'en ai pas manqué une représentation, et j'espère m'y faire; les accès commencent à diminuer. — J'admire votre courage, Madame,... et je la quittai. Il y a cent femmes comme celle-là, Milord, qui tombent dans des états affreux, et revenues à elles, ordonnent qu'on leur loue une loge pour la repré-

sentation suivante. Voici une facétie à l'anglaise qu'un plaisant envoya aux journalistes de Paris (1) après la première explosion de la pièce : « C'est
» aujourd'hui, Messieurs, la seconde représen-
» tation de Gabrielle de Vergy. La pièce est mé-
» diocre, mais le dénoûment fera foule, comme
» l'a prédit un de vos correspondants. Je vous prie
» donc de vouloir bien donner avis aux dames
» que la loge de M. Raimond, dans laquelle elles
» s'étaient jetées en foule samedi dernier, et où il
» ne s'était trouvé qu'une légère provision d'eau
» de Cologne, sera pourvue de toutes les eaux
» spiritueuses, de tous les sels qui peuvent con-
» venir aux divers genres d'évanouissement.
» Ainsi les dames peuvent compter sur toutes les
» commodités dont on a besoin pour se trouver
» mal. »

Oui, Milord, il s'agit *de Gabrielle de Vergy* (2), cette tragédie de M. du Belloy, que les comédiens n'avaient jamais voulu jouer de son vivant, et dont ils se sont emparés après sa mort. Son effroyable dénoûment équivaut à tout ce qu'on voit sur nos théâtres, et les Français commencent

---

(1) Numero 197, du mercredi 16 juillet.

(2) La première représentation eut lieu le 12 juillet. On ne jouait Gabrielle de Vergy que trois fois en deux semaines pour laisser à madame Vestris le temps de se remettre de son rôle très-fatigant, et aux femmes de dissiper les affections vaporeuses qu'elles y contractaient.

à nous suivre de près en cela, comme en beaucoup d'autres choses. Mettre dans une coupe un cœur tout sanglant qu'un chevalier furieux vient d'arracher à son rival, après l'avoir égorgé de sa propre main, le présenter, pour ainsi dire, aux yeux du spectateur, le faire contempler pendant un quart d'heure, par deux femmes qui couvrent et découvrent tour à tour le vase où il est renfermé; assurément ni le cinquième acte de Rodogune, ni Atrée et Thyeste, ni Beverley, quoiqu'emprunté de chez nous, n'avaient encore présenté rien de si horrible. Oui, encore un coup, mes compatriotes en conviendront, nos rivaux en ce genre ont fait de grands progrès, eux qui naguère (1) ne pouvaient voir ensanglanter la scène, et surtout interdisaient le meurtre à tous les poètes tragiques. Au reste, j'en disserte en philosophe et avec la plus grande impartialité; car, quoique je ne sois pas Anglais de ce côté-là, et que le sang répandu, même des animaux, me répugne, la nouvelle pièce ne m'a causé aucune émotion douloureuse. Tout ce qui précède est si faux, si vicieux, si gigantesque, si absurde, que j'ai soutenu de sang froid l'atrocité de la ca-

---

(1) C'est dans une tragédie d'Édouard III, jouée en 1740, de Gresset, qu'on a hasardé pour la première fois le meurtre sur la scène française, où le suicide seul était admis.

tastrophe, et n'y ai vu que le noir délire d'une imagination romanesque ; mais, quoique j'aye trouvé plusieurs connaisseurs dans le même état d'impassibilité, je conviens que c'est une exception, et qu'en général cette tragédie a produit des effets singuliers et frappants. Ce que j'ai entendu dire de plus judicieux à cet égard dans le foyer, c'est que M. de Voltaire, au sujet de certains drames, avait observé que les Français avaient un nouveau genre de comédie, *la comédie horrible,* qu'on pouvait ajouter qu'ils en auraient désormais un dans le tragique, la tragédie *exécrable,* qualification que mérite à tous égards celle de M. du Belloy, même quant au style dont la barbarie et l'enflure ordinaire sont encore plus révoltantes dans une pièce de sentiment. On ne peut nier cependant qu'il n'y ait des tirades, ou plutôt des passages en petit nombre, dans le vrai langage de la passion, écrits avec correction, élégance, onction même, quoique l'âme du poète en général ait plus de chaleur et de force que de vraie sensibilité. On remarque encore dans la contexture quelques ressources de génie, quelques situations nobles à travers un chaos d'incidents accumulés dans l'ordre le plus bizarre et le plus extravagant. En un mot, les quatre premiers actes trop longs, trop diffus, malgré le retranchement de quantité de vers, ne produiraient qu'une sensation ordinaire, sans le cinquième ; et celui-ci même doit beaucoup à Mad. Vestris, qui faisait le rôle de Gabrielle. C'est cette actrice qui, le premier jour, à ce que m'ont assuré plusieurs amateurs, a déterminé le succès, quoique par sa façon de jouer dans la scène du cœur elle outrepasse la nature, en revenant à plusieurs reprises sur l'urne sanglante, y ramenant les yeux des spectateurs avec les siens, elle laisse plus voir l'actrice que l'amante. Celle-ci dès le premier instant aurait rejeté la coupe avec horreur, et se serait évanouie. Mais Mad. Vestris s'étudie à nuancer toutes les gradations d'un spasme ménagé avec le plus grand art, et l'on ne peut qu'applaudir à la beauté de ses tableaux. Le parterre, froid jusque-là, entra lui même dans des accès convulsifs qui se manifestèrent par des battements de mains forcenés, et le triomphe fut complet.

A l'occasion de Gabrielle de Vergy, j'ai voulu voir, Milord, comment un autre poète moderne, encore existant, avait traité le même sujet : il y a mis beaucoup plus d'art et de délicatesse : appréhendant que le spectacle d'une femme à qui l'on présente à manger le cœur de son amant, ne révoltât trop, il a voulu en dérober l'image aux regards des spectateurs ; il n'en est pas même question durant tout le cours de l'intrigue ; ce n'est qu'à la fin que le mari ayant surpris Couci aux genoux de Gabrielle, après qu'il s'est battu avec lui et qu'il lui a arraché la vie, toute sa fureur paraît concentrée ; il ne lui échappe par intervalles que des mots, effrayants avant-coureurs d'un grand projet de vengeance. Cependant on apprête un festin ; Gabrielle, persuadée que le poison va terminer ses jours, y court avec empressement. Au retour du repas, comme elle ne peut retenir les marques de son inquiétude sur le sort de Couci, Fayel, pour toute réponse, tire un rideau qui couvre la porte d'un autre appartement, et lui montre le corps de son amant couvert du manteau des croisés (1). Il est naturel, à pareil aspect, que cette femme infortunée ne garde plus de mesure et se livre toute entière à l'excès de sa douleur et de son amour : elle suit en effet l'impétuosité de cette dernière passion ; alors le barbare Fayel, pour completter sa vengeance, lui apprend qu'il a trouvé dans le sein de Couci une lettre qui ordonnait qu'après sa mort on portât son cœur à celle qu'il avait aimée, et il lui déclare que ce cœur est un des mets qu'on vient de lui servir. Gabrielle se précipite sur le corps de Couci ; Fayel l'y perce de son poignard, et meurt ensuite lui-même en arrachant dans sa rage l'appareil de ses blessures.

La pièce bien supérieure pour le style correct,

---

(1) Il faut se rappeler que l'action, dont le fond est historique, se passe du temps des croisades.

élégant et noble, quoique peut-être un peu lâche et sans une certaine énergie, à celle de M. du Belloy, est en outre infiniment recommandable par la simplicité de l'intrigue : l'action n'y est d'un bout à l'autre, à l'imitation des pièces de Racine, que le développement d'une grande passion, source de tous les événements. Le poète est un M. Baculard Darnaud qui n'est pas sans mérite; mais qui en aurait beaucoup plus, s'il n'était pressé de travailler pour vivre, et si l'infortune n'eût donné à son génie une empreinte de tristesse continue qui peine et fatigue le lecteur dans toutes ses compositions. Son rival, quoique ayant joui d'une réputation beaucoup plus brillante, sans valoir mieux, n'a pas profité des occasions de fortune qu'il a eues, et est mort dans une sorte d'indigence. Vous en serez aussi surpris que moi, Milord, quand je vous rappèlerai qu'il était auteur du *Siége de Calais*, cette tragédie nationale, appelée par M. le maréchal duc de Brissac *le brandevin de l'honneur*, cette tragédie dont le succès est sans exemple au théâtre, qui ne fut suspendue à la vingtième représentation que par la dispersion des comédiens (1); qui fut rede-

---

(1) Lorsqu'à la rentrée de Pâques, en 1765, ils refusèrent de jouer, que quelques-uns s'enfuirent, et d'autres furent emprisonnés.

mandée trois fois de suite à la cour; qui valut au poète l'honneur d'être présenté à la famille royale, de recevoir des lettres de citoyen de Calais, d'y voir son portrait placé a l'hôtel de ville; qui fut imprimée aux frais du gouvernement et distribuée parmi les troupes, et jusque dans les colonies, comme un catéchisme patriotique; qui enfin mérita à son auteur des médailles, des gratifications, des pensions, une place d'académicien, quoique, ayant été comédien, il en fût exclu par les statuts.

M. du Belloy, tant prôné, tant exalté, tombé dans une maladie de langueur qui a duré plusieurs mois, serait resté sans secours, si le jeune monarque devant qui l'on venait de jouer le *Siège de Calais* pour la première fois, et desirant en voir l'auteur, apprenant qu'il était malade et dénué de ressources, n'eût chargé le duc de Duras de lui envoyer cinquante louis comme une marque de sa satisfaction, et si les comédiens, par une générosité louable, n'avaient donné une représentation de cette pièce toute entière au profit du moribond, qui expira peu après (1), en reconnaissant le néant de la gloire.

Nous ne nous passionnons pas si facilement,

---

(1) Au commencement de mars 1777.

Milord ; mais notre enthousiasme est plus durable. Adisson, Congrève, Prior et tant d'autres l'ont éprouvé. Partout on reconnaît cette *furia franceze*, qui n'a que l'instant. C'est un feu de paille ; le mien pour vous est à l'anglaise, et j'espère que vous me rendez bien la pareille.

Paris, ce 26 Décembre ~~11 août~~ 1777.

LETTRE VI.

Sur la mort de Gresset, *sur celle de* Coustou. *Description et critique du mausolée du Dauphin et de la Dauphine.*

Vous avez raison, Milord ; quoique vous vous embarrassiez fort peu en général que je vous entretiène de la perte de cette foule d'auteurs qui fourmillent à Paris, et déjà morts pour la plupart de leur vivant, il en est qui méritent une exception, et dont la vie, pouvant être aussi utile que les ouvrages, il est essentiel d'en recueillir l'histoire et les anecdotes. Gresset est du nombre. Ce poète, d'un caractère original, fera toujours honneur à la France; et l'amabilité répandue dans ses écrits, qui portait tous ceux qui le lisaient à s'intéresser à sa personne, et à desirer d'être de ses amis, l'a fait regréter infiniment. Or, on se plaît à causer de l'objet de sa douleur, à en perpétuer le souvenir par tous les détails qui rendent sa mémoire précieuse; mais il n'est pas toujours aisé de les recueillir, et Gresset vivait depuis si long-temps dans la retraite, et sans relation avec la capitale, que j'ai eu toutes les peines du monde à acquérir sur lui quelque notice légère. Quoi qu'il en soit, je crois qu'elle vaudra encore mieux que celle du nécrologe, et que tout le bavardage oratoire du tribut d'éloges que son successeur et le directeur lui paieront tour à tour à l'académie française. D'ailleurs, il faudrait attendre trop long-temps, et je me hâte de satisfaire votre impatience. Je vais vous transcrire mot à mot ce que m'en a appris un ami du défunt, homme de lettres, son confrère à l'académie d'Amiens, et actuellement en cette ville; j'y ajouterai seulement quelques notes, si l'occasion s'en présente.

» Tout le monde sait que Gresset avait commencé par être jésuite; mais ce que peu de gens ont observé, c'est qu'il est le premier jésuite qui ait fait des vers français, dignes d'un homme du monde. On y trouve une aisance et des grâces que celui-ci semble pouvoir donner uniquement. On ne croirait jamais que *Vertvert* fût né dans un cloître; on sent dans la *Chartreuse* et dans les *Ombres*, cette philosophie douce et aimable dont M. de Voltaire seul fournissait alors des modèles dans ses pièces fugitives; aussi l'envie se déchaîna-t-elle bientôt contre un mérite d'une espèce nouvelle dans l'ordre; on le punit d'une réputation trop brillante et trop dangereuse pour son salut; il fut relégué à la Flèche, lieu où les jésuites envoyaient ceux qu'ils voulaient corriger; c'est là où le père *Boujeant*, auteur du *Traité sur l'âme des bêtes*, devait expier dans le même temps le crime d'une plaisanterie ingénieuse. Le premier ne put soutenir cet exil rigoureux; il demanda à recouvrer sa liberté, et il prit son essor; mais il conserva toujours depuis pour ses instituteurs et ses confrères cette estime qu'inspirait la Société à ses transfuges, qui, même en la quittant, lui semblaient encore indirectement assujétis.

M. Gresset entra dans la carrière du théâtre, et commença par une tragédie; mais quoiqu'elle vaille mieux que tant d'autres qui ont réussi après elle, elle tomba, parce que le parterre était alors d'un goût beaucoup plus difficile (1); d'ailleurs, l'on ne connaissait pas encore les ressources de la cabale et de l'intrigue, mises depuis si heureusement en œuvre par les confrères de cet auteur, ressources que la noblesse et la franchise de son âme l'auraient à coup sûr empêché d'adopter.

Son *Sidney*, quoiqu'infiniment meilleur, n'eut guère plus de succès; c'est qu'alors on ne voulait que deux genres, et que l'on remarqua que celui-ci n'était ni tragique, ni comique. Il plairait beaucoup sans doute aujourd'hui que, par l'in-

---

(1) Et parce qu'on y avait introduit le meurtre pour la première fois, comme on l'a observé dans la lettre précédente; du moins cette anecdote est consignée dans la préface du théâtre Anglais de M. de la Place.

vention du drame, on a trouvé à baptiser ce genre mixte. Il y a, en outre, une forte dose de cette philosophie que nous plaçons partout, mais qu'on n'était pas accoutumé d'entendre au théâtre. Les raisonnements vigoureux dont le poète y appuie la défense et l'éloge du suicide, ne firent dans le temps aucune impression. Cette manie épidémique n'avait pas gagné ; on doute que la pièce passât à la censure actuellement.

Le *Méchant* prouve que M. Gresset n'ignorait pas le vrai genre de la comédie, et c'est sans doute un chef-d'œuvre en beaucoup de parties ; mais ce qui en rendit le public plus engoué, ce fut une foule de portraits dont on faisait l'application. On prétendit, entr'autres ressemblances, que le héros était calqué sur le marquis de Vintimille, et celui-ci ne s'en défendait pas beaucoup ; il déclara qu'à quelques traits près, moins dans le genre du méchant que du scélérat, il n'aurait pas été fâché de ressembler à Cléon.

La pièce, à son apparition, essuya nombre de critiques, et presque toutes portaient sur le titre annonçant un caractère générique et indéterminé, ce qui fit dire que l'envie, faute de pouvoir mordre l'œuvre même, s'attachait à la couverture. Quoi qu'il en soit, le Méchant ouvrit, sans difficulté, les portes de l'académie française à son auteur, et lui attira une épigramme de la part de Piron, moins ennemi du récipiendaire, que furieux en général contre tous ceux qui entraient dans cette compagnie. La voici :

> En France on fait par un plaisant moyen
> Taire un auteur qui d'écrits nous assomme :
> Dans un fauteuil d'académicien,
> Lui quarantième on fait asseoir mon homme :
> Puis il s'endort et ne fait plus qu'un somme.
> Plus n'en avez phrase ni madrigal :
> Au bel esprit le fauteuil est en somme
> Ce qu'à l'amour est le lit conjugal.

On voit qu'elle était très-injuste et des plus déplacées ; étrangère même tout à fait à un littérateur aimable, très-sobre de ses productions, bien loin d'en être prodigue, et d'en fatiguer le public ; ensorte qu'on n'aurait jamais pu la croire dirigée contre Gresset, si elle ne se fût répandue précisément à cette époque ; mais par une fatalité singulière, elle devint une espèce de prophétie.

Il arriva à ce poète le contraire de ce qui arrive aux autres ; c'est que son triomphe, loin de l'encourager à en mériter de nouveaux, le rendit plus circonspect et plus défiant. Il n'a rien donné depuis au théâtre ; quelques années après il y renonça même tout à fait. On eut peine à croire qu'à la fleur de l'âge, il le fît par dévotion, comme le bruit en courut ; on prétendit qu'il y avait de l'hypocrisie dans sa conversion, et qu'il briguait une place d'instituteur du feu duc de Bourgogne. M. de Voltaire l'en plaisanta, sans doute parce qu'il ne jugeait pas non plus ce retour bien sincère. Cependant sa constance à tenir sa résolution, sa conduite postérieure, et surtout ce qui s'est passé à sa mort, ne peuvent guère permettre d'adopter cette opinion.

Il vécut depuis cette époque à Amiens, sa patrie, où il était retourné, où il avait un excellent emploi et s'était marié à une femme qui lui avait encore apporté du bien, en sorte qu'il était riche. Il vint à Paris à la mort du feu roi; ce fut même lui qui eut l'honneur de complimenter le monarque régnant, à son avénement au trône, au nom de l'académie. Son retour lui attira beaucoup de visites. La cour et la ville voulurent voir un homme qui les avait si bien peintes; mais il faut avouer qu'il ne parut plus le même à ceux qui l'avaient connu, et que les autres s'en allèrent en disant n'est-ce que cela. Ce qui acheva de perdre M. Gresset (1) de réputation, ce fut son discours en réponse à M. Suard. Par malheur pour lui, le sort l'avait élu directeur; il profita de cette occasion pour épancher sa bile sur les ridicules et les vices qui l'avaient révolté à son arrivée dans

---

(1) Les autres morceaux de M. Gresset, lus à l'académie française, sont pleins de goût; on les trouve dans le choix des discours prononcés dans cette académie, imprimé en 2 volumes, chez Démonville.

cette capitale; mais ce n'était plus le même peintre : il fit des carricatures et non des portraits (1); il avait perdu le point de vue d'optique; et son exemple prouva qu'il faut vivre dans le grand monde pour le bien saisir, et en rendre les tableaux avec ces traits propres, ces couleurs locales qui varient continuellement. On remarqua à cette séance que M. d'Alembert rougissait tellement pour l'académie du radotage de son confrère, qu'il en haussait les épaules involontairement. On assura même que lui et quelques autres académiciens s'étaient efforcés de détourner M. Gresset d'imprimer ce discours. Ils ne purent le persuader, et de retour chez lui, sous prétexte de fautes d'impression (2), dont fourmillait la première édition, il le fit réimprimer avec une lettre mêlée de prose et de vers, où il donnait un essor encore plus marqué à son humeur.

Il a peu survécu à son retour : il est mort subitement à la fin de juin 1777 (3). Sa femme, qui ne le quittait jamais, avait, par extraordinaire, couché à la campagne cette nuit là.

---

(1) Ce qui fit dire :

Qu'on ne venait d'Amiens que pour être Suisse.

(2) M. Gresset avait été obligé de partir de Paris au moment où il venait de livrer son manuscrit à l'imprimeur, et n'avait pu en revoir les épreuves.

(3) Le 16 juin.

On n'a trouvé aucun manuscrit intéressant dans les papiers de M. Gresset; on parlait depuis long-temps d'un cinquième chant qu'il avait ajouté au poème de *Vertvert*, durant son dernier voyage à Paris; il en possédait encore le manuscrit et l'avait lu à la cour, qui en avait été très-satisfaite. Ce chant était intitulé: l'*Ouvroir*. Le poète y décrivait les occupations diverses des religieuses; pour échantillon de sa gaîté, les amateurs en ont retenu et citent ces quatre vers.

> L'une découpe un agnus en lozange,
> Ou met du rouge à quelque bienheureux,
> L'autre bichonne une vierge aux yeux bleus,
> Ou passe au fer le toupet d'un archange.

On a su que le défunt l'avait, sur la fin de sa vie, immolé à ses scrupules, ainsi qu'un autre poème en cinq chants, ce qu'on verra encore mieux dans la lettre ci-jointe (1)..... Il est très-vrai que M. Gresset avait brûlé, quelques mois avant sa mort, son cinquième chant de *Vertvert*, intitulé l'*Ouvroir*, ainsi qu'un autre poème en cinq chants, aussi intitulé l'*Abbaye*. Il paraît que c'est une lettre de M. l'ancien évêque d'Amiens, restée dans ses papiers, qui l'a déterminé à prendre ce parti. Le prélat auquel il avait com-

---

(1) Cette lettre n'est point de l'auteur du mémoire.

muniqué ces plaisanteries en le consultant sur l'usage qu'il en ferait, lui avait répondu qu'il n'y voyait rien d'absolument contraire aux bonnes mœurs, mais qu'il lui conseillait cependant de ne les pas mettre au jour, pour éviter de jeter du ridicule sur les religieuses et les moines, déjà trop souvent l'objet de la dérision des profanes et des gens du monde. Le premier était fort connu, et avait beaucoup égayé la reine, il y a deux ans. Le second l'est moins. Ayant eu l'occasion d'aller avec M. de Chauvelin, intendant de Picardie, à une élection d'abbé régulier, la morgue, le faste et les puérilités de cette cérémonie avaient fourni à M. Gresset, matière à s'égayer. On regrette beaucoup cet ouvrage comme étant de son bon temps ; on espère seulement pouvoir en ramasser des fragments formant environ six cents vers. Du reste, on a trouvé quantité de manuscrits de choses dont on se souciera peu ; cependant il y a le *Gazetin*, qui est assez amusant et digne de son auteur. C'est un membre de l'académie de cette ville qui est chargé de recueillir ses œuvres posthumes....

A ces renseignements, Milord, je voudrais bien vous joindre quelque épitaphe digne du poète charmant que les Muses pleurent aujourd'hui ; mais toutes les lyres ont été muètes, et je ne connais que ce distique latin qu'il me serait impossible de vous rendre en Français; je vous adresse en conséquence l'original même.

Hunc lepidique sales lugent, Veneresque pudicæ,
Sed prohibent mores ingeniumque mori.

Du reste, la ville d'Amiens a rendu à ce digne concitoyen (1) tous les honneurs dont il était susceptible, en faisant célébrer un service solennel pour le repos de son âme. *Monsieur* avait créé depuis quelques mois en faveur de Gresset une place d'historiographe de l'ordre de Saint-Lazare, ce qui avait fait frémir à la fois les philosophes et les jansénistes; les premiers, de voir ce grand prince approcher de sa personne et honorer de sa confiance un académicien qui avait si fort décrié la philosophie moderne; et les seconds, d'acquérir ainsi de plus en plus de nouvelles preuves de l'attachement de son altesse royale à la société défunte en la personne de cet ancien jésuite, qui l'était toujours dans le cœur, et s'en faisait gloire hautement. On ne croit pas qu'il ait eu le temps d'entrer dans ses nouvelles fonctions, et l'on ne dit pas qu'on ait trouvé, dans ses manuscrits, aucuns fragments de l'histoire dont il était chargé.

Après avoir satisfait, Milord, votre curiosité

---

(1) Gresset était né à Amiens.

autant que j'ai pu sur l'objet de vos demandes et de vos regrets, je vais vous apprendre une autre perte que les arts ont faite ici, et que vous ignorez vraisemblablement. C'est *Coustou*, cet excellent statuaire, dont vous avez admiré à Berlin *le Mars* et *la Vénus*, recommandables, surtout la dernière, par la grâce, la précision, la noblesse des formes, par un travail de ciseau savant et précieux, qui caractérise les grands artistes. Fils d'un homme de génie dans le même genre, il avait la tâche pénible de soutenir un nom déjà fameux. Mais heureusement né avec de la fortune, il n'était point pressé de produire, et il sembla long-temps plutôt méditer qu'exercer son art. Enfin, il mit la main à l'œuvre, et se montra digne de son père dans les deux morceaux que vous connaissez. Il est auteur d'un troisième plus considérable qui seul lui vaudrait l'immortalité. A peine y a-t-il eu mis la dernière main, qu'il a terminé sa carrière dans la soixante et unième année de son âge. Ce superbe monument venait de lui mériter un honneur réservé aux hommes à talents, aux gens de lettres, aux artistes; et son cercueil a été décoré du cordon de Saint-Michel, qui lui avait été donné au nom du roi par M. d'Angiviller (1), et, ce qui ajoutait à sa

---

(1) Directeur et ordonnateur général des bâtiments du roi, jardins, arts, académies et manufactures royales.

gloire, c'est qu'il avait reçu cette récompense en présence de M. le comte de Falkenstein. Son protecteur avait eu l'attention délicate de lui ménager cet auguste témoin, dont les louanges n'avaient peut-être pas peu contribué à lui procurer ou accélérer du moins une pareille illustration, qui, pour peu qu'elle eût tardé, serait venue trop tard.

Le monument, Milord, dont il s'agit, est le mausolée de feu monseigneur le dauphin et de feue madame la dauphine, qui doit être placé dans le chœur de la cathédrale de Sens, où tous deux ont desiré être enterrés. Il est montré et exposé aux regards du public; je l'ai visité avec attention, et vais vous en faire le détail sans vous en dissimuler les défauts.

L'artiste puisant son idée principale dans le caractère distinctif des deux augustes époux, c'est-à-dire, dans cette tendresse mutuelle qui les avait unis pendant leur vie, et n'a pas permis à Madame la dauphine de survivre long-temps à la moitié d'elle-même, déjà dans le tombeau, et à laquelle elle ne desirait que de se rejoindre, a imaginé de former un piédestal sur lequel sont deux urnes liées ensemble, d'une guirlande de la fleur qu'on nomme *immortelle*.

Du côté de l'autel, l'Immortalité debout, est occupée à former un faisceau ou trophée des attributs symboliques des vertus du dauphin, telles que la pureté, désignée par une branche de lis ; la justice, par une balance ; la prudence, par un miroir entouré d'un serpent, etc. Aux pieds de cette figure est le Génie des arts, dont le prince faisait ses amusements. A côté, la Religion, aussi debout, et caractérisée par la croix qu'elle tient, pose sur les urnes une couronne d'étoiles, symbole des récompenses célestes destinées à l'un et à l'autre.

Du côté qui fait face à la nef de l'église, le Temps, qu'on reconnaît à sa faux et à ses divers accessoires, étend le voile funéraire qui couvre déjà l'urne du dauphin, sur celle supposée renfermer les cendres de Madame la dauphine. A côté, l'Amour conjugal, son flambeau éteint, regarde avec douleur un enfant qui brise les chaînons d'une chaîne de fleurs, symbole de l'hymen.

Les faces latérales, ornées de cartels aux armes du prince et de la princesse, sont consacrées aux inscriptions qui doivent transmettre leur mémoire à la postérité.

Telle est la manière dont M. Coustou a conçu et rempli son plan, où l'on n'envisage rien de sublime, que peu d'unité, et beaucoup d'images décousues ou trop ressemblantes.

On est tenté d'abord de regarder comme un pléonasme, la fleur appelée immortelle, employée d'une part, et l'immortalité ensuite personnifiée de l'autre. Mais la première désigne l'union immuable qui va régner désormais entre les deux époux, et la seconde est relative uniquement au souvenir durable des vertus du prince. Il s'ensuit au moins une certaine stérilité d'invention dans l'artiste, pour n'avoir pas mieux varié et distingué ces deux idées qui se rapprochent, et se confondent de nouveau dans la troisième; car la couronne d'étoiles dont la Religion veut faire rayonner à jamais les deux urnes, est encore une sorte d'immortalité que, par la réflexion, on conçoit désigner cependant celle des bienheureux.

Si l'on fait attention aux airs de tête, à l'expression du visage de ces personnages allégoriques, on trouve de même beaucoup de ressemblance. Bien loin de remarquer le contraste piquant que le génie sait se ménager dans les sujets qui en paraissent le moins susceptibles, la douleur est le sentiment dominant des trois figures dont nous venons de parler. Celle du Génie des arts, qui vient de perdre un élève et un protecteur, est assez naturelle. Quant à la Religion, elle pourrait également se réjouir de voir dans le ciel deux héros chrétiens, dont le salut sur la terre était toujours en danger, et se désoler de perdre deux soutiens dans un temps où elle en a tant de besoin. Mais on ne voit pas ce qui peut affliger l'Immortalité, dont la fonction toujours glorieuse, doit nécessairement la faire participer à la joie de ses sujets. Ce serait sans doute une pensée sublime de lui donner des regrets en couronnant un prince dont l'histoire mélangée offrirait également et des victoires et des forfaits : pensée qui ne peut naître à l'égard de M. le dauphin.

Si l'on passe du côté opposé du monument, c'est une action différente dont on ne sent pas à l'instant la liaison avec la première ; c'est une seconde partie du poème presque détachée de l'autre. Les urnes qui sont sur le centre auquel elle se rapporte, ne frappent pas assez par leur masse, et sont un objet trop inanimé pour intéresser, en un mot, ne représentent qu'imparfaitement les augustes époux que doivent concerner toutes les parties de la composition.

D'ailleurs, le Temps qui étend son voile d'une urne à l'autre, et les enveloppe enfin toutes deux, est une image belle, simple et dans la vérité historique ; mais elle devrait se présenter la première : il faudrait que celle de l'Immortalité et de la Religion ne lui fût que secondaire, et terminât l'action d'une façon satisfaisante.

L'Amour conjugal, dont l'artiste a fait un être distingué de l'hymen, est une mauvaise allégorie, et ne sert qu'à augmenter le galimatias de ce poème froid et obscur, mélange bigarré de profane et de sacré, qui déplait à l'esprit, et devrait être proscrit d'un temple religieux.

Je me suis attaché, Milord, à discuter la composition de ce mausolée, parce que, à ce que je remarque, chez les sculpteurs ainsi que chez les peintres de l'école Française moderne, l'endroit faible est ce dont ils semblent s'occuper le moins. Ils ne font pas attention que l'invention dans leur art est, comme dans les ouvrages d'esprit, la partie principale ; que toutes les autres la supposent, et que sans elle on ne peut-être grand artiste, pas plus que grand écrivain ; mais j'aurai occasion de revenir bientôt sur cette matière.

Au surplus, quant à l'exécution, l'ouvrage de M. Coustou fait regretter sa perte. Elle est grande, noble, savante, correcte et même hardie. Le costume voulait qu'il habillât les figures de la Religion et de l'Immortalité ; ce qu'il a fait avec des draperies jetées avec grâces à larges plis, dont les contours moelleux marquent bien ceux du corps des deux divinités. La figure du Temps est imposante, dans une attitude vraiment pittoresque, et lui a fourni l'occasion d'employer la vigueur et l'énergie de son ciseau. Quant à son Amour conjugal, s'imaginant sans doute le distinguer de l'amour ordinaire, il l'a fait grand, et lui a donné la forme d'un adolescent : idée recherchée, et qui déplaît à la plupart des spectateurs. On ne s'habitue point à voir l'amour raisonnable.

Paris, ce ~~14 août~~ 1777.

LETTRE VII.

Mémoire pour les Auteurs dramatiques, contre les comédiens Français.

C'est sans doute avec la répugnance la plus extrême que les auteurs dramatiques se voient aujourd'hui forcés à sortir de la lice brillante où ils courent, où rivaux généreux, ils s'embrassent en combattant, et vaincus ou vainqueurs, ne s'en aiment, ne s'en estiment, ne s'en admirent pas moins. Eh ! pourquoi leur faut-il suspendre cette lutte glorieuse ? pour descendre dans une arêne obscure et judiciaire en quelque sorte, dont ils ignorent l'art et les détours, qui leur est absolument inconnue ; pour discuter un intérêt pécuniaire, dette sacrée que toute la nation devrait leur garantir, et dont eux seuls, ce me semble, devraient être dispensés de s'occuper.

Ce n'est pas qu'ils rougissent de toucher la rétribution trop légitime de leurs veilles : dans ce siècle où tout s'apprécie au poids de l'or, pourquoi dédaigneraient-ils le salaire que le magistrat reçoit de la distribution de la justice ; le guerrier, du sang qu'il verse pour la patrie ; le ministre, de la dispensation des ordres du souverain ; le souverain lui-même, des augustes fonctions du trône ; enfin, nous oserons l'ajouter, puisque c'est devenu un de ces axiomes d'évidence que personne ne conteste (1), le prêtre même de Dieu vivant, de ses prières, de son zèle à prêcher l'abnégation des richesses de tous les biens périssables de ce monde ?

Mais les auteurs dramatiques ont à se plaindre qu'on les distraye dans leurs travaux ; qu'on les arrache à cette solitude où le génie se plaît à enfanter ses chefs-d'œuvres ; qu'on leur fasse perdre un temps précieux en des débats arides et dégoûtants ; qu'on leur enlève à la fois et leur fortune, et leur plaisir et leur gloire. Ils gémissent, ils sont désolés surtout de l'espèce d'adversaire qu'ils ont à combattre. O nos maîtres ! ô Corneille ! ô Racine ! ô Molière ! combien vos ombres seraient indignées en apprenant que de vils histrions, vous devant leur existence, voudraient la ravir à vos successeurs, aux héritiers, sinon de vos talents et de vos triomphes, du moins de vos droits et de votre rang ! Oui, ces esclaves, si rampants à vos pieds, qui recevaient vos ordres avec vénération, et se glorifiaient de voir rejaillir sur eux quelque lueur de l'éclat de votre renommée, se sont bientôt soustraits à la subordination dont

---

(1) Il faut que le prêtre vive de l'autel.

ils s'honoraient autrefois, ont osé insensiblement s'assimiler à vos élèves, et en sont venus au point de prétendre exercer sur eux une autorité révoltante, un despotisme intolérable.

Il est plus que temps de s'opposer à ces excès, de s'en plaindre à Sa Majesté à qui les comédiens ont l'honneur d'appartenir (1); de lui en peindre toute l'énormité, et sans doute Louis XVI, aussi jaloux que François I*er* et que Louis XIV, du titre de protecteur des lettres, laissera un libre cours à la justice pour les punir, ou les réprimera de son autorité, et vengera lui-même les auteurs dramatiques outragés par les comédiens.

Animés d'une confiance aussi bien fondée, ils vont exposer, successivement et en détail, les usurpations multipliées des comédiens. Ils commenceront par l'article qui coûte davantage à leur délicatesse, quoique le plus essentiel, puisqu'il concerne les honoraires nécessaires à la subsistance du grand nombre d'entr'eux; mais ils le traiteront d'abord moins à raison de son importance, que de leur desir extrême de discuter cette matière à fond pour n'y plus revenir.

Les auteurs dramatiques, comme représentant les pères, les fondateurs du théâtre en France,

---

(1) Ils s'intitulaient *Comédiens ordinaires du roi.*

devraient naturellement en avoir la propriété et les bénéfices. Les comédiens n'en devraient être que les gagistes, qu'ils accepteraient, qu'ils payeraient suivant leur talent, qu'ils augmenteraient, qu'ils changeraient, qu'ils renverraient à leur gré; ils en devraient encore avoir le régime et la discipline, à peu près comme un artiste les a dans son atelier, un négociant dans ses manufactures, un cultivateur dans ses domaines; mais les auteurs dramatiques s'étant multipliés à l'infini, ne faisant point corps, n'ayant point de chef, cette institution serait devenue mobile comme la scène, incertaine comme leurs productions. D'ailleurs la plupart ayant peu d'aptitude à une manutention économique, ayant un dégoût invincible pour tout ce qui est étranger aux travaux littéraires, peu auraient pu ou voulu entrer dans ces détails. Le gouvernement a donc cru devoir lui donner plus de stabilité en l'embrassant dans la police générale du royaume. Qu'est-il arrivé de cet acte de sagesse et de politique la plus saine? Ce que l'on n'aurait jamais imaginé et ce que nous ne pourrions croire si une triste expérience ne nous l'apprenait, c'est qu'en peu de temps les auteurs se sont trouvés, pour ainsi dire, à la solde des comédiens, et qu'en communauté d'une masse, fruit de leurs seules productions, où ils mettaient tout, et ceux-ci rien, ils n'en ont qu'une petite portion, tandis que les acteurs en touchent la plus grosse et la très-grosse part.

Dans un réglement, sinon inattaquable, au moins respectable aux yeux des poètes dramatiques, en ce qu'il est revêtu de la sanction légale, il est dit : « La part d'auteur sera d'un neuvième » pour les pièces en cinq actes, tant tragiques » que comiques ; d'un douzième pour les pièces » en trois actes ; et d'un dix huitième pour celles » en un acte. » Certes, il est bien clair qu'ils n'ont pas été appelés à la confection de ce réglement, qu'il a été rédigé sans eux, et cependant il s'agissait d'y stipuler leurs intérêts : ils y étaient parties principales ; et l'intention du législateur n'a jamais pu être de les léser et de leur ôter les moyens de se défendre et d'éclairer sa religion surprise. Quoi qu'il en soit, ils en ont consenti l'exécution, ils s'y sont soumis scrupuleusement, et plût à Dieu que leurs adversaires l'eussent suivi avec autant d'exactitude et de bonne foi !

La suite du même article porte : « Les parts » ne seront prises que sur la recette nette et » après que l'on aura prélevé les frais ordinaires » et journaliers. »

Cette disposition présente un sens fort clair, et on ne la croirait pas susceptible de la moindre équivoque ; cependant les comédiens ont trouvé le secret de l'éluder. Un abus qui n'existait pas autrefois, y a donné lieu, c'est celui des abonnements et surtout des *petites loges* ou loges louées à l'année. Dans le principe, il y en avait peu de cette espèce, c'était un privilége réservé à la famille royale, aux princes du sang, aux personnes de la plus haute qualité. Les auteurs dramatiques, en général plus occupés de leur gloire que de leurs intérêts, ou ignoraient absolument ces revenants-bons, ou n'y faisaient aucune attention, ou se contentaient des excuses des comédiens qui les portaient en non-valeur, prétendant que les grands seigneurs payent fort mal, et qu'ils ne pouvaient user d'aucune voie de coaction contre de pareils débiteurs. Dans le fait, ces exceptions formaient alors un très-petit objet; mais depuis environ vingt ans le goût scénique ayant fait tourner toutes les têtes, tout le monde ayant desiré jouer la comédie, chacun a dû en faire un cours, et pour plus de commodité, a voulu avoir sa loge, au point qu'il est calculé que cet objet de recette monte actuellement à plus de 200,000 liv. C'est devenu une mode, une fureur qui s'accroît tellement, que, si l'on n'y met ordre, il ne restera plus de loges pour les spectateurs du moment. Ce n'est pas à nous d'examiner jusqu'à quel point cette sorte de luxe des gens riches blesse les droits du public ; nous ne nous occuperons pas même d'une autre discussion, qui nous touche plus essentiellement, concernant le tort qu'il fait aux progrès de l'art (1) : notre objet seul aujourd'hui est d'observer que les comédiens, pressés enfin d'ouvrir leurs registres, et de faire entrer en masse un capital aussi considérable, formant peut-être le quart de la recette générale, suivant les termes du réglement, ont répondu qu'ils n'étaient tenus de compter avec les poètes dramatiques que de ce qui se recevait journellement à la porte, non de ce qui se versait continuellement dans la caisse ; et à la faveur d'une telle escobarderie, les ont frustrés jusqu'à présent de cette portion de leurs honoraires.

S'il est des causes dont l'évidence de leur justice s'affaiblirait par les arguments, qu'en voulant éclaircir l'on obscurcirait, la nôtre est dans ce cas. Pour en démontrer l'excellence, il suffit de remettre sous les yeux du législateur ses propres paroles, cet article 46 du réglement dont les comédiens ont altéré le sens naturel, pour

---

(1) En effet, ces loges quelquefois restaient vides, lorsque les vrais amateurs étaient obligés de se retirer, faute de places, ou elles étaient occupées par des spectateurs qui n'étaient pas les plus propres à encourager, à éclairer le génie.

lui en donner un forcé qu'il ne peut avoir, c'est la meilleure manière de répondre à leurs plates subtilités, à leurs chicanes révoltantes : simplement, afin de mieux faire sentir l'absurdité de leur interprétation, nous ferons une supposition très-possible, et qui ne tarderait pas à se réaliser, si l'on laissait un libre cours à la cupidité active et industrieuse des comédiens. Qu'on s'imagine les demandeurs de petites loges en assez grand nombre pour les occuper toutes, et les abonnés (1), pour remplir toutes les autres places? Sur quoi les auteurs seraient-ils payés? Pour qui auraient-ils travaillé? Il est clair que ç'aurait été pour les seuls acteurs, et qu'ils n'auraient rien. Peut-on croire que tel ait pu être l'esprit du règlement, ou que le rédacteur ait eu l'ineptie d'y insérer une clause ambiguë qui rendrait ainsi les poètes dramatiques le jouet du caprice et de l'avarice de leurs tyrans.

De leur explication arbitraire, il s'ensuivrait une conséquence plus funeste, puisque les auteurs se trouveraient encore quelquefois redevables aux comédiens; car, quoiqu'ils ne doi-

---

(1) Moyennant une somme une fois payée, un homme pouvait s'abonner à la comédie française pour sa vie, et avait de la sorte ses entrées partout, excepté au parterre. On s'abonnait aussi pour le parterre seul.

vent entrer que dans la contribution des *frais ordinaires et journaliers*, on leur fait supporter même les extraordinaires ; voici ce qui est arrivé à l'un de nous, et son exemple rendra l'injustice plus sensible.

M. Louvai de la Saussaie, auteur de la *Journée Lacédémonienne*, pièce en trois actes, enrichie d'intermèdes, jouée avec applaudissement en 1774, avait recommandé qu'on ne vît ni or ni argent dans tout ce qui appartenait au spectacle, conformément au costume spartiate. Point du tout : on galonna les habits en argent, on argenta les armures : pour rendre le ridicule plus complet, on orna même les boucliers de rubis, et au lieu de la décoration ordinaire des pièces villageoises que demandait le poète, on en fit une nouvelle non moins bizarre que le reste ; mais indépendamment de cette indocilité dont M. de la Saussaie avait d'autant plus lieu de se plaindre, qu'elle pouvait être funeste à la réussite de sa pièce, et conséquemment, à sa gloire, il en résulta un compte monstrueux où se trouvèrent absorbés tous ses honoraires et qui le rendait en outre débiteur de la comédie (1) : matière d'un procès actuellement pendant au conseil.

―――――――――――――――

(1) Le résultat portait : partant l'auteur pour son douzième redoit 101 liv. 8 sols 6 den.

Enfin, la distribution arbitraire et puérile des comédiens, digne seulement du plus rusé traitant, de l'usurier le plus rapace, ou du calembouriste le plus intrépide à insulter le bon sens, attaque la propriété des auteurs jusque dans son essence. Le réglement y portait en lui-même une violente atteinte par l'article 47 ainsi conçu : l'auteur « conservera ses droits sur sa pièce jus-
» qu'à ce que la recette soit deux fois de suite
» ou trois fois en différents temps au dessous de
» 1200 livres l'hiver, et 800 livres l'été; alors la
» pièce appartiendra aux comédiens. »

C'était déjà une très-grande docilité de notre part d'avoir acquiescé sans réclamation à cette loi; mais ce serait une lâcheté que de nous remettre à la discrétion de nos subalternes. Ils pouvaient indirectement s'approprier nos ouvrages par leur désaffection, leur négligence, par une vengeance particulière en nous jouant mal, de façon à écarter le public, et à recevoir par là la récompense d'une manœuvre odieuse et punissable. Au contraire, la difficulté de constater l'abus, l'autorisait presque, le rendait du moins indestructible. Ici nous approuverions directement l'injustice des comédiens; nous nous soumettrions à leur joug. En effet, au moyen du refus qu'ils font de faire entrer en recette celle des abonnements et loges à l'année, de l'extension qu'ils se conservent la liberté de donner à cette recette extraordinaire, occasionnant en proportion la diminution de l'autre, on conçoit que les acteurs acquerraient bientôt la propriété de toutes les pièces, même des meilleures et de celles les plus courues.

Non, il n'est pas possible de tolérer des prétentions aussi extravagantes, aussi tyranniques, non moins contraires à l'honneur des lettres qu'aux intérêts des écrivains dramatiques. L'insolence des comédiens envers eux est montée au point qui exige nécessairement une révolution. Nous ignorons quels moyens Sa Majesté lui suggérera ; mais nous osons la supplier de marquer une limite si précise entre le droit des auteurs et ceux des comédiens, qu'ils ne puissent plus être jamais confondus, ou leur causer des tracasseries d'intérêt tournant toujours à leur détriment.

Hélas ! par la malheureuse constitution du théâtre, les auteurs n'ont que trop d'occasions de correspondre avec ces suppôts ; et cette relation, autant elle est honorable pour les derniers, autant elle est injurieuse pour les autres. Quelle humiliation, en effet, non seulement pour un débutant dans la carrière, mais pour le poète le plus consommé, d'être obligé de soumettre son œuvre au jugement d'un pareil aréopage, d'en attendre en tremblant les arrêts, et de n'avoir dans sa résignation d'autre ressource en cas de refus, qu'un appel au public par la voie de l'impression.

Une loi plus dure oblige le poète dramatique qui, pour la première fois, a une pièce à faire recevoir, de la remettre au *semainier* (1), afin qu'il décide si elle est susceptible d'être lue à l'assemblée entière. Par cette étrange sujétion son destin se trouve dépendre d'un seul homme; ce qui est contraire à toute bonne législation. Nous sentons la sagesse de l'esprit de cet article: c'est d'empêcher que tout le temps des comédiens ne soit employé à la lecture d'une foule d'inepties trop communes de la part du grand nombre de candidats : mais alors pourquoi ne pas nommer un comité subsistant qui remplirait à cet égard les fonctions du bureau des cassations dans le conseil du roi ? Cet arrangement préviendrait l'abus de part et d'autre. Il faut convenir, au surplus, que, si l'on excepte une pièce célèbre, ainsi restée long-temps dans l'oubli par l'humeur d'un comédien (2), on connaît peu de ces exem-

---

(1) On appelle *semainier* le comédien qui, chaque semaine, à tour de rôle, est chargé des détails de la troupe: ils sont deux.

(2) Il s'agit de la *Métromanie* de Piron. Une anecdote constante, c'est que l'acteur Dufresne jugea cette comédie si mauvaise, que, dans un moment d'indignation, il la jeta sur le ciel de son lit, où elle resta deux années entières.

ples de mauvaise foi et d'injustice ; et d'ailleurs, ce ne sont pas nos adversaires qui sont censés avoir fait le réglement, et c'est eux que nous avons à combattre. Lorsqu'un auteur a une pièce reçue, il a le droit d'exiger la lecture d'une seconde, sans passer par le premier degré de la juridiction comique, c'est-à-dire, par le semainier : ce droit n'est point fondé sur le réglement, puisqu'il y déroge en quelque sorte ; mais sur un usage très-ancien, et qui a force de coutume par l'acquiescement tacite des comédiens, qui n'ont jamais réclamé contre. Un article précis du réglement, au contraire, ordonne que les comédiens seront tenus de jouer les pièces suivant l'ordre de leur réception ; et cependant ils viennent de pousser leurs usurpations et leur tyrannie jusqu'à refuser, non seulement d'admettre à la lecture un poète distingué par des succès multipliés dans les provinces et chez l'étranger, mais de lui déclarer qu'ils ne veulent avoir rien de commun avec lui ; *qu'ils ne peuvent se charger d'aucun de ses ouvrages, ni les jouer, ni les recevoir, ni même les entendre* (1). Les comédiens ont mis le comble à tant d'injustices envers cet

---

(1) Ce sont les propres termes d'une lettre du sieur de la Porte, s'intitulant *secrétaire de la comédie française*, en date du 7 mars 1776. On la trouve dans les mémoires de M. Mercier, ainsi que l'étrange motif de cette insulte.

auteur par une dernière plus atroce, en ce qu'ils y ont joint un outrage sanglant : ils ont affecté de lui faire refuser l'entrée gratuite du spectacle (1) en public, à haute voix, à une heure où la foule inondait les portiques de la comédie, par leurs valets, et du ton le plus insolent ; et lorsqu'à force de modération, de douceur, de patience, assisté d'un commissaire, il est enfin parvenu au semainier invisible jusque là, lorsqu'il a demandé de quelle autorité on le frustrait d'un droit acquis, incontestable, sans jugement, sans la forme juridique indispensable dans tous les cas, d'une manière malhonnête et insultante, l'acteur a répondu qu'il n'avait pas d'ordre à montrer, et que *sa société* (2) n'avait nul compte à rendre, ni de ses actions, ni de ses volontés.

Tout est perdu, sans doute, si les comédiens peuvent ainsi ouvrir et fermer à leur gré la carrière du théâtre ; s'ils ont la faculté de tourmenter, de vexer les auteurs ; si les esclaves sont tolérés dans la licence de couvrir d'affronts

---

(1) Tout auteur qui a une pièce reçue, a ses entrées de droit, du moins c'est encore un usage qui a force de loi et fondé en raison, puisque le théâtre est la meilleure école où il puisse se former.

(2) De tout temps on avait dit la *troupe des comédiens* ; mais ils rejetèrent cette dénomination, et y substituèrent celle de société.

leurs maîtres. Eh ! qui de nous serait désormais assez insensible, pour boire à pleine coupe l'opprobre de la part de vils histrions ? Il deviendrait aussi méprisable qu'eux, aussi infâme, aussi digne d'être exclus de la société.

Les comédiens exercent encore un autre genre de diffamation plus indirecte et plus sourde envers les poètes dramatiques, qui, si elle n'attaque leur honneur, blesse au moins leur amour-propre ; il provient toujours de l'infraction du réglement, car il est à remarquer que ce réglement si favorable aux acteurs, ce sont eux seuls qui y contrevièrent perpétuellement : nous voulons parler de la forme dans laquelle les pièces sont reçues. S. M. permet bien aux comédiens de les discuter avec les auteurs pendant qu'ils en font la lecture, parce que c'est de ce choc que peut naître la lumière. *Un sot quelquefois ouvre un avis important*, a dit un de nos grands maîtres du théâtre (1), quoiqu'il n'ait pas composé d'ouvrages dramatiques. On sait que Molière consultait souvent sa servante : un opinant de la troupe peut donc aussi faire une remarque judicieuse, donner un conseil lumineux ; mais après cette discussion et le postulant retiré, ce n'est plus que par un indice muet que les comédiens doivent manifester leur vœu et balancer au scrutin le

---

(1) Boileau.

destin de la pièce. (1) Des fèves de différentes couleurs présentaient ci-devant le résultat des avis, et la pluralité l'emportait. Nouveaux pithagoriciens, les magistrats dramatiques ont proscrit les fèves et substitué des bulletins, où ils dissertent sur l'ouvrage présenté. Bulletins qui trahiraient bien leur ignorance, s'ils pouvaient être produits, où d'ailleurs ils se permettent souvent des plaisanteries indécentes et des injures grossières.

Au surplus, c'est dans ces bulletins raisonnés que l'on a découvert depuis peu une nouvelle prétention des comédiens, d'une extravagance si rare, qu'on ne pourrait la croire si elle n'était ainsi constatée par écrit dans le vœu du plus grand nombre, à l'égard d'une comédie qu'ils ont refusée par des motifs qui doivent leur être tout à fait étrangers.

Jusqu'à présent, et c'était déjà beaucoup trop pour la portée du général, ils n'avaient eu le droit de juger que des convenances théâtrales d'un ouvrage ; c'est-à-dire, des différentes parties qui constituent le poème dramatique, des

---

(2) Trois fèves données à chaque délibérant, une blanche pour l'acceptation, une marbrée pour les changements à faire, une noire pour le refus absolu : voilà tout l'appareil de ces jugements ; du moins telles étaient les formes prescrites par la loi.

choses qui appartiènent au goût; de l'effet, en un mot, qu'il pouvait produire sur les spectateurs pour sa chute ou son succès, le seul point qui les concernât, auquel ils fussent réellement intéressés. Ils poussent aujourd'hui l'audace jusqu'à s'élever en tribunal rival de celui fait pour présider à l'honnêteté publique; ils se sont constitués juges des convenances morales, et ont eu l'impudence de proscrire comme indécente une pièce approuvée de la police (1), de contrarier ainsi les intentions du gouvernement, qui, envisageant le théâtre en grand et sous son vrai point de vue, voit avec satisfaction le ridicule armé contre la licence, et le poëte comique réprimant les vices échappés à la sévérité des lois. Tel est l'objet d'un troisième procès entre les auteurs et les comédiens.

Tous ces procès qui n'étaient jusqu'à présent qu'autant de contestations particulières avec les comédiens, en ont engendré un quatrième, au-

---

(1) M. Palissot ayant lu le 11 mars 1775 à l'asemblée des comédiens une pièce nouvelle, intitulée *les Courtisanes* ou *l'École des mœurs*, le grand nombre de votants la rejeta comme peu compatible par son extrême indécence avec la dignité du théâtre français. Le lundi, l'auteur revint avec l'approbation de la police qui devait lever tous les scrupules; cependant les comédiens persistèrent à trouver leur décision légale.

quel il n'est point d'auteur dramatique qui ne doive prendre part, puisqu'il lui devient commun et l'intéresse spécialement. En effet, Messieurs les gentilshommes de la chambre s'étant mêlés dans la querelle, ayant embrassé la cause de leurs suppôts, ayant présenté requête en leur nom contre l'un de nous, ils y ont établi un système qui tendrait à nous assimiler aux histrions, à nous priver du droit de citoyen, pour nous mettre sous la dépendance des mêmes supérieurs. Ils revendiquent le droit unique de faire tous les réglements relatifs aux comédiens, de veiller à l'exécution de ces réglements, de réprimer les abus qui pourraient en déranger l'harmonie; en un mot, ils s'y arrogent la législation et la police des spectacles, exclusivement. Si par-là ils n'entendaient avoir que la manutention de la discipline intérieure de la troupe, cela ne nous regarderait pas; nous n'aurions rien à dire; mais sous prétexte de la réunion de cette double puissance législatrice et exécutrice, vouloir appeler à leur décision souveraine les dramatistes toutes les fois qu'il s'élèvera une querelle entre eux et les comédiens, les asservir à des réglements rendus incognito et dénués de l'enregistrement(1),

---

(1) Tel était le réglement de 1766, en date du 1ᵉʳ juillet, où, sous prétexte de commenter le premier, on soumettait de plus en plus les auteurs aux comédiens.

c'est ce que nous ne pouvons tolérer; c'est ce qui nous oblige à nous confédérer généralement pour empêcher l'érection d'un tribunal fantastique, n'ayant de réalité que dans la tête de messieurs les gentilshommes de la chambre, ou plutôt de leurs adulateurs.

Telle est l'énumération rapide des griefs des auteurs dramatiques contre les comédiens, griefs dont ils devraient d'autant mieux au premier coup-d'œil se flatter d'obtenir le redressement, que les magistrats et le public entier s'en trouvent lésés. Cependant, ils ne peuvent se dissimuler qu'à moins d'une refonte totale dans la constitution du théâtre, vu l'état de corruption où sont les mœurs actuelles, au cas même où ils obtiendraient, en cet instant, une justice complète, elle ne pourrait être durable, et sous peu d'années ils auraient les mêmes plaintes à porter. Comment des hommes voués par état à la retraite et à l'étude, privés conséquemment presque tous de ces dons extérieurs, de ces agrémens nécessaires à la société, pourraient-ils lutter longtemps contre les séductions de la beauté, contre les talens enchanteurs, surtout contre le manège des ministres des plaisirs des grands; fonctions attribuées en quelque sorte par état à nos adversaires?

A tant d'abus, de désordres et d'injustices, nous ne voyons qu'un remède unique, mais facile, prompt, puissant, et dont l'efficacité, loin de s'affaiblir, se consoliderait par le laps du temps : c'est la formation de deux troupes françaises. De cet établissement, il découlerait des avantages infinis ; et l'intérêt des auteurs, la gloire des lettres, les plaisirs du public gagneraient également. La louable émulation qui, dès leur origine, naîtrait entre les deux troupes, ferait reprendre aux choses leur cours naturel, et tout rentrer dans l'ordre accoutumé. En effet, les auteurs, en tenant les comédiens à la distance où ils doivent être d'eux, ne seraient pas obligés d'acheter leurs complaisances par un abandon de leurs droits : ils les verraient venir à eux, et se disputer à force de respect et de soumission la préférence de leurs ouvrages. Dès lors plus de discussion d'intérêt ; puisque les poètes, s'il en était de plus sensibles à leur fortune qu'à leur gloire, dans cette concurrence, seraient maîtres de fixer le taux de leurs ouvrages et les sacrifices pécuniaires qu'ils exigeraient ; ou plutôt les acteurs, guidés par cet esprit de cupidité plus clairvoyant que tous les censeurs, les rechercheraient en proportion de leur mérite intrinsèque, ou du moins de la sensation qu'ils produiraient sur les spectateurs. La carrière du théâtre, toujours pénible par les difficultés de l'art, se trouverait du moins ainsi débarrassée des ronces dégoûtantes qu'y semaient les comédiens et qu'eux seuls auraient dû être condamnés d'arracher; les poètes qui la désertent, y reviendraient à l'envi; on ne se plaindrait plus ni de la disette des bons dramatistes, ni de la décadence de la scène, et le génie recouvrant sa dignité et son indépendance, l'on verrait bientôt qu'il n'a pas perdu de ses forces.

L'empressement de chaque troupe, soit à mériter le choix des auteurs, soit à s'attirer respectivement la foule des curieux, ferait nécessairement s'accroître et se perfectionner à la longue le talent de chaque individu, par son zèle à remplir ses devoirs, par cette étude profonde et constante qui a produit les *Clairons* et *les Le Kain*. De là la solution du problème des ennemis d'une telle innovation s'écriant : « En un siècle, et
» malgré la liberté de choisir dans toutes les
» troupes de province, si l'on n'a pu encore en
» former à Paris une parfaitement bonne, quelle
» absurdité de prétendre en avoir deux ? » Oui, tant qu'il n'y en aura qu'une, à quelques sujets près, privilégiés de la nature et passionnés pour leur talent, tout le reste sans aiguillon restera mauvais ou médiocre. Créez-en deux; si l'on en excepte quelques membres malheureusement nés, sans énergie, d'une paresse invincible; tous, pressés par la nécessité impérieuse, ac-

querront chaque jour un degré d'amélioration ; alors le public amateur, repoussé d'un théâtre trop plein, se portera vers l'autre sans répugnance, et trouvant de chaque côté d'excellentes pièces et d'excellents acteurs, n'aura plus rien à desirer pour compléter sa satisfaction.

1er mars 1778.

LETTRE VIII.

Sur la mort de le Kain.

Nous sommes Anglais, Milord, et conséquemment au dessus des préjugés ; ainsi je crois vous faire plaisir en jetant des fleurs sur le tombeau de le Kain, au lieu d'un mausolée qu'il aurait eu chez nous (1). Je vous adresse toutes les anecdotes que j'ai pu recueillir, concernant cet acteur sublime que vient de perdre la capitale de la France, ou plutôt la France entière ; car il n'est aucune province du royaume qu'il n'eût parcourue, où il n'eût fait successivement admirer son talent unique.

---

(1) La célèbre mademoiselle Oldfield, morte en 1730, fut enterrée dans l'abbaie de Westminster ; elle avait été exposée pendant deux jours sur un magnifique lit de parade. Ses obsèques se firent avec autant de pompe et de décence, que si pendant sa vie elle eût été un de ces augustes personnages qu'elle n'avait fait que représenter. Le drap mortuaire qui couvrait son cercueil, fut porté par six personnes de la plus grande distinction, dont étaient le lord de Lawar et le lord Harley. Le doyen du chapitre de Westminster officia à la cérémonie.

Le Kain, quoique né d'une famille honnête et à son aise, d'un orfèvre assez distingué dans son état, se trouvant emporté par son attrait pour le théâtre, avait quitté la maison paternelle, et s'était associé à une troupe bourgeoise qui jouait à la place Royale ou aux environs. En 1750, un jour qu'elle représentait *le Mauvais Riche*, il y eut un concours de monde plus considérable qu'à l'ordinaire. Cette pièce est une comédie de M. d'Arnaud, non encore imprimée en ce temps là, qu'on n'avait vue nulle part; la singularité de son titre, le nom de l'auteur, jeune alors, et qui donnait des espérances, l'honneur qu'il avait de passer pour l'élève de M. de Voltaire, y avaient attiré tous les amis de celui-ci, et ce grand homme lui-même encore résidant à Paris. Malgré le sujet larmoyant, tiré de l'histoire sainte, on y rit beaucoup et de la pièce, et du poète et des acteurs. On se souvient toujours d'un morceau de pain bis sec et croustilleux qui formait un des coups de théâtre. Malgré cela, l'on distingua le Kain, dont le talent ressortait davantage à travers le jeu détestable de ses camarades. M. de Voltaire en fut si frappé, qu'il voulut le voir après le spectacle, qu'il lui fit compliment, et lui permit de venir lui rendre ses hommages et recevoir ses instructions.

Le Kain, encouragé par un pareil accueil, ne manqua pas de profiter de cette liberté. M. de

Voltaire, qui rapporte assez volontiers tout à lui, avait eu ses vues en le flattant : il s'était fait une petite salle de spectacle dans sa maison, rue Traversière, où il essayait ses pièces. Le goût scénique, qui commençait à prendre, n'était pas tout-à-fait aussi répandu dans les divers ordres de citoyens qu'il l'a été depuis, et les acteurs bourgeois n'étaient pas communs. Il avait jeté les yeux sur le débutant pour l'admettre dans sa troupe ; après lui avoir renouvelé ses louanges, il lui demanda s'il ne jouait pas dans la tragédie, s'il ne savait pas quelques rôles de ce genre ; le Kain lui répondit qu'il avait paru dans *Gustave*, et voulut lui en réciter des tirades. Voltaire, qui n'aimait pas Piron, l'arrêta et lui dit qu'il voudrait autre chose, du Racine, par exemple ; sur quoi l'acteur débita quelques morceaux d'*Athalie*..... « Ah ! que c'est beau, s'écria le
» grand poète, plus à portée qu'un autre de le
» sentir ; ah ! que c'est beau, c'est à merveille,
» mon ami..... mais vous allez courir une car-
» rière bien épineuse ; vous éprouverez bien des
» dégoûts, des humiliations, des rebuffades ; si
» vous m'en croyez, il en est temps encore, re-
» noncez à un métier dont vous n'envisagez que
» les brillantes illusions ; j'ai vingt mille francs à
» votre service si vous voulez embrasser un autre
» état. »

Cette offre généreuse, de la part de M. de

Voltaire, paraîtra sans doute bien incroyable, surtout à cette époque, où il n'était pas aussi riche qu'il l'a été depuis ; où l'on lui reprochait d'aimer excessivement l'argent ; où des procès déshonorants, en son nom, prouvaient qu'il le préférait même à la réputation (1). Quoi qu'il en soit, on ne peut guère révoquer en doute cette anecdote, que le Kain a racontée souvent à ses amis, et qu'il a, je crois, consignée par écrit. Au reste, tout cela peut se concilier, en supposant que ce n'était qu'une épreuve qu'il faisait pour sonder à fond la vocation de son protégé : il la reconnut ferme et invariable. Alors il le logea chez lui et lui donna tous ses soins. Nourri des leçons de ce maître, qui les lui conférait très-assidûment, et obligé de quitter son asyle par l'évasion de M. de Voltaire, partant, vers ce temps-là, pour la Prusse, le Kain débuta à la Comédie Française en 1751.

Son début dura dix-sept mois, et fut aussi pénible que brillant : il forçait beaucoup alors, ce qui transportait la multitude et déplaisait aux gens de goût ; mais les connaisseurs exercés y reconnaissaient déjà le germe du véritable acteur. Après bien des intrigues, des cabales, des con-

---

(1) Misérables accusations bien dignes de ceux qui les imaginaient.

tradictions, car le grand talent en éprouve partout, il eut enfin son ordre de réception. Il eut le bonheur de plaire au roi dans le rôle d'*Orosmane*, et, malgré la prévention qu'on voulait inspirer à S. M. contre lui, il triompha : *Il m'a fait pleurer*, dit-elle, *moi qui ne pleure guère*. On entendit ce que cela signifiait, et les gentilshommes de la chambre furent obligés de l'agréer.

Cet acteur avait véritablement la passion de son art; il s'y livra tout entier; il étudiait profondément ses rôles, il les notait tous, comme une pièce de musique. Il avait deux grandes difficultés à vaincre; une figure ignoble et un organe très-ingrat : il suppléait à la première par la beauté des attitudes et des gestes, et il avait assoupli l'autre en outrant sa déclamation et à force de saccades violentes, ce qui lui donna long-tems l'air d'un démoniaque. Depuis, devenu maître de sa voix, il s'était corrigé de ce défaut, d'abord nécessité. Sur la fin on lui reprochait, au contraire, une lenteur excessive; un rôle, entre ses mains, s'allongeait du double, mais aussi il en faisait sortir toutes les beautés : pas un vers d'effet qui lui échappât.

Une anecdote qui prouve quelle était l'intelligence de le Kain, c'est ce qui lui arriva, lorsqu'il commença de jouer le rôle de *Servilius* dans une ancienne tragédie (1) : il y mit d'abord une chaleur, une fureur qu'il croyait en être l'esprit, et fut très-applaudi ; rentré chez lui il lit la pièce, il trouve qu'il a fait un contre-sens, en ce que, par ses emportements, il dévoilait à sa femme un projet qu'il devait renfermer en lui-même ; qu'une douleur concentrée devait être son caractère ; il n'hésite point à changer son jeu, et aux éclats de voix il substitue des silences, des suspensions, un embarras dont les nuances fines échappent à la multitude, qu'un acteur n'ébranle guère qu'à force de bruit et de convulsions : il reçut peu de battements de mains ; cependant les connaisseurs lui rendirent justice et subjuguèrent à la longue le parterre. Dès ce moment le Kain sentit la nécessité de connaître parfaitement l'ensemble d'une pièce où il devait figurer, et il en apprenait, en possédait au moins tous les rôles essentiels avant d'y jouer, c'est ce qui rendait pour lui son métier plus difficile que pour un autre ; mais lui donnait aussi une supériorité que personne n'avait eue auparavant, que personne n'aura peut-être après le *Garrick* français.

Les pièces que le Kain rendait le mieux et le plus volontiers, étaient celles de M. de Voltaire,

---

(1) Le *Manlius* de la Fosse, joué pour la première fois en 1698.

et l'on conçoit pourquoi. Il avait aussi beaucoup étudié celles de Racine, quoique le poète fût moins dans son genre : il goûtait peu Corneille, et ne se souciait pas de jouer dans ses tragédies. Le défunt prince de Conti lui en fit des reproches un jour, et le traita même durement à cet égard. On croirait volontiers que ce dégoût lui avait été inspiré par le maître qui l'avait formé, et qu'on a accusé d'avoir conjuré en quelque sorte la proscription du théâtre de ce père de la tragédie en France. C'est d'autant plus vraisemblable, que les rôles de Corneille lui allaient mieux qu'à tout autre, par une certaine enflure analogue à sa déclamation. Voilà pourquoi il se complaisait dans les pièces de M. de Belloi, qui lui a dû ses succès; son art merveilleux faisait disparaître les défauts de langue et de style de sa versification barbare.

Depuis la retraite de mademoiselle Clairon, le Kain était devenu le despote de la comédie. Il avait pris le prétexte de sa santé pour ne se montrer que plus rarement, et à certains temps de l'année : il jouait environ douze fois par an; charlatanerie dont il n'avait pas besoin pour se faire valoir, mais qui produisait le plus grand effet. Ces jours-là étaient devenus les jours mémorables du théâtre, ils faisaient époque. Ses camarades n'osaient le contrarier. Quelquefois aux assemblées, lorsqu'après un premier refus, on insistait pour qu'il parût dans certains rôles, il répondait séchement : *je vous ai déjà dit que je ne jouerais point; ne m'en parlez plus.* Au reste, il n'était point inutile à lui-même dans son repos; il parcourait les provinces et y faisait une ample moisson d'argent, qu'il aimait beaucoup.

Il était vilain, même ladre jusque dans ses plaisirs : il allait chercher dans les rues les beautés propres à assouvir sa brutalité, comme moins chères. Un soir il trouva une *Cauchoise*, c'est-à-dire, une fille du pays de Caux en Normandie: cette jouissance lui parut d'autant plus excellente qu'elle lui coûta peu; mais les suites furent amères. Il devint la fable des demoiselles de la comédie, et depuis ce temps, lorsqu'elles veulent désigner honnêtement une maladie déshonnête, elles l'appèlent *une Cauchoise*.

Cet acteur était d'autant plus obligé de se livrer à sa crapule, qu'étant peu aimable en société, il n'y était pas goûté. Il y portait ce recueillement, cette mélancolie du génie toujours tendu vers son objet.

Personne n'ignore le mot sublime dont il confondit dans le foyer la hauteur d'un jeune militaire, qui trouvait mauvais qu'un comédien gagnât douze ou quinze mille francs par an, tandis qu'un officier blessé n'avait quelquefois que quatre cents livres de pension et moins. Comme cet étourdi joignait à sa réflexion des propos outrageants : *Eh ! comptez-vous pour rien*, lui dit le Kain, *le droit prétendu de me parler ainsi impunément ?*

Cet acteur était fort insolent envers les auteurs. Sa dispute singulière avec M. Marmontel mérite d'être conservée : il n'y avait pas tort au fond ; son grand talent méritait sans doute plus d'égards de la part de ce poète ; mais le Kain, à son tour, ne devait pas oublier que, génie sublime dans son genre, supérieur sans contredit à son adversaire, il n'était cependant qu'un comédien. M. Marmontel s'est avisé de retoucher, en 1758, *Venceslas*, qu'il était question de remettre au théâtre pour la cour. Le Kain y devait jouer ; mais il déclara au réformateur de Rotrou (1) qu'il suivrait l'ancien texte, et n'aurait aucun égard aux changements ; il s'exprima même en termes durs et méprisants. Le poète, furieux, va chez madame de Pompadour, lui porte ses plaintes, et l'engage à donner ses ordres à l'acteur récalcitrant. La marquise lui enjoint de jouer la pièce dans la forme moderne ; il ne peut résister à la favorite, il s'incline profondément, et paraît disposé à obéir. La tragédie s'exécute ; tout le monde est enchanté de le Kain ; Louis XV le félicite à son tour, et lui ajoute à l'oreille ; *oui, mais vous ne nous avez pas donné du Marmon-*

---

(1) L'auteur de *Venceslas*, contemporain de Corneille : sa tragédie fut jouée pour la première fois en 1648.

tel ; heureusement il n'y a que moi qui m'en suis apperçu ; ne vous en vantez pas. Le Kain avait en effet joué son rôle, tel absolument que Rotrou l'avait composé ; il racontait cette anecdote avec une vraie délectation, et vraisemblablement il ne l'a pas oubliée dans le recueil dont il sera fait mention ci-après.

Au reste, si la renommée, dont jouissait cet acteur, lui avait tourné la tête, il en est peu sans doute qui eussent pu tenir à tout l'encens dont on enivrait la sienne. Le voyage qu'il fit à Berlin quelque temps avant sa mort, l'honneur qu'il eut non-seulement d'amuser le roi de Prusse, connaisseur dans tous les talents, mais celui d'être admis à son audience, ou plutôt à son intimité, et d'y causer familièrement avec lui sur l'art que le Kain possédait si supérieurement, auraient achevé d'enfler son orgueil et de le porter au plus haut degré. Delà son défaut de reconnaissance dont se plaignaient tant de gens. Il en manqua même envers M. de Voltaire, son premier bienfaiteur, et celui auquel il devait peut-être tous ses succès. Ce fut lui qui, dans le comité où il fut question de recevoir *Irène* (1), dé-

---

(1) Tragédie que M. de Voltaire avait envoyée aux comédiens depuis quelque temps, et qu'ils remettaient de jouer.

clara qu'il n'y prendrait point de rôle. C'est ce qui provoqua cette lettre véhémente du marquis de Thibouville (1) aux comédiens, où il était fort maltraité. Sans doute, la réflexion lui avait fait reconnaître son ingratitude, ou l'on avait caché au vieillard de Ferney sa conduite ; car il comptait beaucoup sur lui, et à son arrivée à Paris, quand l'abbé Mignot (2) lui en apprit la mort, il se trouva mal.

Il est à remarquer à cette occasion, que, par un concours de circonstances bien bizarres, M. de Voltaire n'a jamais vu jouer le Kain sur la scène française ; à son début, ce grand homme partait pour la Prusse ; depuis ce temps il n'était point revenu à Paris, et au moment où il se faisait une fête de voir son élève dans toute sa gloire, il trouve qu'il n'existe plus.

Le Kain parlait de se retirer bientôt, ce qu'il n'aurait exécuté que difficilement, vu sa cupidité sordide, lorsque la mort l'a frappé, le 8 février. Il est resté malade durant quelques jours. Le docteur Tronchin qui le soignait, l'ayant averti du danger où il était, un Carme a été appelé, et lui a fait la réconciliation d'usage. Il a

___

(1) Ami de Voltaire, chargé de présenter *Irène* aux comédiens.

(2) Neveu de M. de Voltaire.

été enterré avec une pompe peu commune. Les deux comédies se sont réunies pour grossir le convoi. Le roi, quand on lui a appris cette perte, a paru le regretter, et surtout la reine. Le parterre en a témoigné sa douleur par les cris les plus tumultueux. M. de la Harpe, qui lui avait fait accepter un rôle dans ses *Barmécides*, a tout de suite consigné dans son journal l'éloge de cet acteur, trop magnifique, et que la vérité nous a forcés de modérer.

On prétend qu'on a trouvé sous les scellés chez ce comédien, plus de cent mille écus en or, sans compter les bijoux et présents dont il avait été comblé.

Mais ce qu'on y a recueilli de plus précieux, c'est son *journal de la comédie*, que je vous ai, Milord, indiqué plus haut. Le Kain (chaque soir) se retirait seul, et rédigeait par écrit les anecdotes du théâtre. On dit qu'il est très-curieux en cette partie; qu'il y en a de fort piquantes, et de telles qu'il n'est pas possible que ce recueil voie le jour et soit imprimé de sitôt; c'est d'autant plus fâcheux que les observations de ce grand maître pourraient beaucoup servir aux progrès de l'art. Je ne sais s'il a légué cet ouvrage à quelqu'un et qui en sera le dépositaire; on m'a dit qu'il était quant à présent en la possession d'un sieur de la Porte, secrétaire, répétiteur et souffleur de la comédie : il serait malheureux que ce trésor restât enfoui chez un subalterne.

Paris, ce 13 mars 1778.

~~~~~~~~~~~

Copie d'une lettre écrite par M. Renou, de l'Académie de peinture, aux Comédiens français.

Messieurs,

Un de vos illustres confrères, M. le Kain, publie dans le monde que je lui retiens, contre la foi publique, des effets qui lui sont plus précieux que de l'argent. Cette expression étonnante de sa part doit vous faire soupçonner de la mienne un délit fort grave ; comme la perte imaginaire de ces effets précieux lui fait jeter les plus hauts cris, qu'elle le tourmente au point de s'adresser à plusieurs de mes confrères pour obtenir justice, et qu'enfin ces jours derniers le secrétaire de notre académie est venu chez moi, m'avertir de me laver de cette imputation, j'ai cru devoir exposer le fait à votre assemblée. Le voici :

M. le Kain m'a prêté deux tomes de *Don Quichotte*. Il me les a fait demander par un ami. J'ai répondu que l'un d'eux était perdu, et que je cherchais à l'appareiller. On a dû lui rendre cette réponse. Je travaillais à le satisfaire, lorsque M. Cochin m'a sommé de remettre les effets précieux de M. le Kain. Je m'écriai sur-le-champ :

> Je ne m'attendais pas qu'une telle entreprise,
> Du fils d'Agamemnon méritât l'entremise !

Vous voyez, Messieurs, qu'avec les grands génies les plus petites choses ont une valeur et une importance dont on ne se serait jamais douté. Pour couper court aux longues et graves jérémiades que peut-être la douleur de M. le Kain porterait jusqu'au trône, je lui remets en votre présence l'édition entière de *Don Quichotte*, lui laissant toutefois la liberté de me renvoyer les tomes dépareillés, ou de les vendre sur les quais à son profit en forme de dédommagement.

J'avoue, Messieurs, que ma faute est d'avoir trop différé : ma négligence vient de celle même de l'ami chargé de racheter le volume égaré. Je ne prévoyais pas non plus le désespoir de M. le Kain, et d'ailleurs je me disais à moi-même : Si sa mémoire est fidèle, elle doit lui rappeler qu'autrefois je lui ai fait trois tableaux. Il m'en a même coûté des déboursés dont nous n'avons jamais parlé, lui par prudence, et moi par pudeur. Il doit se ressouvenir que, de plus fraîche date, j'ai prié un de mes amis de se dessaisir en sa faveur de neuf grandes planches géographiques des environs de Paris, de l'abbé de la Grive, ouvrage rare et estimé dans ce genre; qu'à quelques jours de là je lui ai fait parvenir par la même voie deux volumes *in-folio* d'estampes, reliés en maroquin rouge et dorés sur tranche. Ces deux volumes seuls, me disais-je encore, ne peuvent-ils pas essuyer les larmes que lui fait répandre la crainte de perdre deux tomes de Don Quichotte? Mais je ne faisais pas réflexion qu'un grand acteur comme lui reçoit les présents de l'amitié comme un culte rendu à sa divinité; et il est d'un dieu d'oublier les hommages des faibles mortels.

Ce qui me fâche le plus, c'est d'avoir peut-être, par les chagrins que je lui ai causés, altéré sa santé précieuse à l'état. Qui sait même si je n'ai point hâté le retour périodique de son mal de reins, mal qui ne lui prend jamais qu'avec le desir de faire des incursions en province; mal aussi fatal aux auteurs qu'à ses camarades! Mais, consolez-vous, Messieurs : on a ouvert une souscription pour l'achat d'une berline destinée à ses voyages. Elle sera garnie d'édredon pour préserver ses augustes reins des plus légers froissements; et vous le verrez, après la fatigue de la province, revenir gros et gras, mais toujours gémissant, honorer six fois pendant l'hiver le spectacle de sa présence.

J'ai rendu un témoignage public de son zèle dans l'amitié : j'aurais pu donner des preuves de sa bonne foi, mais j'ai voulu ménager sa modestie. Inscrivez ce fait dans vos annales, comme un monument de la subtilité de l'esprit, de la reconnaissance du cœur, et surtout de l'élévation de l'âme de votre héros.

LETTRE IX.

Sur un duel fameux.

C'en est donc fait, Milord ; suivant ce que vous m'apprenez, *belli ferratos rupit Discordia postes.* Que de maux vont fondre sur ma patrie ! puissé-je, par mes avis, en détourner au moins une partie ! En attendant que je vous recueille tous les faits, tous les propos et tous les détails relatifs à ce grand événement, je suspends la relation même très-intéressante concernant M. de Voltaire, son séjour à Paris, et sa pièce dont la première représentation a eu lieu ces jours-ci, pour vous entretenir d'une nouvelle, depuis lundi la matière des conversations. On ne fait qu'en parler à la cour et à la ville ; chacun se questionne ; chacun s'empresse d'en apprendre les plus petites circonstances. Je me hâte de gagner de primauté les gazettes, les journaux, ces feuilles secrètes surtout où la vérité est ordinairement très-défigurée : il s'agit d'un duel fameux, tel qu'il n'y en avait eu depuis long-temps, et qui occupera sans doute une place distinguée dans l'histoire ; tout en est curieux, et les acteurs, et le sujet, et les suites.

Rappelez-vous, Milord, le portrait qu'a tracé du comte d'Ar**** l'*Observateur Hollandais*, l'augure favorable qu'il tirait de quelques traits, de quelques saillies de son enfance. Les espérances qu'il en concevait se réalisent. C'est un des plus aimables princes qu'il soit possible de voir, et s'il a quelques défauts tenant à son âge, à son rang, à son éducation, ils sont bien compensés par les brillantes qualités qu'il déploie. Combien peu rachètent ainsi les leurs ! Combien n'ont que des vices et point de vertus !

Après cet auguste personnage, le premier figurant dans la scène que j'ai à vous décrire, vient le duc de Bour***, dont le même auteur a pressenti l'heureux caractère ; il se soutient tel que l'observateur l'avait conçu ; il n'a pas le saillant et l'éclat de celui du premier ; mais c'est la douceur et l'aménité même ; il ne fixe pas les regards, il ne force pas l'étonnement comme son rival ; mais il est charmant dans son intérieur et se fait aimer de tout le monde. Tous deux, au reste, ont une passion égale de la gloire ; ils brûlent de se signaler, et malheureusement la guerre qui va s'allumer ne leur en fournira peut-être que trop d'occasions contre nous. Dans l'impatience de ce jour desiré, ils vièncnt de s'essayer l'un contre l'autre ; on a admiré leurs efforts valeureux, et la nation, en gémissant de les voir s'exposer pour une querelle particulière, a jugé de quoi ils seraient capables en combattant pour la patrie.

La querelle, au reste, n'était pourtant pas sans un grand intérêt. Une princesse adorable en était le sujet. Madame la duchesse de Bour***, quoique jeune encore, n'a plus autant de charmes qu'elle en avait lorsque l'observateur en traçait le portrait séduisant ; mais elle possède les agrémens de l'esprit, bien supérieurs à ceux de la figure ; elle l'a très-cultivé ; elle sait plusieurs langues ; elle a du goût pour les arts ; elle en exerce quelques-uns; elle est profonde musicienne. Pourquoi faut-il que les gens à talents, les artistes, les gens de lettres se plaignent de sa froideur, de son indifférence, de sa hauteur ; qu'ils gémissent de n'en pas recevoir ces marques de reconnaissance qui font encore plus d'honneur au grand qui verse les bienfaits, qu'à celui qui les recueille !

Quoi qu'il en soit, voici comme cette princesse est innocemment devenue la cause du duel célèbre dont il s'agit. Elle avait pour dame de compagnie Madame la marquise de La****, jeune personne très-jolie, d'une grande fraîcheur et bien propre à inspirer des desirs; on prétend qu'elle en inspira en effet au duc de Bour**** ; il est rare qu'un prince soupire sans succès. On veut que cette intrigue fit même assez d'éclat pour causer de la jalousie à la duchesse, qui ne put se contenir, et en témoigna son indignation à Madame de La*****. Elle lui reprocha, lui étant attachée, de rendre ainsi sa propre cour le théâtre de son humiliation. Celle-ci sentit qu'elle n'y pouvait rester, et se retira. Depuis on ajoute qu'elle a eu le bonheur de plaire à M. le comte d'Ar***. Ce prince causait avec elle au bal de l'opéra le mardi gras; tous deux étaient masqués; ils rencontrent Madame la duchesse de Bour*** masquée aussi; mais soit que la marquise sût que S. A. devait y être, et fût instruite de son déguisement; soit qu'ayant eu l'honneur de lui appartenir, elle fût plus au fait de sa façon de se travestir, et surtout la reconnût à un certain maintien, à sa démarche, à un ensemble de gestes et d'attitudes qui trahissent malgré soi, elle instruisit son auguste conducteur que c'était elle. Cédant ensuite à un mouvement d'amour-propre blessé de la façon dont elle avait été obligée de quitter le palais Bour***, elle crut qu'elle ne trouverait jamais une meilleure occasion de se venger. La liberté du lieu, qui en faisant disparaître les personnes, fait aussi disparaître les rangs, et confond tout le monde dans ces espèces de *Saturnales*, semblait l'y autoriser; cependant elle n'osa se mettre en avant elle-même, elle engagea seulement le prince à lutiner sa cousine: ce jeu intéressa la duchesse; à la fin les anecdotes devinrent si particulières et si piquantes qu'elle voulut savoir à qui elle avait affaire. Oubliant en ce moment les lois du bal, ou s'imaginant peut-être que sa qualité la mettait au-dessus, elle souleva légèrement la barbe du masque du comte; elle le reconnaît bientôt, elle s'apperçoit de son indiscrétion, elle veut fuir et se rejeter dans la foule; mais le masque, outré d'une telle audace, la poursuit et l'arrête; il oublie en cet instant, à son tour, que c'est une femme et une femme de son sang; il n'écoute que sa fureur, et lui en fait ressentir les effets (1). Toute cette malheureuse aventure s'était passée dans le plus fort du tumulte du bal, et avec tant de rapidité, qu'elle n'y avait causé aucune rumeur et que peu de gens s'en étaient apperçus.

En conséquence Madame la duchesse de Bour*** imagine plus prudent de dissimuler et de la laisser tomber dans l'oubli: elle se flatte que l'offenseur, s'il l'avait connue, comme elle n'en pouvait guère douter d'après ses propos, se repentirait de sang froid de l'avoir punie aussi cruellement de sa témérité, et s'il ne lui en faisait des excuses par délicatesse, et pour ne pas renouveler un souvenir trop amer, concourrait du moins avec elle par son silence à effacer toutes les traces de l'injure.

---

(1) On prétend que le comte d'Artois brisa le masque sur la figure de madame la duchesse de Bourbon.

Son mari, son beau-père, son père, son frère, tous ces augustes personnages n'en apprirent donc rien par celle la plus intéressée à les en instruire ; mais tout se sait à la longue. Une fatalité attachée aux mystères de l'homme, veut que les choses les plus cachées percent, et se révèlent enfin au grand jour, surtout en France, où la nation est d'une intempérie de langue extraordinaire. Elle aime si fort ses maîtres, qu'elle s'occupe d'eux sans relâche, même de ceux qui ont droit à le devenir : malgré son profond respect pour ses illustres chefs, elle épie leurs moindres démarches, et ne dissimule ni leurs torts, ni leurs faiblesses. C'est à cette curiosité inquiète et active, qu'on ne peut jamais tromper long-temps, qu'il faut attribuer apparemment la publicité de l'aventure. Dans chaque bal de l'opéra, il est des yeux attentifs destinés à veiller sur la personne des princes, lorsqu'il s'y en trouve, à ne les pas perdre de vue et à prévenir tous les accidents dont elle serait susceptible : ce soin extrême devient une gêne pour eux, et empêche, malgré la réserve de ces sortes d'agents, qu'aucune de leurs actions ne reste dans un secret absolu.

Gardez-vous donc de croire, Milord des rumeurs calomnieuses qui parviendront sans doute jusqu'à vous, suivant lesquelles M. le comte d'Ar*** se serait vanté lui-même, chez une femme de la cour (1), de l'outrage fait à Madame la duchesse de Bour***. Fougueux dans ses passions, ce jeune prince est incapable de commettre de sang froid une cruauté si contraire à l'excellence de son cœur. Il n'ignore pas que l'injure faite à une femme de son sang, rejaillit jusque sur lui. La malignité punissable de quelques courtisans a pu seule semer de pareilles insinuations. Je ne puis imaginer non plus, comme d'autres méchants l'ont prétendu, que la divulgation en soit due à l'orgueil de Madame la marquise de La*****, enflée de cette sorte de triomphe remporté sur une princesse du sang ; plus elle est constituée en un haut rang, plus elle sait certainement la distance infinie qu'il y a entre Madame la duchesse de Bour*** et une femme de qualité. Elle sait que le masque permet des agaceries, des familiarités qui doivent cesser dès qu'on est sorti de l'enceinte du bal ; que ce qui était toléré deviendrait crime alors, et qu'un voile impénétrable surtout doit couvrir les trop grandes hardiesses qu'on aurait prises.

Quoi qu'il en soit, Milord, après avoir réfuté des bruits faux, adoptés avec avidité par la malignité, concernant la manière dont l'anecdote a pris consistance ; après avoir établi la filiation

---

(15) Chez madame Jules de Polignac.

plus vraisemblable dont la nouvelle s'est propagée dans le monde; un fait certain, c'est que débitée pendant les premiers jours à l'oreille, elle acquit ensuite une telle publicité, qu'on la répéta partout hautement. M. le prince de C**** [Condé], l'ayant apprise à Chantilly, voulut savoir de la bouche même de sa bru à quoi s'en tenir. Madame la duchesse de Bour***, voyant que tout le monde était instruit, ne put lui dissimuler son injure, et dès ce moment se résolut à vivre loin de la cour, à écarter la sienne propre, et à gémir dans la retraite et la douleur jusqu'à ce qu'elle en eût eu satisfaction. M. le prince de C**** se charge d'apprendre à son fils les raisons de la duchesse pour prendre un parti aussi violent, et tous deux se concilient sur les moyens d'obtenir une réparation. Ils ne pouvaient se dispenser de recourir d'abord au roi : cette démarche eut tout le succès qu'ils pouvaient desirer en faveur de madame la duchesse de Bour***. Elle vit monsieur le comte d'Ar**** [Joints?] ne point rougir de lui faire avec une noble franchise les excuses qui lui étaient dues : en présence de la famille royale d'une part et des princes de l'autre, il lui déclara qu'il n'avait jamais eu l'intention de l'insulter, et qu'il ne la connaissait point au bal; mais cette tournure toute naturelle, excellente vis-à-vis de madame la duchesse de Bourbon, comme femme, ne pouvait avoir lieu vis-à-vis du duc son époux, associé à l'injure par la publicité qu'elle avait acquise : il était forcé d'obéir à la loi de l'honneur, si impérieuse sur la noblesse française, et à laquelle les princes du sang veulent bien se soumettre eux-mêmes. Après donc avoir rendu compte au roi de ses plaintes trop légitimes, il lui avait fait remettre un mémoire par l'entremise de M. le comte de Maurepas, où il disait que si Sa Majesté, par des raisons de prudence et de sagesse qu'il ne lui appartenait pas de pénétrer, s'obstinait à ne pas lui rendre justice, il regarderait son silence comme une permission indirecte de se la faire lui-même. Le prince n'avait reçu aucune défense à cet égard ; il se trouvait donc libre de suivre son ressentiment.

Mais un obstacle se présentait : M. le comte d'Artois, à qui le monarque n'avait intimé aucune défense de se battre, en avait cependant une indirecte ; puisque sa majesté avait ordonné au chevalier de Crus***, l'un des capitaines des gardes de son altesse royale, de ne la point quitter. Tout cela n'était que de forme sans doute, et pour ne pas déroger extérieurement à l'édit des duels (1) que le roi de France jure à son sacre d'observer et de ne jamais enfreindre. Il faut bien

---

(1) Le premier est de 1645 ; il y a eu plusieurs autres édits publiés à ce sujet sous le règne de Louis XIV.

croire que ce seigneur avait eu ensuite d'autres instructions secrètes, si, comme on l'assure, il a dit à son maître, en lui annonçant qu'il avait eu du souverain l'ordre de veiller à la garde de ce dépôt précieux, et de ne le pas perdre de vue d'un instant : « Mais, si j'avais l'honneur d'être » le comte d'Ar***, le chevalier de Crus*** » ne serait pas vingt-quatre heures mon capitaine » des gardes. » Un seigneur aussi sage n'aurait pas fourni lui-même au comte d'Ar*** une tournure pour éluder les précautions de surveillance prises par le roi, s'il n'y eût été autorisé. On voit encore que le conseil du prince, instruit de sa résolution généreuse de répondre à l'appel que lui avait fait à Versailles, son rival, lors de la réunion de toute la maison de Bourbon, se soit assemblé, ait agité une matière aussi extraordinaire et si nouvelle, et n'ait pu que l'approuver et louer ce dévouement à l'honneur. En conséquence, le dimanche 15 mars, M. le comte d'Ar*** fit savoir au duc de Bour***, ou par une lettre, ou par un tiers, qu'il se promènerait le lundi matin au bois de Boulogne. Le dernier s'y est rendu dès huit heures, et le premier étant survenu, ils se sont écartés, et sans aucun second, sans escorte, en chemise, ont commencé un combat dont beaucoup de gens ont été témoins : il a duré six minutes, et cependant avec tant de sang froid, d'égalité et d'adresse, qu'aucun n'a été blessé, et qu'il n'y a pas eu une goutte de sang répandue. Alors le chevalier de Crussol a paru, et leur a ordonné de la part du roi de se séparer; ils se sont embrassés. Dans l'après-midi M. le comte d'Artois est venu voir madame la duchesse de Bourbon.

Pendant le combat on avait fermé la porte du bois de Boulogne; mais il était déjà rempli de monde, les spectateurs conviènent tous de la grâce et de la bonne mine des deux champions sous les armes.

A l'instant la nouvelle en a volé dans Paris, madame la duchesse de Bour***, qui n'avait reçu personne jusque là, est sortie de sa retraite et s'est montrée à la comédie Française, où tout le spectacle l'a applaudie avec des battements de mains si longs, si généraux et si marqués, qu'elle en a versé des larmes d'attendrissement. Un tel enthousiasme doit surtout s'attribuer au propos de cette altesse au roi, répandu dans le public. On rapporte qu'elle a dit à Sa Majesté qu'elle demandait moins une réparation comme princesse, que comme femme et citoyenne, dont la plus infime devait être respectée partout, et principalement sous le masque.

Le parterre avait des vedettes en dehors pour avertir dès que le prince de Con*** et le duc de Bour*** descendraient de carrosse; et il les applaudissait déjà avant qu'il les vît; rougissant en quelque sorte de fixer ainsi les regards devant la reine, et de retarder le spectacle, ils se cachaient derrière madame la duchesse de Bour***; mais les battements de mains ont recommencé plus fortement, accompagnés d'exclamations de *bravo*, de *bravissimo*, qui ont comblé de joie le père et le fils.

M. le comte d'Ar*** a enfin terminé par sa présence le délire général et a recueilli sa part de la satisfaction publique.

La tragédie finie (1), M. le duc de B***, par une sorte de coquetterie de son âge, et par cette noble avidité de louanges, le principe de toutes les belles actions, s'est transporté à l'opéra qui durait encore, sans qu'on se fût donné le mot, et par un enthousiasme naturel, les claquements, les *bravo*, les *bravissimo*, ont recommencé à ce spectacle, et ont complété son triomphe.

A coup sûr, Milord, vous êtes surpris de ne voir figurer en rien dans tout ceci M. le duc d'Or**** et M. le duc de Chartres, qui au-

_____

(1) C'était *Irène*, cette pièce de M. de Voltaire refusée par les comédiens en son absence, et qu'ils furent forcés de jouer à sa venue. On en donnait ce jour-là la première représentation.

raient dû prendre un intérêt si vif à la querelle. Le premier, dont vous avez vu le caractère non moins justement saisi que les autres dans l'Observateur Hollandais, est en quelque sorte retiré du monde aujourd'hui; il a abandonné son palais pour vivre dans un autre qu'il s'est fait bâtir presque hors de Paris, à côté de l'hôtel de madame de Montesson. Toujours bon père, il porte ses enfants dans son cœur, mais ne se mêle plus de ce qu'ils font, et sa compagne de solitude cherchant à la lui rendre la plus douce possible, en écarte tout ce qui pourrait le chagriner et l'inquiéter; elle charme son ennui par toutes sortes de divertissements analogues à son âge et à son humeur, surtout par des comédies délicieuses où les deux époux jouent eux-mêmes. Il est vraisemblable qu'elle lui a laissé ignorer ce qui se passait le lundi matin; car, précisément à l'instant où les deux illustres rivaux étaient sur le champ de bataille, elle lui faisait répéter une pièce sur son théâtre.

Quant au duc de Chartres, il a appris l'événement, comme il était occupé à tracer un emplacement pour une course dans la plaine des Sablons, voisine du champ de bataille. On ne peut nier qu'il ne se soit fort mal comporté dans cette occasion; quand on lui témoignait de l'étonnement de son indifférence, il répondait que madame la duchesse de Bourbon n'était ni sa fille, lui sa femme, qu'elle avait assez de vengeurs. Il n'a pas discontinué un instant de vivre avec le comte d'Artois dans la même intimité, et s'est, depuis l'aventure, montré en public avec lui à la chasse. On prétend qu'on a été si piqué de sa conduite au palais Bourbon, qu'on l'y a traité en étranger, et que, lorsqu'il s'est présenté pendant la retraite de sa sœur, il a été refusé comme les autres. Ceux qui l'excusent, veulent qu'il n'ait fait que déférer aux ordres du roi, desirant qu'il fût un lien subsistant avec le comte d'Artois, et qu'il pût servir de négociateur dans une affaire aussi délicate. On croit plutôt que l'ambition a beaucoup contribué à la neutralité qu'il a gardée; que jaloux de commander dans la marine, qui va jouer un grand rôle, il a sacrifié les intérêts de sa sœur à cet espoir.

Quoi qu'il en soit, le duc de Chartres a si bien senti combien il serait peu agréable au public, qu'il s'est abstenu de paraître devant lui, non seulement le jour fameux du triomphe de sa sœur, mais encore jusqu'à ce que la fermentation fût rallentie ; et, par une épigramme cruelle contre ce prince, on a dit que, sans avoir combattu, il était seul sorti blessé du combat.

Les deux augustes rivaux, après avoir recueilli durant tout le jour les éloges prodigués à leurs procédés valeureux, qui rappelaient les temps brillants de l'antique chevalerie, ont dû, pour l'exemple, recevoir quelque marque du mécontentement du Souverain, être punis de l'infraction à la loi. En conséquence, le lendemain M. le comte d'Artois a été exilé à Choisi (1), et M. le duc de Bourbon à Chantilli (2), où l'on compte qu'ils resteront quelques jours et où ils reçoivent plus particulièrement les hommages de leur cour.

Paris, ce 19 mars 1778.

P. S. Le projet du roi était de ne permettre à personne d'aller voir le comte d'Artois à Choisi, et de refuser même madame la comtesse d'Artois; mais ce monarque n'a pu résister aux instances de la princesse; ce qui a donné lieu ensuite à beaucoup de monde de s'y rendre. Les deux princes ont reparu mardi au lever du roi : le premier est retourné à Choisi où était restée malade madame la comtesse d'Artois. Le second s'est montré le soir à l'opéra et a été applaudi à tout rompre, surtout par les femmes.

Paris, ce 26 mars 1778.

---

(1) Château de plaisance qui appartenait au roi, situé sur la Seine, à peu de distance de Paris et de Versailles.

(2) Un des plus magnifiques lieux qu'il soit possible de voir, à dix lieues de Paris, qui appartenait à la maison de Condé.

LETTRE X.

Journal du séjour de M. de Voltaire à Paris, depuis le 10 février, jusqu'au 31 mars.

« La célébrité a surtout l'inconvénient de faire
» naître autour de l'homme célèbre une espèce
» d'espionnage de ses actions, de ses paroles, de
» ses pensées ; on les traduit ensuite dans le pu-
» blic, et vous savez, messieurs, ce que c'est
» que la fidélité de toutes les traductions. » Voilà,
Milord, ce qu'écrivait aux journalistes de Paris
M. François de Neuf-Château (1), au sujet de
M. de Voltaire. Malgré l'assertion de cet homme
de lettres, assez juste en général, j'espère que
vous n'aurez point à vous plaindre du moins de
ma véracité : entre cette foule d'anecdotes, de
faits, de bons mots d'un personnage unique, fixant
aujourd'hui l'attention de tout Paris, des provinces, et par contre-coup des pays étrangers,
de l'Europe entière qui en est l'écho, j'ai choisi
avec le plus d'attention et de scrupule possible
ce qui, étant avoué d'un grand nombre, soit de

---

(1) Lettre sur M. de Voltaire aux auteurs du Journal
de Paris, insérée n° 15.

ses amis, soit de ses ennemis, recevait par ce concours le meilleur caractère d'authenticité. J'ai souvent eu d'ailleurs occasion d'interroger le secrétaire de M. de Voltaire et de puiser à sa source, c'est-à-dire, dans le mémorial curieux qu'il tenait régulièrement, concernant le séjour de son maître dans cette capitale. Je commence : *Arrectis auribus adsta.*

Quoique M. de Voltaire eût annoncé à plusieurs de ses amis, qu'il comptait partir de Ferney au commencement de février, pour se rendre à Dijon et y suivre un procès, quoiqu'ils entendissent ce que cela voulait dire, puisqu'il n'avait aucune raison d'aller dans la capitale de la Bourgogne, et qu'on lui en connaissait cent pour venir dans la capitale de la France, sans compter le désir extrême qui le tourmentait depuis long-temps, on ne pouvait croire qu'il hasardât de se mettre en route durant une saison aussi rigoureuse ; cependant le ciel semblant seconder ses vœux par une température extraordinaire, il monta en voiture avec madame Denis, et M. et madame de Villette.

Son voyage n'eut rien de remarquable, qu'une anecdote qu'il raconta en arrivant. Il avait mis pied à terre dans un village, pour changer de chevaux.

« J'ai apperçu, dit-il, à quelques pas un vieil-
» lard vénérable, à peu près de mon âge, et qui

» assurément, était plus ingambe que moi. Je me
» suis approché de lui, et l'examinant de plus
» près, j'ai cru le connaître, et je lui ai dit :
» Monsieur, je vous demande bien pardon, mais
» vous ressemblez beaucoup à un enfant que j'ai
» vu il y a soixante et .dix ans. Cet homme me
» demanda où et quand j'avais vu cet enfant? Et
» quand je lui eus tout expliqué, il me dit :
» c'était moi ; et après m'être nommé à mon tour,
» nous nous sommes embrassés. »

Sa voiture fut arrêtée aux barrières, suivant l'usage; les commis lui demandèrent s'il n'avait rien à déclarer; il leur répondit : *Messieurs, il n'y a que moi ici de contrebande.* L'on verra par la suite que ce propos n'était pas une simple gentillesse.

C'est le 10 février, qu'après plus de vingt-sept ans d'absence, cet homme célèbre rentra dans Paris; et l'on pourrait presque ajouter dans sa patrie. Il descendit à l'hôtel du marquis de Villette, au coin de la rue de Beaune, et dès le lendemain ce fut chez lui un concours de monde prodigieux. Il resta toute la semaine en robe de chambre et en bonnet de nuit : il reçut ainsi la cour et la ville. La marquise de Villette et madame Denis, tenaient le cercle et faisaient les honneurs. Un valet de chambre allait avertir M. de Voltaire à chaque personne qui arrivait; il venait. M. le marquis de Villette et le comte d'Argental, chacun de leur côté, présentaient ceux que le philosophe ne connaissait pas, ou dont il avait perdu le souvenir. Il recevait le compliment du curieux, et lui répondait un mot honnête, puis retournait dans son cabinet dicter à son secrétaire des corrections pour sa tragédie d'*Irène*. Sa tendresse paternelle envers cet ouvrage, qu'il avait extrêmement à cœur de voir jouer, n'était pas entrée pour peu dans son retour. Mais quelle fut sa douleur d'être privé de cet acteur célèbre qu'il avait formé, de le *Kain*! Ce fut l'abbé Mignot, son neveu, qui lui en apprit en même temps la maladie et la mort. A cette funeste nouvelle il se trouva mal de saisissement.

Au reste, l'encens qu'on lui prodiguait sans relâche (1), lui aurait fait tout oublier. Rien de plus flatteur que la sensation que produisait son arrivée. Les grands, les femmes les plus distinguées et les plus aimables, les gens de lettres, les artistes, les amateurs en tout genre, s'empressaient de lui rendre hommage. Le chevalier Gluck

---

(1) Dans la foule des pièces de vers occasionnées par le retour de M. de Voltaire, je choisirai le quatrain suivant, au delà duquel il serait difficile d'enchérir pour l'adulation.

Quelle fête au sacré vallon !
Platon, et Démosthène,
Plutarque, Eschyle, Homère, Euclide, Anacréon,
Tous sept au même jour sont rentrés dans Athène.

partant pour Vienne, avait retardé son voyage en faveur de cet illustre vieillard.

L'Académie française, dès le 12, avait arrêté une députation pour complimenter ce confrère. Elle avait nommé, contre l'usage qui n'admet dans ces sortes d'occasions qu'un seul député, trois de ses membres, à la tête desquels était le prince de Beauveau : nombre d'autres avaient voulu être du cortège.

Le 13, la troupe des comédiens français était venue lui rendre ses devoirs. Le sieur Bellecour l'avait harangué par un compliment, auquel M. de Voltaire avait répondu avec beaucoup d'affabilité. Puis en parlant de sa santé, il avait ajouté ces paroles peu dignes de lui, mais qui manifestaient bien son affection pour sa tragédie : *je ne puis plus vivre désormais que pour vous et par vous.* Au reste, ce qui prouve que, rendu à lui-même, il savait pourtant apprécier cela, c'est sa réflexion à cette occasion. La députation des comédiens partie, quelqu'un ayant observé que le sieur Bellecour avait débité son discours d'un ton fort pathétique, il répondit; *Oui, nous avons fort bien joué la comédie l'un et l'autre.*

Ce fut pendant cette cérémonie qu'il dit à madame Vestris : *Madame, j'ai travaillé cette nuit pour vous comme un jeune homme de vingt ans !* Mademoiselle Arnoux présente, car les courtisanes célèbres par leurs talents ou leurs grâces, étaient aussi admises aux audiences de cet hommes universel, s'écria avec sa malice ordinaire : *au moins ce n'a pas été sans rature.*

Le lundi 16, on devait donner au profit de la famille de Corneille la représentation d'une de ses pièces, et voulant faire leur cour à M. de Voltaire, les comédiens, au lieu d'*Héraclius* annoncé, avaient substitué *Cinna*, suivant l'insinuation qu'ils en avaient reçue chez lui pour se conformer à la décision du commentateur, qui juge cette pièce la meilleure de celles du père de la tragédie en France. Mais il s'était trouvé tellement fatigué, qu'il n'avait pu y aller, ni même sortir encore. Voici le bulletin qu'on répandit.

« Lundi 16 février.... M. de Voltaire n'a point
» donné d'audience générale à cause de son in-
» disposition du dimanche ; mais il a reçu quel-
» ques personnes en particulier, malgré les soins
» de M. de Villette à veiller à cette précieuse
» santé et à empêcher les importuns de pénétrer.
» Les personnages les plus distingués qui ont eu
» le bonheur de voir le philosophe, sont le doc-
» teur Franklin, madame Necker, M. l'ambas-
» sadeur d'Angleterre et M. Balbastre. On a
» admiré comment il a varié sa conversation pour
» des acteurs aussi divers, et surtout avec quelle
» grâce, quelle vivacité, quel esprit il a cherché
» à plaire à la femme du directeur-général des
» finances.

» Quoiqu'il se plaignît du mal de tête, il a
» voulu flatter l'amour propre de l'artiste re-
» nommé qui venait lui rendre son hommage : il
« lui a demandé une pièce de clavecin, et cet
» habile homme a semblé charmer les maux du
» malade. »

Il faut ajouter à cette anecdote, que le docteur Anglais, par une adulation indécente, puérile, basse, et même, suivant certains dévots, par une impiété dérisoire, ayant présenté son petit-fils au philosophe, et lui ayant demandé sa bénédiction pour cet enfant, le vieux malade s'est prêté de son côté à la plaisanterie, et n'a pas moins bien joué son rôle dans cette farce. Il s'est levé, a imposé ses mains sur la tête du petit innocent, et a prononcé avec emphase ces trois mots : *Dieu, liberté, tolérance !*

Dans le début de la conversation, M. de Voltaire affectait de parler anglais à l'illustre insurgent. Madame Denis lui observa que le docteur savait le français, et qu'on serait bien aise de les entendre tous deux : *ma nièce*, lui répondit l'oncle, *j'ai cédé un moment à la vanité de parler la même langue que M. Franklin.* Sans doute la même vanité lui avait suggéré de parler italien avec M. Goldoni.

Cependant, le nouveau genre de vie que menait le vieillard de Ferney à Paris, après un voyage long et fatigant, dans une saison rigoureuse; les efforts continuels qu'il était obligé de faire pour suffire aux visites qu'on lui rendait, aux lettres qu'il recevait, et surtout pour soutenir par des saillies brillantes sa haute réputation, ce ton de monde, cette politesse de cour qu'il voulait prouver n'avoir pas oubliée; ces égards, cette bienveillance générale qu'il cherchait à témoigner à chacun d'une manière et dans un degré proportionné; enfin, son humeur, à laquelle depuis long-temps il avait donné un libre cours, et qu'il était obligé de réprimer, tout cela minait beaucoup sa santé déjà trop altérée. Il s'en appercevait lui-même; il disait : *l'on m'étouffe, mais c'est sous des roses.* Il déguisait par cette métaphore heureuse le parfum des louanges qui l'enivrait, et auquel il n'avait pas le courage de se soustraire.

Tout n'était pas *rose* cependant pour lui; s'il était accablé d'une multitude de pièces de vers louangeurs et fades, il y avait des gens qui cherchaient à aiguiser ces douceurs par des écrits plus piquants; il recevait beaucoup de lettres anonymes destinées à empêcher que son amour propre ne s'exaltât trop. Entre ces satires, qui ne valaient pas toujours mieux que les éloges, il faut en distinguer une intitulée : *Avis important pendant la tenue de la foire Saint-Germain*, où il y a beaucoup de sel, et malheureusement trop de vérité. On y relève avec adresse les ridicules et les défauts de ce grand homme. La voici.

   Le sieur Villette, dit marquis,
    Successeur de Jodelle,
Facteur de vers, de prose et d'autre bagatelle,
    Au public donne avis,
   Qu'il possède dans sa boutique
   Un animal plaisant, unique,
    Arrivé récemment
   De Génève en droiture;
   Vrai phénomène de nature,
   Cadavre, squelette ambulant,
   Il a l'œil très-vif, la voix forte ;
Il vous mord, vous caresse; il est doux, il s'emporte;
   Tantôt il parle comme un Dieu,
   Tantôt il jure comme un Diable.
Son regard est malin, son esprit est tout feu :
    Cet être inconcevable
Fait l'aveugle, le sourd, et quelquefois le mort.
Sa machine se monte et démonte à ressort,
Et la tête lui tourne en l'appelant grand homme.
Du mont Crapack tel est l'original en somme.
    On le verra tous les matins
    Au bout du quai des Théatins :
Par un salut profond, beaucoup de modestie
Les grands seigneurs paîront leur curiosité :
    Porte ouverte à l'académie,
    A tous acteurs de comédie
    Qui flatteront sa vanité
    Et voudront adorer l'idole.
    Les gens mitrés, portant l'étole,
    Pour éviter ses griffes et ses dents,

Verront de loin moyennant une obole ;
Tout poëte entrera pour quelques grains d'encens.

Il avait contre lui tout le parti des dévots et tout le clergé, ce qui formait une nuée d'ennemis bien plus considérable que le nombre de ses partisans et admirateurs. Ils étaient furieux de l'éclat qu'avait fait ici son arrivée, et de la sensation incroyable qu'elle avait produite. Ils cherchèrent d'abord à se prévaloir des défenses qu'ils croyaient exister, par lesquelles il lui était interdit de reparaître dans cette capitale. Ils consultèrent les registres de la police, ceux du département de Paris, ceux des affaires étrangères, pour voir s'ils ne trouveraient pas quelque bout de lettre de cachet dont ils pussent s'autoriser pour le perdre pieusement dans l'esprit du roi, déjà très-mal disposé ; projet dans lequel ils espéraient être secondés par un grand prince (1), austère, religieux, et ne goûtant pas davantage le coryphée de la philosophie moderne. Malheureusement il fut constaté qu'il n'y avait jamais eu d'ordre par écrit qui expulsât M. de Voltaire ; que sa longue absence ne devait s'attribuer qu'à son inquiétude naturelle, et à des insinuations verbales de s'éloigner.

Sans doute, une foule de ses ouvrages brûlés

---

(1) Monsieur, frère du roi.

pouvaient servir de prétexte à lui faire son procès ; mais il n'en avait signé aucun. Ce sont des écrits anonymes ou pseudonymes qu'il a toujours désavoués, et il aurait fallu établir une instruction en règle qui aurait été trop odieuse dans ce siècle éclairé, et à laquelle ne se serait pas prêté le parlement, dans le sein duquel il avait des parents, des amis et des admirateurs.

Le fanatisme se trouva donc réduit à intriguer sourdement d'un côté, à crier au scandale de l'autre, et à gémir universellement du séjour de cet apôtre de l'incrédulité dans cette ville. M. l'archevêque, comme le plus intéressé à son expulsoin et le plus zélé pour la défense de la religion, en écrivit directement au roi ; mais on représenta à Sa Majesté que ce vieillard, déjà fatigué de son déplacement dans une pareille saison, d'une longue route, de la multitude de visites qu'il avait reçues, et plus encore affecté du chagrin de déplaire au monarque, ne pouvait retourner à Ferney dans le moment ; que ce serait une inhumanité de l'y contraindre ; qu'il en mourrait, et qu'il était de la bonté de S. M. de le laisser repartir de lui-même, ainsi qu'il se le proposait.

Voilà l'état où en étaient les choses, lorsque M. de Voltaire tomba sérieusement malade par l'accident grave du crachement de sang qui lui survint. M. Tronchin le voyait tous les jours et souvent le matin et le soir, car M. de Voltaire en ne pouvant se ménager sur le moral, lui demandait fréquemment des conseils sur son physique. Le docteur lui défendait les remèdes, et lui ordonnait de ne veiller que sur son âme, d'en modérer la fougue, d'en calmer les passions, de vivre dans la tranquillité et le repos. Ne pouvant rien obtenir de ce côté, il écrivit au marquis de Villette le bulletin suivant, passablement ridicule, mais d'un pronostic vérifié par l'expérience (1).

« J'aurais fort desiré de dire de bouche à M. le » marquis de Villette, que M. de Voltaire vit » depuis qu'il est à Paris, sur le capital de ses » forces ; et que tous ses vrais amis doivent » souhaiter qu'il n'y vive que de sa rente. Au » ton dont les choses vont, les forces dans peu » seront épuisées ; et nous serons témoins, si » nous ne sommes pas complices, de la mort de » M. de Voltaire. »

On aurait cru qu'un avertissement aussi sérieux, eût fait quelque impression sur le vieux malade qui n'avait pas envie de mourir ; mais accoutumé à vivre depuis quatre vingt-quatre ans, à se plaindre toujours, à triompher par la force de sa constitution, de tous ses maux qu'il exagérait, à invoquer la médecine et à s'en mo-

---

(1) Ce bulletin est inséré au numéro 51 du journal de Paris.

quer, il ne fit pas plus de cas de ce dernier avis de l'amitié.

Ne respirant qu'après le moment de voir jouer sa tragédie, le dimanche 22, il avait fait la distribution et confrontation des rôles chez lui, où les comédiens étaient mandés. Il les leur avait fait répéter le cahier à la main, et mécontent de presque tous (1), il les avait obligés de recommencer plusieurs fois, et pour leur donner le ton à chacun, avait lui-même déclamé son Irène presqu'en entier. Cet effort, extrême à son âge, joint à la colère violente dans laquelle il était resté pendant la plus grande partie de la séance, lui procura une hémorragie considérable le mercredi suivant.

La maladresse du journal de Paris, d'annoncer cet événement dangereux dès le lendemain, produisit le plus mauvais effet par l'éveil qu'en eut le clergé. Aucun de ses membres n'avait encore visité ce chef de l'impiété; les prélats et les autres ecclésiastiques, ses confrères de l'Académie, n'avaient voulu participer en rien aux démarches ni même acquiescer aux délibérations de la com-

---

(1) C'est dans un de ces moments de fureur convulsive qu'il dit à madame Vestris, chargée du principal rôle, de celui d'*Irene* : « Eh ! f..... c'est bien la peine de » vous faire des vers de six pieds, pour que vous en man- » giez trois ! »

pagnie à son sujet. Il jugea ce moment essentiel pour pénétrer chez le moribond, le convertir ou du moins en obtenir quelque acte extérieur de religion, dont il pût se prévaloir et triompher.

Il y avait des assemblées chez l'archevêque de Paris. On délibérait sur la manière de s'y prendre, lorsqu'un abbé Gaulthier, chapelain des incurables, ex-jésuite, enthousiaste ardent, tout radieux d'avoir ramené récemment au giron de l'église l'abbé Villemsens, le plus fougueux janséniste qui eût encore existé; encouragé d'ailleurs par l'abbé Lattaignant, ce vieux et endurci pécheur, non moins dévoré de zèle en ce moment pour la conversion de M. de Voltaire, se persuada être l'homme que le ciel avait destiné à opérer ce miracle. Animé de cette foi vive qui transporterait les montagnes, il se rend chez le philosophe; il se donne à lui comme un envoyé de Dieu; il lui parle avec un ton de confiance et de supériorité, qui lui en impose au point qu'il le détermine à se confesser. Il lui arrache en outre un écrit signé, en forme de profession de foi, dans lequel l'apôtre de l'incrédulité déclare, « qu'il veut vivre et mourir dans
» la religion catholique, apostolique et romaine,
» dont il fait profession; et il rétracte tout ce
» qu'il pourrait y avoir de contraire dans les
» écrits qu'il a publiés. »

Malheureusement l'abbé Gaulthier ne s'était pas entendu là dessus avec le curé de Saint-Sulpice, ou du moins celui-ci conçut contre lui une jalousie qui ne tourna point au profit de la religion. On voit, Milord, par la correspondance entre M. de Voltaire et le pasteur (1), que le premier ayant

---

(1) Voici les deux lettres curieuses que s'écrivirent M. de Voltaire et le curé de Saint-Sulpice. C'est d'abord le malade qui parle.

Monsieur,

Monsieur le marquis de Villette m'a assuré que si j'avais pris la liberté de m'adresser à vous-même pour la démarche nécessaire que j'ai faite, vous auriez eu la bonté de quitter vos importantes occupations, pour venir et daigner remplir auprès de moi des fonctions que je n'ai crues convenables qu'à des subalternes auprès des passagers qui se trouvent dans votre département.

Monsieur l'abbé Gaulthier avait commencé par m'écrire sur le bruit seul de ma maladie; il était venu ensuite s'offrir de lui-même, et j'étais fondé à croire que demeurant sur votre paroisse il venait de votre part. Je vous regarde, Monsieur, comme un homme du premier ordre de l'état : je sais que vous soulagez les pauvres en apôtre et que vous les faites travailler en ministre. Plus je respecte votre personne et votre état, plus j'ai craint d'abuser de vos extrêmes bontés. Je n'ai considéré que ce que je dois à votre naissance, à votre ministère et à votre mérite. Vous êtes un général à qui j'ai demandé un soldat. Je vous supplie de me pardonner d'avoir ignoré la condescendance

eu le temps de se remettre de l'effroi que lui avait causé d'une part la menace du médecin et

avec laquelle vous seriez descendu jusqu'à moi. Pardonnez-moi aussi l'importunité de cette lettre ; elle n'exige pas l'embarras d'une réponse, votre temps est trop précieux.

J'ai l'honneur d'être, etc.

Nota. Cette lettre, apportée à huit heures du matin à M. le curé de Saint-Sulpice, il y a répondu aussitôt par le même commissionnaire.

Tous mes paroissiens, Monsieur, ont droit à mes soins, que la nécessité seule me fait partager avec mes coopérateurs : mais quelqu'un, comme M. Voltaire, est fait pour attirer toute mon attention. Sa célébrité, qui fixe sur lui les yeux de la capitale, de la France et même de l'Europe, est bien digne de la sollicitude pastorale d'un curé.

La démarche que vous avez faite, n'était nécessaire qu'autant qu'elle pouvait vous être utile et consolante, dans le danger de votre maladie. Mon ministère ayant pour objet le vrai bonheur de l'homme, en tournant à son profit les misères inséparables de sa condition, et en dissipant par la foi les ténèbres qui offusquent sa raison et le bornent dans le cercle étroit de cette vie, jugez avec quel empressement je dois l'offrir à l'homme le plus distingué par ses talents, dont l'exemple seul ferait des milliers d'heureux et peut-être l'époque la plus intéressante aux mœurs, à la religion et à tous les vrais principes, sans lesquels la société ne sera jamais qu'un assemblage

de l'autre celle du prêtre, et le danger ayant cessé, s'était également moqué et du soldat et du général (1).

---

de malheureux insensés, divisés par leurs passions et tourmentés par leurs remords.

Je sais que vous êtes bienfaisant. Si vous me permettez de vous entretenir quelquefois, vous conviendrez qu'en adoptant parfaitement la sublime philosophie de l'évangile, vous pourriez faire le plus grand bien et ajouter à la gloire d'avoir porté l'esprit humain au plus haut degré de ses connaissances, le mérite de la vertu la plus sincère, dont la sagesse divine, revêtue de notre nature, nous a donné la juste idée, et fourni le parfait modèle que nous ne pouvons trouver ailleurs.

Vous me comblez des choses obligeantes que vous voulez bien me dire, et que je ne mérite pas. Il serait au dessus de mes forces d'y répondre, en me mettant au nombre des savants et des gens d'esprit qui vous portent avec tant d'empressement leur tribut et leurs hommages. Pour moi, je n'ai à vous offrir que le vœu de votre solide bonheur et la sincérité des sentiments avec lesquels j'ai l'honneur d'être, etc.

(1) On se moquait aussi de l'abbé Gaulthier dans l'épigramme suivante, attribuée à M. de la Louptière.

Voltaire et Lattaignant, d'humeur encor gentille,
Au même confesseur ont fait le même aveu ;
    En tel cas il importe peu
Que ce soit à Gaulthier, que ce soit à Garguille.
Mons Gaulthier cependant nous semble bien trouvé :
    L'honneur de deux cures semblables,
    A bon droit était réservé
    Au chapelain des incurables.

Le coryphée du parti encyclopédique n'en fut pas moins blâmé des autres chefs. Il rougit lui-même de sa faiblesse, et crut l'excuser par un autre préjugé également pitoyable; il dit, *qu'il ne voulait pas que son corps fût jeté à la voirie.* Il eut pendant quelques jours envie de retourner à Ferney pour y aller cacher sa honte; mais il la jugea bientôt oubliée par le nouvel encens que firent fumer devant lui ses adorateurs à l'occasion de sa convalescence. D'ailleurs, s'il lui en fût resté quelque impression, le succès de la première représentation de sa pièce l'aurait absolument effacée.

Mais si l'on ne se lasse point de parler de ce grand homme, toujours neuf, toujours piquant jusque dans les plus petits détails de sa vie, la main se fatigue d'écrire; l'heure de la poste presse, et il faut remettre à l'ordinaire suivant la suite de la narration.

Paris, ce 2 avril 1778.

LETTRE XI.

Suite de la précédente.

J'en étais resté, Milord, au moment critique pour un poète dramatique, lorsque sa pièce va se jouer, et que, réfléchissant à part lui sur son ouvrage, ses défauts, que la tendresse paternelle avait fait disparaître, lui sautent aux yeux et se grossissent même par la crainte. Il aurait été dur à M. de Voltaire d'éprouver une chute à son âge, et de voir changer en jour de deuil, ces jours si glorieux; lui seul pouvait éprouver de ces terreurs. Son parti était si nombreux, les billets de parterre si bien distribués, les avenues si bien gardées, que ses ennemis en étaient expulsés, et ne pouvaient que bourdonner à l'extérieur et aux environs du spectacle. On ne parlait que de son triomphe : on variait seulement sur la manière dont il le recevrait, sur la place que l'auteur occuperait à la première représentation d'*Irène*. Les uns le mettaient dans un fauteuil sur le théâtre, pour que le public pût le contempler à l'aise, les autres lui faisaient l'honneur de l'admettre dans la loge de la reine, où il serait derrière S. M. Des gens plus sages le plaçaient dans celle des gentilshommes de la chambre; mais c'était inutilement; les médecins lui avaient défendu d'y assister le premier jour.

C'est le 16 mars qu'on joua cette tragédie tant attendue. Jamais on n'avait vu si belle assemblée, devenue plus intéressante encore par les circonstances (1). Excepté le roi, toute la famille royale, tous les princes et princesses du sang y étaient. En voici le jugement, qui m'a paru dans le temps aussi raisonnable qu'impartial.

« Malgré les éloges outrés, prodigués à M. de
» Voltaire par les journalistes et par ses adulateurs à l'occasion de sa tragédie d'*Irène*, l'impartialité veut qu'on assure que les deux premiers actes ont été reçus avec de sincères applaudissements, et sont en effet semés de beaux traits, mais que les trois derniers, absolument vuides, sont glacials. Il y a dans l'ensemble quelques scènes nobles : il y a des morceaux de sensibilité, mais rien de vraiment tragique, rien de cette éloquence vigoureuse dont on remarque tant d'exemples dans OEdipe, Alzire, Mahomet, etc. Quant au dialogue, il est lâche, diffus, bavard et plein de répétitions. Les caractères sont ce qu'il y a de

---

(1) C'était le jour où M. le comte d'Artois et M. le duc de Bourbon s'étant battus au bois de Boulogne, devaient se trouver au spectacle.

» mieux; on les a trouvés assez bien frappés,
» vrais et soutenus; mais ils ne se développent
» guère qu'en paroles, la pièce étant presque
» tout à fait dénuée d'action. En un mot, elle ne
» peut que grossir le nombre des dernières tra-
» gédies médiocres de l'auteur.

» Personne n'eut garde de parler aussi sincé-
« rement au poète. Pendant qu'on exécutait sa
» tragédie, dès le second acte un messager fut
» député de la comédie pour annoncer à M. de
» Voltaire la faveur qu'elle prenait. Après le
» quatrième un second vint, avec ordre de pal-
» lier le froid presque général dont on avait reçu
» le troisième et le quatrième. A la fin du cin-
» quième, M. Dupui, le mari de mademoiselle
» Corneille, fut le premier à lui apprendre
» qu'*Irene* avait eu un succès complet.

» Un ami entré ensuite trouva M. de Voltaire
» au lit, écrivant, enflé des éloges qu'il venait
» de recevoir, et mettant en ordre sa seconde
» tragédie d'*Agathocle*, pour la faire jouer de
» suite. Le philosophe affecta d'abord beaucoup
» de flegme et ne répondit au complimenteur
» autre chose, sinon: *Ce que vous me dites me*
» *console, mais ne me guérit pas.* Cependant
» il demanda quels endroits, quelles tirades,
» quels vers avaient produit le plus d'effet, et
» sur ce qu'on lui cita les morceaux contre le
» clergé comme ayant été fort applaudis, il fut

» enchanté de savoir qu'ils compenseraient la
» fâcheuse impression que sa confession avait
» produite dans le public....

» Les jours suivants plus de trente cordons
» bleus étant venus se faire écrire chez lui pour
» le féliciter, l'illusion de son succès ne put que
» s'accroître, et ce qui y mit le comble, ce fut
» la députation du jeudi 19 de l'académie fran-
» çaise pour l'assurer de la part que la com-
» pagnie prenait à son triomphe.

» Tout cela n'était que le prélude d'une fête
» plus extraordinaire, dont les fastes du théâtre
» n'ont point offert encore, et vraisemblable-
» ment n'offriront pas d'exemples. Entre les di-
» verses relations que j'en ai parcourues, j'ai
» adopté la suivante, extrêmement bien circons-
« tanciée, et faite dans le calme dont n'étaient
» pas alors susceptibles ni les partisans enivrés
» du triomphateur, ni ses ennemis, outrés de
» fureur et de rage.

» M. de Voltaire, décidé à jouir du triomphe
» qu'on lui promettait depuis long-temps, est
» monté lundi dans son carrosse couleur d'azur,
» parsemé d'étoiles, peinture bizarre qui a fait
» dire à un plaisant que *c'était le char de l'Em-*
» *pirée* (1). Il s'est rendu ainsi d'abord à l'aca-
» démie française qui tenait ce jour là son as-

---

(1) Personnage de la *Métromanie*.

» semblée particulière. Elle était composée de
» vingt-deux membres : aucun des prélats ou
» abbés, ou membres du corps ecclésiastique,
» ses confrères, n'avait voulu s'y trouver ni
» adhérer aux délibérations extraordinaires qu'on
» se proposait.

» Les seuls abbés de Boisemont et Millot se
» sont détachés des autres; l'un comme un roué,
» n'ayant que l'extérieur de son état; l'autre
» comme un cuistre, n'ayant aucune grâce à es-
» pérer, soit de la cour, soit de l'église.

» L'académie est allée au devant de M. de
» Voltaire pour le recevoir. Il a été conduit au
» siége du directeur, que cet officier et l'aca-
» démie l'ont prié d'accepter. On avait placé
» son portrait au dessus de son fauteuil. La
» compagnie, sans tirer au sort, suivant l'usage,
» a commencé son travail en le nommant par
» acclamation directeur du trimestre d'avril. Le
» vieillard étant en train, allait causer beaucoup,
» lorsqu'on lui a dit qu'on s'intéressait trop à sa
» santé pour l'écouter, qu'on voulait le réduire
» au silence. En effet, M. d'Alembert a rempli
» la séance par la lecture de *l'Éloge de Des-*
» *préaux*, dont il avait déjà fait part dans une
» cérémonie publique, et où il avait inséré
» des choses flatteuses pour le philosophe
» présent.

» M. de Voltaire a desiré monter ensuite chez

» le secrétaire de l'académie, dont le logement
» est au dessus. Il est resté quelque temps chez
» lui, et s'est enfin mis en route pour se rendre
» à la Comédie Française. La cour, quelque
» vaste qu'elle soit, était remplie de monde qui
» l'attendait. Dès que sa voiture a paru, on s'est
» écrié : le voilà ! Les Savoyards, les marchandes
» de pommes, toute la canaille du quartier s'é-
» taient rendus là, et les acclamations ; *vive
» Voltaire !* ont retenti pour ne plus finir. Le
» marquis de Villette, arrivé d'avance, l'est
» venu prendre à la descente de son carrosse,
» dans lequel il était venu avec le procureur
» *Clos*. Tous deux lui ont donné le bras et ont
» eu peine à l'arracher de la foule. A son entrée
» à la comédie, un monde plus élégant et saisi
» du véritable enthousiasme du génie, l'a en-
» touré ; les femmes surtout se jetaient sur son
» passage et l'arrêtaient afin de le mieux con-
» templer. On en a vu s'empresser à toucher ses
» vêtements et quelques-unes arracher du poil
» de sa fourrure. M. le duc de Chartres n'osant
» avancer de près, quoique loin, n'a pas montré
» moins de curiosité que les autres.

» Le saint, ou plutôt le dieu du jour, devait
» occuper la loge des gentilshommes de la
» chambre, en face de celle du comte d'Artois.
» Madame Denis, madame de Villette étaient
» déjà placées, et le parterre dans des convul-

» sions de joie, attendant le moment où le poète
» paraîtrait. On n'a pas eu de cesse qu'il ne se
» fût mis au premier rang auprès des dames.
» Alors on a crié : *la couronne!* Et le comédien
» Brizard est venu la lui mettre sur la tête. *Ah!*
» *Dieu, vous voulez donc me faire mourir,*
» s'est écrié M. de Voltaire, pleurant de joie;
» et se refusant à cet honneur, il a pris cette
» couronne et l'a présentée à *Belle et Bonne* (1).
» Celle-ci disputait, lorsque le prince de Beau-
» veau, saisissant le laurier, l'a remis sur la tête
» du Sophocle, qui n'a pu résister cette fois.

» On a joué la pièce, plus applaudie que de
» coutume, mais pas autant qu'il l'aurait fallu
» pour répondre à ce triomphe. Cependant les
» comédiens étaient fort intrigués de ce qu'ils
» feraient, et pendant qu'ils délibéraient, la
» tragédie a fini. La toile est tombée et le tu-
» multe du parterre était extrême lorsqu'elle
» s'est relevée, et l'on a vu un spectacle pareil
» à celui de la *Centenaire*. Le buste de M. de
» Voltaire, placé depuis peu dans le foyer de la
» comédie Française, avait été apporté sur le
» théâtre et élevé sur un piédestal. Tous les
» comédiens l'entouraient en demi-cercle, des
» palmes et des guirlandes à la main. Une cou-

---

(1) Mot d'amitié dont il appelait la marquise de Villette, étant fille.

» ronne était déjà sur le buste : le bruit des fan-
» fares et des trompettes avait annoncé la céré-
» monie, et madame Vestris tenait un papier
» qu'on a su bientôt être des vers que venait de
» composer M. le marquis de Saint-Marc. Elle
» les a déclamés avec une emphase propor-
» tionnée à l'extravagance de la scène. Les
» voici :

> Aux yeux de Paris enchanté,
> Reçois en ce jour un hommage,
> Que confirmera d'âge en âge
> La sévère postérité.
> Non, tu n'as pas besoin d'atteindre au noir rivage
> Pour jouir des honneurs de l'immortalité :
> Voltaire, reçois la couronne
> Que l'on vient de te présenter :
> Il est beau de la mériter,
> Quand c'est la France qui la donne.

» On a crié *bis*, et l'actrice a recommencé.
» Après chacun est allé poser sa guirlande autour
» du buste. Mademoiselle Fanier, dans une ex-
» tase fanatique, l'a baisé et tous les autres co-
» médiens ont suivi. Cette cérémonie fort lon-
» gue, accompagnée de *vivat* qui ne cessaient
» point, la toile s'est encore baissée, et quand on
» l'a relevée pour jouer *Nanine*, comédie de
» M. de Voltaire, on a vu son buste à la droite
» du théâtre, qui y est resté durant toute la re-
» présentation.

» M. le comte d'Artois n'a pas osé se montrer;
» mais instruit, suivant l'ordre qu'il avait donné,
» que M. de Voltaire serait à la comédie, il s'y
» est rendu *incognito*, et l'on croit même que
» dans un moment où le vieillard est sorti et passé
» quelque part, sous prétexte d'un petit besoin,
» il a eu l'honneur de voir de plus près cette
» altesse royale et de lui faire sa cour.

» *Nanine* jouée, nouveaux brouhahas, autre
» embarras pour la modestie du philosophe. Il
» était déjà dans son carrosse et l'on ne voulait
» pas le laisser partir; on se jetait sur les che-
» vaux, on les baisait, on a entendu même de
» jeunes poètes s'écrier qu'il fallait les *dételer*
» *et se mettre à leur place pour reconduire*
» *l'Apollon moderne*. Malheureusement il ne
» s'est pas trouvé assez d'enthousiastes de bonne
» volonté, et il a enfin eu la liberté de rouler,
» non sans des *vivat* qu'il a pu entendre encore
» du pont royal, et même de son hôtel. Telle
» a été l'apothéose de M. de Voltaire, dont
» Mlle Clairon avait donné chez elle un échan-
» tillon, il y a quelques années, mais devenue
» un déliré plus violent et plus général.

» M. de Voltaire rentré chez lui, a pleuré de
» nouveau et protesté modestement que, s'il
» avait prévu qu'on eût fait tant de folies, il n'au-
» rait pas été à la comédie.

» Le lendemain ç'a été chez lui une procession

» de monde, qui est venu successivement lui
» renouveler en détail les éloges et les fadeurs
» qu'il avait reçues en *chorus* la veille. On a
» frappé une estampe pour conserver à la pos-
» térité la mémoire d'un pareil événement : on
» l'a représenté très-ressemblant, debout, les
» deux mains sur sa canne ; et il a le chapeau
» sous le bras et une couronne de laurier sur son
» énorme perruque. Il est peint avec vérité, mais
» si ridiculement que cela ressemble fort à une
» carricature. On a mis au-dessus : *L'homme*
» *unique à tout âge;* expression d'un certain
» abbé de Launay, dans les vers amphygouriques
» qu'il lui a adressés le premier à son retour ; et
» au bas ceux du marquis de Saint-Marc. On a,
» sans doute, adopté cette estampe dans la mai-
» son du philosophe, car on la distribue aux amis.
» Il n'a pu résister à tant d'empressement, de
» bienveillance et de gloire, et il s'est décidé
» sur-le-champ à acheter une maison. »

Les prêtres, Milord, les dévots, les envieux de la gloire du philosophe, pour contrebalancer l'impression que devait faire ce triomphe extraordinaire sur la masse de la nation, n'ont pas manqué de composer une *diatribe contre l'apothéose de Voltaire.* C'est ainsi qu'est intitulée cette pièce de vers qu'ils n'ont pas encore eu la liberté de faire imprimer et que je joins ici par cette raison.

Tu triomphes, Voltaire ; une secte cynique,
De ta fausse grandeur sottement fanatique,
Au mépris du vrai dieu, qu'insultent tes accens,
Prodigue à ton squelette un ridicule encens.
C'est ainsi qu'à l'erreur ton âme accoutumée,
Aux portes du trépas s'enivre de fumée,
Quand un vil histrion infâme aux yeux des lois,
De l'auguste patrie ose usurper la voix ;
Quand, sur ton front ridé portant une couronne,
Il dit impudemment ; la France te la donne.
Ta vanité le croit ; mais non, les vrais Français
Sont ceux qui de l'état reconnaissent les lois,
Et d'un système impie abhorrant les chimères,
Respectent l'évangile et la foi de leurs pères.
Épris des vrais talents, du vrai beau, du savoir,
Voltaire, ces Français en toi qu'ont-ils pu voir ?
Un auteur fait pour plaire à des lecteurs frivoles,
Qui promet des raisons et donne des paroles,
Et dont le ton badin, le brillant coloris,
Du vulgaire ignorant chatouillent les esprits.
Patriache orgueilleux d'une race flétrie,
Public empoisonneur, fléau de ta patrie,
Tu sais faire glisser ton venin dans les cœurs :
Ton but fut de corrompre et le culte et les mœurs.
Pour de moindres forfaits la loi mène au supplice,
Au moins du dieu vengeur redoute la justice !
Ouvre à la fin tes yeux ; le songe va finir :
Sous tes pas chancelants le tombeau va s'ouvrir.
Tremble ! gémis ! peut-être il en est temps encore :
Rends hommage au vrai dieu que l'univers adore.
Ce dieu, que ton orgueil affecte d'outrager,
De ta rage impuissante est prêt à se venger.
On t'a vu possédé du démon de l'envie,
Perdre, à le blasphémer, les beaux jours de ta vie.

A désarmer son bras consacre les derniers ;
Que pourront aux enfers te servir ces lauriers ?
A tes yeux, je le sais, aux yeux de tes semblables,
Et le ciel et l'enfer ne sont plus que des fables :
Mais la religion rit de tes attentats,
Pour attaquer sa gloire on ne la détruit pas.
Quelle preuve invincible as-tu de ces mensonges ?
Tes doutes peuvent-ils réaliser tes songes ?
Attends-tu donc, pour croire au souverain malheur,
Que des feux éternels t'en démontrent l'horreur ?
Et que, fermant sur toi les portes de l'abîme,
Un dieu saint à sa gloire immole sa victime ?

A cette lecture, Milord, tous les gens du parti applaudissent, crient en chorus : *Amen ;* moi je dis avec le vrai philosophe : *sottise des deux parts.*

Paris, ce 6 avril 1778.

LETTRE XII.

Sur un Procès plaidé avec un éclat sans exemple. Plaidoyers pour et contre. Jugement.

Tout ce qui intéresse l'humanité, Milord, a surtout droit à votre curiosité, et vous avez raison de regarder le procès dont vous attendez avec impatience le jugement comme un des plus mémorables qui ayent été agités depuis long-temps. Un orateur, après avoir attiré à sa suite, pendant plusieurs audiences, la multitude de tous les ordres de l'état, de tout âge, de tout sexe, avec un empressement dont il n'y avait pas encore d'exemple au palais, a ravi le faible à l'oppression du fort, a fait triompher complètement l'innocence, et a forcé les magistrats inaccessibles au crédit des protections les plus augustes, à l'effroi d'un parti formidable, aux séductions plus puissantes de la beauté et des grâces, d'être enfin justes une fois dans cette cause, dont les moindres particularités méritent attention. Il s'agissait non-seulement de venger un particulier des outrages de trois frères réunis contre lui, d'arracher les restes d'une victime brave et généreuse aux fureurs de lâches spadassins acharnés à sa perte, mais encore de défendre tout un ordre de citoyens contre le despotisme d'un autre ; d'apprendre à cette noblesse altière et féroce qui tyrannise les provinces de France, à ces militaires qui n'estiment qu'eux, qui s'accoutument trop au sang et au carnage, que les fonctions du citoyen paisible, enrichissant la patrie, sont aussi précieuses à l'état que le métier des armes ; que nul homme n'a droit d'insulter impunément son semblable, et que tous, sans exception, soumis aux lois, doivent également courber leur tête sous le glaive de Thémis.

Le délit, Milord, est un assassinat exercé par trois frères au service (1), en la personne d'un négociant (2) de la ville de Bordeaux. C'est à sept lieues de cette capitale de la Guyenne, à Castillon sur Dordogne, dont les assassins sont habitants, qu'il s'est commis, et heureusement il n'a pas été consommé en entier. Le plaignant, estropié pour le reste de ses jours, et, à la fleur de l'âge, mutilé de la manière la plus déplorable, se préparait à réclamer la sévérité du tribunal des maréchaux de France, juge du point d'honneur, lorsque ses adversaires, dans l'espoir, sans doute,

---

(1) Les sieurs, chevalier de Queyssac, capitaine de dragons dans la légion de Lorraine, Froidefond de Queyssac, ci-devant capitaine au régiment de Marmande, et Fillol Queyssac, ci-devant capitaine, aide-major au même régiment.

(2) Le sieur *Damade Belair*.

d'un meilleur succès, engagèrent la contestation devant le juge ordinaire.

Celui-ci, qui est le lieutenant criminel de Libourne, ne put s'empêcher de décréter de prise de corps les sieurs de Queyssac (c'est le nom des assassins). Ils en appelèrent au parlement de Bordeaux, qui, par deux arrêts consécutifs, les débouta de leur appel, et ordonna qu'ils seraient transférés dans les prisons du sénéchal de Libourne, pour leur procès leur être fait et parfait.

Les sieurs Queyssac ayant depuis fait casser au conseil le dernier arrêt du parlement de Bordeaux, sur un prétendu défaut de forme, avaient été renvoyés au parlement de Toulouse, qui avait confirmé le décret de prise de corps décerné contre les assassins.

Par une nouvelle chicane, leur seule ressource, ils ont encore incidenté, et sont venus au parlement de Paris. Le bras de la justice, appesanti trois fois sur la tête des accusés, était déjà une grande présomption qu'ils étaient coupables, et l'arrêt définitif intervenu après une instruction aussi ample que solennelle, ne doit plus laisser aucun doute aux plus incrédules.

Le fait, Milord, au surplus, est des plus romanesques, il nous trace les temps de la chevalerie; et un bourgeois modeste, peu accoutumé au maniement des armes, avec un simple couteau de chasse d'abord, et ensuite sans armes absolument, résistant seul à trois pourfendeurs d'hommes, est un spectacle digne de nos antiques preux.

Les petites villes de province en France, ne sont pas comme en Angleterre, l'image de la liberté et de l'égalité : chaque citoyen n'est estimé chez nous, n'est considéré, n'est recherché qu'en proportion de son mérite, de ses talents, de son utilité. Ici elles sont partagées en deux classes, dont la première, composée de la noblesse et des militaires, exige tous les respects, toutes les déférences extérieures de la seconde qui est la bourgeoise, à laquelle elle veut faire sentir sa supériorité, non-seulement dans l'ordre civil, mais jusque dans la société et au sein des plaisirs. Telle a été l'origine de la querelle, dégénérée depuis en rixe sanglante, entre les sieurs de Queyssac et le sieur Damade (ainsi s'appèle l'accusateur) : rixe qui a pensé lui coûter la vie, et qui aurait mérité l'échafaud aux autres, s'ils avaient été punis suivant le vœu de la justice rigoureuse.

Au reste, quoique la famille des Queyssac fût au rang des nobles, et celle des Damade restée dans la roture, elles se valaient l'une l'autre, il y avait même une alliance entre elles (1). La seule

---

(1) La sœur de la mère des sieurs de Queyssac avait épousé l'oncle paternel du sieur Damade.

différence, c'est que la première avait passé dans la classe des patriciens, à la faveur d'une charge de secrétaire du roi, que la seconde ne pouvait acquérir; mais par un motif tenant à la noblesse de l'âme, bien supérieure à celle de la naissance, il lui aurait fallu acheter ce privilége par le sacrifice de la religion, ou par une hypocrisie encore plus honteuse (1) : à cela près, les Damade vivaient noblement; ils avaient toujours été associés à la noblesse de leur canton : leur aïeul, au commencement du siècle, avait été convoqué lui-même au banc des nobles; ils comptaient parmi leurs ancêtres et parmi leurs proches parents, un brigadier des armées du roi, major de cavalerie, une foule de capitaines et de chevaliers de Saint-Louis; et ce qu'il y a de plus singulier, c'est qu'ils produisaient en preuves un certificat signé du propre père des sieurs de Queyssac (2). Au défaut d'autre, ils exerçaient le commerce, la seule profession qui soit permise aux protestants dans ce royaume.

« Depuis que les sieurs de Queyssac ont em-
» brassé la profession des armes, ils se sont per-

---

(1) Les Damade étaient protestants, et les protestants en France ne pouvaient être pourvus d'aucune charge; il fallait avant rapporter un certificat de catholicité.

(2) Ce certificat était en outre attesté par huit gentils-hommes du canton.

» suadé que tout devait fléchir devant eux. Tou-
» jours armés comme des gladiateurs, on les a
» vus mille fois tirer leurs sabres pour effrayer
» ou frapper des compatriotes qui avaient eu le
» malheur de leur déplaire : quiconque ose les
» regarder, sans avoir le chapeau à la main, est
» assuré d'exciter ce qu'ils appèlent leur bra-
» voure militaire. C'est en s'éloignant ainsi du
» véritable esprit de leur état, et en abusant des
» armes qui leur ont été confiées pour un usage
» bien différent, qu'ils sont parvenus à subjuguer
» les paisibles habitants de Castillon. Mille anec-
» dotes connues de toute la contrée déposent
» hautement de leur caractère violent, impé-
» rieux et querelleur. » C'est ainsi que je les
trouve dépeints dans un mémoire (1), et c'est
d'autant plus croyable, que j'ai entendu et lu
plusieurs aventures de cette espèce (2), qui an-
noncent que, pour peu qu'un noble de province
soit disposé à la dureté ou à l'arrogance, il ne

---

(1) De Me Jamme, avocat au parlement de Toulouse.

(2) On peut se rappeler entre autres les malheureux procès d'un notaire de Rocroi, emprisonné, vexé, privé de son état, ruiné pour n'avoir pas ôté le chapeau à un major, et qui n'obtint sa liberté qu'au bout de plusieurs années. Toute cette anecdote est racontée en détail dans un ouvrage intitulé : *Journal historique de la révolution opérée dans la constitution de la monarchie française*, par M. de Maurepas, chancelier de France.

se désiste point de cette prétention de tous, principalement quand, outre la naissance, il peut en imposer par un uniforme. Vous voyez, Milord, que les Quakers n'auraient pas beau jeu ici.

Quoi qu'il en soit, à cette arrogance naturelle, à cette férocité de mœurs, au préjugé local de la part des sieurs de Queyssac, se joignait un ressentiment si puissant sur le commun des hommes, fondé sur des motifs d'intérêt pécuniaire. Le sieur Froidefond, l'un des Queyssac, fut le premier à trouver occasion de le témoigner et n'y manqua pas par un propos insolent au jeu, suivi d'une rixe où le sieur Damade fut blessé. Celui-ci rétabli et provoqué de nouveau s'étant aussi bien montré dans la seconde agression, son adversaire crut se pouvoir venger plus facilement par une humiliation : il eut recours au commandant de la province pour obtenir le désarmement de son adversaire. Vous savez, Milord, qu'un gentilhomme ne marche point ici sans son épée, il la porte en visite, à l'église, aux festins, aux spectacles, aux bals, chez sa maîtresse... Dans les provinces c'est son attribut distinctif, elle est interdite aux plébéiens. Cependant le maréchal de Mouchy, auquel s'adressait le sieur Froidefond crut la famille des Damade dans le cas de la tolérance. « Je ne puis, » lui dit-il, priver ces Messieurs (car cette dé- » marche injurieuse embrassait toute la famille)

» d'un privilége que leur ont acquis leurs ancê-
» tres. » Mais, pour éviter désormais toute querelle entre eux, il leur fit signer une promesse
respective, en cas d'insulte, de ne point user des
voies de fait, et d'en porter plainte à lui, juge
du point d'honneur.

Cet engagement était du 11 août 1775; et dès
le 24 octobre suivant, le sieur Froidefond,
voyant entrer dans une maison le sieur Damade,
revenu pour la première fois à Castillon depuis
la signature de l'accord, affecte de reprendre
un sabre qu'il avait quitté, et s'écrie : *Voilà un
sabre que je viens de faire affiler ; il coupera
bien les oreilles à quelqu'un.* Ce propos s'était
tenu dans la matinée : le soir le sieur Damade,
comme il allait à la campagne à cheval, rencontre sur le grand chemin, l'aîné de la famille,
appelé le chevalier de Queyssac, à cheval aussi,
qui lui reproche de n'avoir pas ôté son chapeau.
Il lui répond qu'il l'a si souvent prévenu, sans
retour de politesse, qu'il a cru désormais superflu
de remplir avec lui ce cérémonial. « Est-ce que
» vous vous croyez fait pour compter avec moi
» là-dessus, repart arrogamment son brutal ad-
» versaire ? Vous devez toujours commencer par
» me saluer ; c'est à moi à voir alors ce que
» j'ai à faire »... Il lui demande ensuite où sont
ses armes, et sur ce qu'il ne lui voit qu'un couteau de chasse, il prend un des pistolets qu'il

avait à son arçon et le lui donne; le provoquant au combat, il se recule de quinze pas et invite le sieur Damade à tirer; celui-ci désire que ce soit le sieur de Queyssac, se prétendant l'offensé....... Il refuse: après ce singulier débat, le chevalier se rapproche et reprend son pistolet. Cette scène n'était que ridicule, en voici une atroce: deux des frères avaient déjà enfreint le traité de paix, conclu sous les auspices du plus respectable médiateur; vous allez voir le troisième entrer en scène et tous bientôt se réunir pour consommer l'action la plus infâme dont ces agressions successives avaient été le prélude.

Le sieur Damade se rendait à dîner dans une maison de ville; il passait devant celle des sieurs de Queyssac, dont deux semblaient l'attendre; mais il marchait du côté opposé; ils traversent le ruisseau, l'arrêtent et l'apostrophent de termes grossiers, parce qu'il ne s'est pas rangé à son devoir de les saluer; ils y joignent un geste de mépris (1). Le sieur Fillol, (c'est ainsi qu'on distingue le troisième) devenu agresseur à son tour, part comme un éclair, entre dans sa maison, en ressort avec un sabre nud, attaque le faible négociant; que le chevalier empêchait toujours de

---

(1) Le sieur Fillol porta, dit-on, le poing sous le nez du sieur Damade et l'appela J. F.

poursuivre son chemin, et fond sur lui, quoiqu'il n'eût qu'un couteau de chasse.

Le sieur Damade est obligé de se défendre avec cette arme impuissante; elle se casse sous le sabre du grenadier, une partie de la lame tombe à terre, il pare comme il peut avec le tronçon; mais la poignée se brise dans sa main. Son visage était tout en sang, il n'avait plus aucune défense, et le sieur Fillol lui porte encore des coups. « Eh! quoi, s'écrie le malheureux » jeune homme (1), je n'ai plus d'arme et vous » me frappez? Messieurs, je vous prends à » témoin. »

Ce reproche fait cependant rougir le sieur Fillol de sa barbarie; il rentre, et tandis que le blessé essuyait avec son mouchoir le sang qui coulait sur son visage, en présence du chevalier qui avait eu la lâcheté de demeurer tranquille spectateur d'un combat aussi inégal, le sieur Froidefond, qui, de sa fenêtre, avait vu la querelle s'engager, accourt aussitôt avec deux sabres nuds à la main, et jetant aux pieds du sieur Damade celui que son frère venait de quitter, il réserve

---

(1) Le sieur Damade n'avait que vingt-sept ans : ses trois adversaires avaient l'un quarante-cinq ans, l'autre trente-quatre, et le troisième trente-deux. Le sieur Damade, en outre, sortait de maladie et était à peine rétabli.

pour lui le sien qu'il avait fait affiler deux jours auparavant avec tant de soin : il crie de ramasser le sabre à l'adversaire, qui proteste être hors d'état de se battre, et recule vers la maison où il était invité. Le sieur Froidefond est inexorable : la retraite du sieur Damade redouble sa rage; il frémit de voir échapper sa victime; il lui commande une seconde fois de relever l'arme qu'il lui offre, et cependant lève son sabre prêt à abattre la tête de son adversaire, s'il se courbe. Quelle position ! qui secourra l'innocent contre un pareil tigre ? On desirerait en ce moment, Milord, que la foudre éclatât : elle éclate en effet. Le sieur Damade, qui s'était muni d'un pistolet de poche contre les voleurs infestant la campagne où il devait retourner le soir (1), tandis que d'une main il pare en fuyant avec sa canne les coups du furieux qui le poursuit, n'ayant d'autre moyen d'échapper à la mort, de l'autre tire le pistolet dans la poitrine du sieur Froidefond.

« En usant du droit que toutes les lois lui
» donnaient dans cette fatale conjoncture, dit
» un des défenseurs du sieur Damade (2), il crut
» échapper à la rigueur de son sort; » mais le sieur Froidefond avait paru le dernier au com-

---

(1) Cette scène se passa dans l'arrière-saison, le 26 octobre.

(2) M. Jamme.

bat; il y vint invulnérable comme Achille, sans avoir été trempé, comme lui, dans le styx. La balle tirée à cinq pas de distance, c'est-à-dire, dans une position, où n'étant ni trop près ni trop loin, elle devait faire le plus grand fracas, tomba respectueusement à ses pieds, n'ayant fait qu'une légère contusion.

Ne suivant que les mouvements de sa rage, le sieur Froidefond s'élance sur l'exposant avec ce redoutable sabre récemment affilé; il lui porte des coups redoublés sur les bras, les fend jusqu'aux os, et lui coupe entièrement les muscles et les nerfs. Tandis que le sang coule à gros bouillons, le chevalier de Queyssac excite encore la férocité de son frère : *Tue-le, tue-le,* lui crie-t-il; *je me repens de ne l'avoir pas tué avant-hier; cela dépendait de moi.*

La porte de la maison où devait dîner le sieur Damade s'ouvre enfin ; les convives accourent en foule, et le transportent évanoui et nageant dans son sang.

Tandis qu'on coupait les habits et la chemise du sieur Damade, pour tâcher d'arrêter l'abondance de ce sang, qui, d'après l'expression des témoins, *sortait de son corps comme d'une fontaine,* le chevalier de Queyssac eut le front d'aller jouir de ce spectacle, et de braver ainsi l'indignation de ses concitoyens : il approche de cet infortuné, et lui découvrant la poitrine à nud, *je veux voir*, dit-il, *si vous êtes plas-tronné*.

S'étant convaincu du contraire, il se retira. Plastronné !.... Mais comment cette idée vient-elle se présenter au chevalier de Queyssac? Quoi! parce qu'une balle vient de respecter miraculeusement la poitrine de son frère, c'est la poitrine du sieur Damade qu'il va visiter! Imprudent! quel trait de lumière venez-vous de jeter sur cette funeste aventure?

Après leur expédition, les frères Queyssac rentrent chez eux, ajoute un autre historien (1), toute la ville est en rumeur, il n'y a qu'un cri contre eux et contre leurs fureurs. Eux, dînent tranquillement, ne voient dans toutes ces atrocités qu'un événement fort ordinaire, s'habillent après le dîner, se font accommoder, vont en visite, soupent en ville. Froidefond joue gaîment au trictrac, pendant qu'à quelques pas d'eux, le malheureux Damade touchait à une mort prochaine.

S'il ne périt pas, depuis cette malheureuse journée le sieur Damade, livré aux douleurs les plus vives, aux opérations les plus douloureuses, n'a repris quelque force, que pour mieux sentir tout le poids de son malheur et de l'idée accablante de n'être plus qu'un fardeau pour sa

---

(1) Me Elie de Beaumont, un des avocats de Paris.

famille, et un objet de pitié pour tous les cœurs sensibles.

Tel est, Milord, l'historique du procès important, sur lequel l'éloquence des avocats a eu à s'exercer dans trois cours différentes. Je n'ai point lu les plaidoyers de Bordeaux; mais des auditeurs dignes de foi m'ont dit que le jeune défenseur du sieur Damade (1), qui, au défaut de ses confrères plus expérimentés, mais intimidés par le crédit et les menaces de ses féroces adversaires, avait eu le courage de s'en charger, s'en était acquitté avec une vigueur et une noblesse qu'on n'aurait pas attendues de lui; qu'élevé par la grandeur de son sujet, il avait déployé les qualités les plus brillantes de l'orateur, et avait terrassé les avocats du plus grand nom (2), qui, séduits sans doute par le faux

_____

(1) Me de Montignac.

(2) Mes Polverel et Garat. Me de Séize, alors le plus fameux avocat de Bordeaux, quoique voisin de campagne et lié par-là avec les sieurs de Queyssac, après leur avoir fait conter leur histoire, refusa de se charger de la cause.

On lisait au surplus dans le mémoire du défenseur des Queyssac ces phrases bien emphatiques et bien étranges: « Que toutes les puissances de l'Europe regardent l'interversion de l'ordre des saluts comme un sujet de guerre.... Que le Czar Pierre, en déclarant la guerre à la Suède, se plaignit dans son manifeste qu'on n'avait pas tiré le canon lors de son passage de Riga;..., que ce qui est vrai de na-

récit des sieurs de Queyssac, ou entraînés par une commisération bien mal entendue, et meurtrière pour la société entière, les avaient honorés de leur ministère ; que ceux-ci dans des *factum* très-bien faits, avaient atténué, pallié, voilé presque, avec beaucoup d'adresse, le crime de leurs parties, et les auraient peut-être sauvées, sans l'avocat général (1). Ce magistrat d'une intégrité rare, d'une fermeté à toute épreuve, m'ont rapporté ces spectateurs encore enthousiasmés, placé entre les juges et les parties, aux sollicitations les plus vives, les plus ardentes, opposant l'inflexibilité des lois et celle de son âme, avait fait parler la voix accablante des informations, les avait lues en pleine audience devant un public immense, dont chacun les recueillait avidement de sa bouche, et s'identifiant avec le sieur Damade, regardait sa cause comme la sienne propre. De là des acclamations unanimes, seules propres à contenir les juges ou trop faibles ou trop prévenus. Enfin, après six heures de plaidoirie, balançant long-temps les raisons pour et contre, suivant que l'exigeait l'impartialité de son ministère, ce moderne Périclès

---

tion à nation, doit l'être d'homme à homme; *car les rapports de nation à nation sont les mêmes que ceux d'homme à homme.*

(1) M. du Paty.

avait foudroyé les coupables, de son éloquence peut-être un peu trop hyperbolique, mais qui ne messeyait point en cette occasion, et avait donné contre eux présents, des conclusions adoptées, suivant lesquelles ces fiers matamores avaient disparu et subi le premier châtiment. (1)

J'ai sous les yeux le mémoire de Toulouse dont je vous ai déjà cité quelques passages; il est précis, serré de faits, fort de logique; l'éloquence en est austère et nerveuse, il me parait dans son ensemble, bien supérieur à ceux de Paris. Je ne puis résister à l'envie de vous adresser le morceau suivant, c'est le début.

» Tandis que la société alarmée appèle la
» vengeance des lois contre le plus noir et le
» plus lâche assassinat, les sieurs de Queyssac
» font marcher devant eux les droits de leur
» naissance, leurs services militaires, l'éclat
» d'une profession spécialement consacrée à
» l'honneur, l'estime de leurs camarades, la
» protection de leurs chefs; les récompenses
» du souverain : c'est sur leur parole, sur leur
» état qu'ils veulent être jugés, et non sur les
» caractères de la scène horrible qui fait la ma-

---

(1) Il avait été ordonné suivant la formule, *attendu qu'ils étaient présents à l'audience, qu'ils passeraient le guichet*, c'est-à-dire, qu'ils seraient arrêtés sur-le-champ et constitués prisonniers.

» tière de ce malheureux procès ; c'est en al-
» térant les faits, en dénaturant les questions,
» en mutilant le langage des témoins, et en s'é-
» criant sans cesse que des actions de valeur
» sont inconciliables avec des actes d'infamie
» et de lâcheté, qu'ils ont espéré de donner le
» change à la cour, et de calmer l'indignation
» publique.

» Toujours attachés à leurs principes, ne sui-
» vant que les impulsions de leur cœur, outra-
» geant également la justice et l'humanité, ils
» osent encore, du fond de leur prison, in-
» sulter aux tristes restes de la victime qu'ils
» ont mutilée, aux citoyens qui se sont atten-
» dris sur son sort, aux magistrats qui n'écou-
» tant que la voix des règles et l'austère devoir
» de leur conscience, n'ont été ébranlés ni
» par les mouvements de la brigue, ni par les
» efforts du crédit.

» Les sieurs de Queyssac ne pourront-ils donc
» jamais se persuader qu'en embrassant le mé-
» tier des armes, les militaires n'ont pas acquis
» le droit de braver les lois ? que c'est pour
» consoler et défendre la patrie qu'ils ont été
« armés, et non pour porter le trouble et la
« désolation dans les familles ? que la même
» puissance qui les arma pour repousser les en-
» nemis de l'état, a mis un glaive dans la main
» de la justice pour punir les excès qu'ils pour-

» raient commettre dans la société dont ils n'ont
» point cessé d'être membres ? Affecteront-ils
» toujours de confondre le courage avec la
» férocité, et la bravoure inséparable de l'hon-
» neur avec le méprisable penchant d'un spa-
» dassin, qui ne courant qu'après des combats
» particuliers, ne cherchant qu'à susciter des
» querelles, et croyant pouvoir se jouer impu-
» nément de la vie des hommes, excite toute
» la vigilance, et mérite toute la sévérité de la
» police et des lois ?

» Mais laissons les sieurs de Queyssac s'é-
» garer dans des routes étrangères. Le sieur Da-
» made ne cherche qu'à instruire la cour et le
» public qu'il respecte ; son langage ne sera que
» celui de la vérité : il n'affectera ni de faire
« saigner ses blessures devant ses juges, ni de
» leur montrer un citoyen à la fleur de son âge
» privé pour toujours de l'usage de ses bras ;
» il consent que ces objets si capables d'inté-
» resser les cœurs sensibles, perdent leur mou-
» vement et leur force en passant dans l'âme
» des magistrats, et y demeurent immobiles
» sous la contemplation calme de la justice ; il
» ne veut qu'exciter cette horreur et cette in-
» dignation que le simple récit de la conduite
» des sieurs de Queyssac doit faire naître dans
» les ministres de la loi.

» O vous, qui consacrez votre vie à la dé-

» fense de l'état, vous qui connaissez l'essence
» et le prix de la véritable bravoure, vous, dont
» le cœur est le code des lois d'honneur, jetez
» les yeux sur l'histoire des malheurs du sieur
» Damade, et cessez de prêter aux sieurs de
» Queyssac des sentiments conformes à la no-
» blesse de leur profession; c'est d'après leurs
» actions qu'il faut les juger. »

Quel exorde! quel beau développement!
quelle noblesse! Comme l'orateur a l'art de généraliser cette cause, sans la rendre trop gigantesque! comme il isole au contraire ses adversaires, en détachant d'eux le corps des militaires, et en excitant ceux-ci à repousser de
leur sein, des hommes qui se sont rendus in-
dignes d'y résider par leurs sentiments et leurs
actions.

Je trouve encore la péroraison pleine des
grands mouvements de l'éloquence: j'y admire
un homme qui a puisé dans les meilleures sour-
ces, qui a fait d'excellentes études, et qui les
applique avec autant de goût que de justesse:
c'est ainsi, qu'il termine par un tableau très-
vigoureux et terrible, tiré de l'orateur romain.

Il faut tout dire, Milord: si les avocats de
Paris avaient de grandes facilités comme juris-
consultes, pour défendre le sieur Damade dans
une cause déjà éclaircie devant deux cours
souveraines, par le détail multiplié des faits,

par une foule de preuves, par les raisonnements les plus victorieux, il ne leur était pas aussi aisé de briller, comme orateurs, après les excellents confrères qui les avaient devancés.

Heureusement les mémoires de Bordeaux et de Toulouse n'étaient point connus ici, l'affaire même était totalement ignorée, en sorte que la curiosité n'a commencé à s'exciter que dès qu'on a su l'importance de la cause, et que les plaidoiries ont été ouvertes. La foule, déjà considérable aux premières, s'est ensuite tellement accrue, il y est venu tant de gens de distinction, qu'il n'a plus été possible d'entrer que par billets : je les ai toutes suivies avec le plus grand soin, et j'ai compté aux dernières séances, jusqu'à 200 femmes de qualité et autant d'hommes de la cour.

M. Target a singulièrement brillé dans sa défense du sieur Damade; c'est lui qui a plaidé le premier; il a mis tant d'âme et tant d'art dans son élocution, qu'on l'a vu plusieurs fois attendrir les juges, et faire couler des larmes des yeux les plus impassibles. Le seul endroit délicat à toucher, et sur lequel les adversaires appuyaient fortement, c'est celui de l'arme à feu que le sieur Damade trouve si à propos dans sa poche, et qu'il emploie. Oh! que l'éloquence est puissante dans la bouche d'un orateur pénétré lui-même de la grandeur, de l'excellence de sa cause! Il a tourné ce fait à l'avantage de son client; il a tellement préparé, enflammé son auditoire, que chacun des spectateurs sentait avec lui bouillonner son sang, aurait voulu s'armer du pistolet et le lâcher sur l'assassin: il a enlevé tous les suffrages.

Après avoir peint les premiers combats:
« Quand deux jours après, s'écrie M. Target,
» je vois Damade provoqué par un frère, loin
» duquel il passait paisiblement, insulté par un
» autre, je ne doute plus du plan conçu de
» l'exterminer; l'outrage qu'il n'a pu ni prévoir
» ni empêcher, le combat qu'on lui offre, le
» sabre contre un couteau de chasse qu'il op-
» pose, me font détester la lâche supériorité
» des uns, et admirer la grandeur d'âme de
» l'autre. Le lieu, la maison qui est là, *les*
» *frères qu'elle renferme*, la présence de l'un
» d'eux *qui n'empêche pas ce combat inégal*,
» engagé par sa provocation (car cela est cons-
» tant et même avoué), le trouble, le boule-
» versement que le brave négociant doit éprou-
» ver, la promesse signée par ces officiers, ou
» pour eux par leur frère, tout se présente à
» moi à la fois, tout jète dans mon âme un
» tumulte inexprimable : enfin, le couteau de
» chasse se brise, le négociant est blessé, mais
» il respire encore; je respire avec lui, j'espère;
» je me sens soulagé, mon cœur se dilate.

» Mais que deviens-je, grand Dieu! quand,
» trois minutes après, je vois paraître un
» homme qui sort de la citadelle; quand je
» reconnais un troisième frère; c'est celui-là
» même qui s'est engagé entre les mains du juge
» d'honneur, celui qui a juré la paix, celui
» qui a cependant menacé, celui qui a fait
» affiler le sabre. Sa main tient ce sabre affilé;
» de l'autre il jète outrageusement un sabre
» obscur à terre ; il est furieux, agité, préci-
» pité dans sa marche; il crie : *ramasse cette*
» *arme*; il élève le sabre en l'air, il avance; il
» n'est réellement contenu par personne; mes
» espérances ont donc été vaines, le meurtre
» était juré; il va donc périr : mon sang se
» glace; mon œil troublé suit les mouvements
» avec épouvante; l'infortuné est rempli d'hor-
» reur; la pâleur et l'effroi se peignent à travers
» les traits de sang qui lui couvrent le visage,
» il recule; le furieux avance, repousse l'arme,
» crie encore *ramasse-ça*, tient le sabre en
» l'air; chaque pas me fait frémir; chaque mou-
» vement me donne la mort. Damade se baisse,
» Froidefond est, non point à quatre à cinq pas,
» mais à quatre à cinq pieds, à la distance du
» bras d'un homme; il tient le sabre suspendu
» sur la tête de Damade courbé; va-t-il périr?
» Faible il se relève; je vois paraître un pisto-
» let dans sa main, je le lâche avec lui sur l'as-

» sassin : si mon bras portait la foudre, je la
» lancerais sur cet homme. »

Les sieurs de Queyssac dont la conduite odieuse répugnait à beaucoup d'avocats, en ont cependant eu plusieurs. Le premier est un orateur peu connu (1), qui, avide de se faire une réputation par quelque cause d'éclat, n'a pas craint de défendre celle-ci, et l'a fait avec une sorte de succès. Son objet n'était que de dissiper les impressions défavorables répandues dans le public contre ses clients. Quand il a cru les esprits mieux disposés, Mᵉ. Gerbier est intervenu et a employé toute la séduction, tous les prestiges de son éloquence pour achever de les ébranler: enfin un troisième, Mᵉ. Garat (2), a pris la plume, et a publié pour les lecteurs qui n'avaient point assisté aux plaidoyers un *factum* aussi bon qu'il pouvait, en justifiant spécieusement des assassins.

Les deux premiers connaissant la faiblesse de leur défense, ou prévoyant sans doute le peu de sensation qu'elle causerait dans le public, n'ont pas jugé à propos d'en rien faire imprimer: le dernier a rempli son ministère en répandant en profusion son mémoire.

Il faut vous faire connaître, Milord, cet ora-

---

(1) Mᵉ Hardouin.
(2) Alors avocat de Bordeaux, frère de celui qui avait défendu les sieurs de Queyssac dans cette ville.

teur à prétention, descendu pour la première fois dans la lice du barreau, et dont le début dans la lice accadémique avait été un triomphe.

» Si cette affaire, dit le défenseur des sieurs de
» Queyssac, avait pu demeurer renfermée dans
» le temple de la justice, les sieurs de Queys-
» sac n'auraient pas publié de mémoire ; ils au-
» raient dit aux magistrats : la procédure de notre
» accusateur est sous vos yeux ; daignez l'ouvrir,
» vous y trouverez les preuves de notre inno-
» cence : et ils auraient attendu le jugement.

» Mais cette affaire a été portée au tribunal de
» la société, et là toutes les apparences ont paru
» contre les sieurs de Queyssac. On a vu se pro-
» mener partout un homme qui porte sur son
» corps l'empreinte de plusieurs blesssures,
» dont les bras sont suspendus en écharpe ; cha-
» cun dit : *voilà celui que les sieurs Queyssac ont*
» *mutilé ; ils se sont mis trois frères contre un seul*
» *homme, trois militaires contre un bourgeois.*
» Le public est généreux et compatissant ; l'op-
» pression l'indigne, et sa voix est toujours pour
» le faible. Le sieur Damade n'a eu qu'à se mon-
» trer pour être mis sous la protection publique.

» D'autres causes ont encore augmenté la pré-
» vention. On a couru en foule aux audiences où
» cette affaire a été plaidée. Rien n'est plus
» facile que de frapper l'imagination des hom-
» mes assemblés ; rien n'est plus difficile, au

» contraire, que de démontrer à un grand nom-
» bre d'hommes à la fois, des vérités qui ne sont
» que le résultat d'une longue discussion. La rai-
» son perd de sa force au milieu de la multitude,
» et c'est là au contraire que le sentiment et l'ima-
» gination s'exaltent davantage. Le défenseur du
» sieur Damade a tracé des tableaux ; il n'était pas
» nécessaire que ces tableaux fussent fidèles pour
» produire les plus grands effets. Il a peint un
» homme violemment assailli par trois hommes ; il
» a fait étinceler un sabre au dessus de sa tête, il a
» fait couler son sang ; il en a couvert le pavé de la
» rue où se passait cette triste scène : on a frémi,
» on a pleuré. Qui pouvait conserver assez de fer-
» meté d'esprit pour juger de la force des preuves,
» lorsqu'on était entraîné par celle des impres-
» sions ? Qui pouvait songer à vérifier ou discu-
» ter des faits qui venaient d'exciter des cris,
» d'arracher des larmes ? On ne jugeait plus que
» par les émotions que ces faits avaient pro-
» duites, et on les croyait vrais.

» Malgré tous ces désavantages, les sieurs de
» Queyssac peuvent aussi à leur tour se féliciter
» de compter le public parmi leurs juges. Ils
» vienent d'éprouver à la dernière audience ce
» que peut son amour pour la justice. Une nation
» généreuse, franche et sensible, ne peut être
» longtemps égarée par ce qui n'est que l'appa-
» rence de la vérité.

Il ajoute après :

» On a supposé toujours, on a répété à chaque
» instant avec affectation, que les sieurs de
» Queyssac prétendaient trouver dans leur no-
» blesse, ou la preuve de leur innocence, ou
» l'excuse de tous les crimes dont on les accuse:
Nous sommes gentilshommes ; donc tout homme qui n'est pas décoré de ce titre doit s'humilier sous les caprices et les hauteurs de notre orgueil : donc nous sommes innocents. C'est ainsi qu'on les fait raisonner.

» Heureusement il n'est pas difficile de péné-
» trer dans quel dessein on leur prête un langage
» aussi absurde et aussi révoltant ; et il leur im-
» porte de dévoiler ce dessein.

» Il a été des temps malheureux où le noble
» et le bourgeois étaient, pour ainsi dire, en-
» nemis par état ; où la noblesse semblait s'arro-
» ger le droit de vexer, de tyranniser les citoyens
» paisibles. Ces temps ne sont plus ; et depuis
» que la noblesse est plutôt une décoration qu'un
» pouvoir, depuis que les vertus et les talents
» partagent avec elle le droit de fixer les regards
» des hommes, depuis qu'il n'y a plus dans l'état
» de force qui puisse balancer un instant celle du
» souverain et de la justice, les nobles ne peu-
» vent plus voir dans les titres qui les distinguent
» que le devoir de protéger et de défendre les
» citoyens qui honorent ces titres. Ils mettent

» leur gloire aujourd'hui à ne pas y voir autre
» chose.

» Les sieurs de Queyssac n'ont jamais pré-
» tendu tirer de leur noblesse cette vanité puérile
» qui leur est reprochée gratuitement : ils n'y ont
» vu et n'y voyent encore qu'un moyen plus sûr
» de dévouer leur vie entière au service de l'É-
» tat : ils déclarent que loin de vouloir se servir
» du titre de gentilhomme, pour se mettre à
» couvert de l'accusation d'un crime, ils ne
» voyent dans ce titre qu'une raison de plus pour
» être jugés avec sévérité. »

Ces paragraphes sont sages, sont adroits même, mais froids, mais flasques et n'approchent nullement de ceux cités pour le sieur Damade : Mᵉ Elie de Beaumont, renommé comme écrivain au barreau de Paris, intimement lié avec Mᵉ Target, et travaillant communément de concert dans les grandes affaires où ils sont employés, a prêté sa plume au sieur Damade : son confrère, chaud, bouillant, enthousiaste dans la plaidoierie, n'est pas aussi bon à lire dans le sang froid du cabinet ; il n'a pas la diction pure et châtiée ; il a le style lourd, barbare quelquefois, souvent trop emphatique ; en un mot, il pèche par le goût et n'est nullement littérateur. C'est pourquoi il a la prudence de ne point faire imprimer ses discours d'apparat. En cette occasion cependant il n'a pu résister aux sollicitations qui l'ont forcé de publier sa réplique (1); et il n'a point eu lieu de s'en repentir. Cet ouvrage, d'une correction infinimemt supérieure aux précédents du même auteur, ne serait point désavoué des meilleurs écrivains.

Vous en avez pu juger, Milord, par un morceau que je vous ai cité. En voici un de son ami que j'ai choisi préférablement, parce qu'il est très-curieux pour le fond, qu'il donne une idée de la manière dont les lois règnent en France, et que l'on y rend hommage à l'empire que les nôtres exercent indistinctement. Il y a long-temps que j'entends dire ici qu'il faut s'enrichir à quelque prix que ce soit, parce que l'opulence ne conduit pas moins à l'impunité qu'aux honneurs, qu'on ne punit point de mort un homme d'un certain rang dans la société; qu'il n'y a que les misérables qui ayent à redouter le glaive des lois: les sieurs de Queyssac vérifient ces étranges assertions. Six fois décrétés de prise de corps, ils se sont joués des magistrats et ne sont point restés

---

(1) C'est d'elle qu'est tiré le paragraphe cité plus haut. M⁰ Target publia en outre *Résultat exact des faits dans l'affaire du sieur Damade*, Réponse au résultat de M⁰ Gerbier, et *Coup-d'œil sur le crime des sieurs Queyssac*. Ces deux pièces dénuées de tout art sont proprement juridiques. La dernière surtout est excellente, parce qu'elle est courte et résume en quatre pages les faits noyés dans les volumineux *factum* qui avaient précédé.

en prison. Ecoutez l'étrange énumération que fait M.º Elie de Baumont de ces différents décrets et de leur inexécution.

» Un premier arrêt du conseil a ordonné qu'ils
» seront transférés sous bonne et sûre garde dans
» les prisons de Toulouse. Eux s'y rendent en
» poste, de leur autorité privée, avec l'éclat d'un
» gouverneur qui se rendrait à son gouvernement.

» L'un des trois frères, après l'arrêt de Tou-
» louse, se député à la cour pour solliciter une
» cassation; et le bris de prison, de la prison d'un
» parlement, n'est à Toulouse qu'un jeu pour
» lui. Une lettre injurieuse au magistrat qui pré-
» sidait le second parlement du royaume, lui
» notifie sa fuite; et sa requête en cassation est
» un outrage pour le parlement entier, pour
» toute la magistrature Française.

» L'arrêt de Toulouse renvoie les sieurs de
» Queyssac dans les prisons de Libourne, et ces
» trois violateurs des lois daignent à peine y cou-
» cher de temps en temps, se répandent dans les
» maisons, dans les cercles, se livrent aux jeux,
» aux plaisirs de la société, font des parties de
» chasse, affectent des délassements d'éclat,
» comme si le glaive de la justice n'était pas
» suspendu sur leur tête.

» On a vu même, le 16 novembre dernier, les
» deux frères restés à Libourne, oser y aborder
» sur la place un magistrat vénéré, un président

» de la cour (1) qui visitait ses domaines de
» Guyenne, et lui montrer, par le lieu même où
» ils l'abordent, ou l'impuissance, ou la violation
» de nos lois ; on a vu le chevalier de Queyssac
» être à Paris en pleine liberté pendant près de
» neuf mois, n'entrer en prison que le matin
» même de la plaidoierie ; et, ce qui n'est pas
» moins criminel, on l'a vu abusant de cette li-
» berté pour passer et repasser aux Thuileries
» devant le sieur Damade, l'outrager par des re-
» gards menaçants, des gestes offensants, que le
» respect du lieu força de dissimuler encore. On
» a vu ses deux frères refuser de se laisser traduire
» à Paris, par l'huissier porteur de l'arrêt de la
» cour, (son procès verbal en fait foi) puis par-
» tir de leur chef avec un huissier de leur choix,
» et avec la même liberté dans la route que les
» autres voyageurs, qu'ils fatiguèrent de leurs su-
» perbes récits. Quel respect pour les lois veut-
» on que puissent avoir les peuples de Libourne,
» de Castillon, de Bordeaux, de Toulouse, de
» Paris, quand on voit de telles violations durer
» des années entières, et pendant un si long-temps
» rester impunies ? L'on aura vu chez une nation
» voisine (2), où ce respect est encore en honneur,

---

(1) M. de Gourgues, président à Mortier du parlement de Paris.

(2) En Angleterre. Voyez *l'Histoire de la Rivalité de la France et de l'Angleterre*, par M. Gaillard.

» le fils ainé d'un roi ne pas refuser d'aller en
» prison sur l'ordre d'un juge, et s'honorer par
» cette obéissance auguste, bien plus que par
» ses victoires ! Et ici la France entière voit trois
» petits fils d'un anobli se croire déshonorés de
» rester dans les prisons où la loi les place, ou
» plutôt en sortir audacieusement pour cabaler,
» pour corrompre des témoins, pour surprendre
» des protecteurs par d'artificieux récits, pour
» dresser enfin une batterie redoutable contre
» l'innocent, après l'avoir assassiné ! Et ici l'on
» voit, un *despectus curiæ* (c'est le terme même
» de la loi) à l'égard du parlement de Bordeaux,
» du parlement de Toulouse, du conseil du roi,
» de la cour de Paris ; et nul châtiment encore n'a
» puni cette audace ! Et l'étranger indigné se
» demande à lui-même : *En France est-il donc*
» *des lois ?* »

Le même orateur fait observer avec raison que cela ne se passe pas ainsi en Angleterre ; que les lois absolument aveugles n'y mettent point de différence entre un accusé et un accusé ; que nulle considération de naissance, de services, de talents militaires, de recommandation des grands, ne peut atténuer le crime, affaiblir le châtiment : il cite l'exemple du lord Ferrers.

« Un lord anglais a un démêlé avec son in-
» tendant. La dispute s'échauffe ; il le frappe ; il
» le tue. Il est des pays en Europe où une grâce

» demandée, obtenue pour l'honneur de la fa-
» mille, et quelques écus donnés aux parents du
» mort, auraient terminé l'affaire.

» L'auguste pairie anglaise le juge et le con-
» damne à la mort. A quelle mort? Cette dernière
» ressource de la vanité humaine, qui trouve le
» cimeterre infiniment plus noble que la corde,
» ne lui est pas même accordée. Il est condamné
» à être pendu. Il est pendu, et lui-même en
» subissant son supplice avec fermeté, il s'ho-
» nore du moins dans ses derniers instants par sa
» résignation volontaire à donner à sa patrie un
» grand exemple. Et le surlendemain son héritier
» vient prendre sa séance en la chambre des
» pairs, parce que la loi l'y appèle; parce que
» les fautes étant personnelles, on n'a point à
» gémir en Angleterre de ces perpétuels combats
» entre l'honneur des familles, et les devoirs
» sacrés de la justice. Et voilà comment une na-
» tion de neuf millions d'hommes peut doubler,
» tripler sa valeur, parce que tout homme placé
» dans ce pays, ou sous le bouclier, ou sous le
» glaive de la loi, y vaut ce qu'un homme peut
» et doit valoir (1). »

Après cette longue instruction et l'appareil des

---

(1) Ce paragraphe était tiré d'un appendix au gros mémoire de Mᵉ Elie de Beaumont, intitulé : *Réflexions sur la préméditation et sur l'évocation.*

plaidoieries, le jour du jugement est venu, c'est ordinairement celui où M. l'avocat général porte la parole. M. Seguier, comme le premier, s'en était chargé, et il était très-propre à bien remplir son rôle, s'il eût eu la même impartialité que M. du Paty; mais on savait d'avance qu'il inclinait pour les adversaires du sieur Damade; il voyait parmi eux une foule de militaires, des officiers généraux, des cordons rouges, des cordons bleus; des gens de la plus haute qualité, un prince du sang (1), et surtout des femmes charmantes; il ne pouvait résister à une si puissante cabale. Les partisans des Queyssac le disaient publiquement, s'en vantaient à l'audience : on ne tarda pas à s'en appercevoir. L'affectation avec laquelle il parut adopter les détails romanesques de la bravoure du chevalier de Queyssac, qu'il peignit dans un transport brillant, se jetant au milieu des dangers, sauvant les chefs de l'armée, laissant à l'ennemi son sabre, la seule conquête dont il ait pu se glorifier, et suspendu aux voûtes du temple comme un trophée glorieux (2), fit bientôt juger qu'au défaut de rai-

---

(1) M. le duc de Chartres, depuis duc d'Orléans, à raison d'un des frères de Queyssac, qui était alors chef d'escadron dans son régiment de cavalerie.

(2) C'était une image sans doute emphatique et bien exagérée qui avait été applaudie dans le plaidoyer de Me Gerbier pour exalter la valeur de ses clients.

sonnements solides en faveur des accusés, il voulait éblouir les juges par des tableaux fantastiques, coloriés avec force, embellis de toutes les richesses de l'imagination. On s'en apperçut encore mieux à ses tournures malignes contre le sieur Damade : aussi les applaudissements que lui ont valu, de la part des partisans des premiers, les morceaux en leur faveur, n'ont pu le dédommager des huées plus générales et plus fréquentes dont il a été accueilli en plusieurs endroits où la partialité éclatait. Elles ont été si violentes que sentant combien l'auditoire était mal disposé, il a cru prudent de changer ses conclusions et de se contenter de les donner le moins contraires possible aux coupables, ce qu'on a jugé par l'exclamation involontaire échappée à un officier général (1) : *Ah, le lâche, il n'a pas tenu ce qu'il nous avait promis !*

Après ce plaidoyer, qui a duré quatre heures, les magistrats sont sortis et se sont rètirés dans une pièce voisine pour délibérer entre eux (2). Les débats ont été vifs et ont duré trois heures ;

---

(1) M. de Viosmenil.

(2) Quand les opinions étaient trop agitées et que les juges étaient gênés par la présence d'un public nombreux, ils se dérobaient à ses regards pour discuter plus à l'aise.

enfin, les magistrats sont rentrés et est intervenu arrêt satisfaisant pour le sieur Damade (1).

Comme depuis long-temps cette cour n'en avait rendu de pareil dans des affaires majeures, elle a été singulièrement applaudie, et l'avocat Target et son client ont été reconduits en triomphe. Ils n'auraient pas été mieux fêtés en Angleterre. Je me suis transporté à Londres en ce moment, mais hélas! cette douce illusion n'a pas duré, et je me suis bientôt retrouvé à Paris.

Ce 19 avril 1778.

---

(3) Par le prononcé de l'arrêt, les frères Queyssac furent condamnés solidairement en 80,000 livres de dommages et intérêts par forme de réparation civile envers le sieur Damade, ce qui entraînait l'obligation de garder prison jusqu'à l'entier accomplissement de cette disposition; ils furent également condamnés en 300 livres d'aumône envers les pauvres de la paroisse de Castillon; il leur fut défendu de maltraiter par voie de fait ou par injure le sieur Damade, et d'approcher de plus de dix lieues de Castillon ou de Bordeaux, à peine de punition corporelle. Le sieur Damade fut déchargé de toute accusation et plainte, et les frères Queyssac ne furent que mis hors de cour même sur l'accusation d'assassinat, et permis au sieur Damade de faire imprimer et afficher une certaine quantité d'exemplaires de l'arrêt....

LETTRE XIII.

Suite du séjour de M. de Voltaire à Paris. Sa mort. Evénements auxquels elle a donné lieu.

Tout dans cette vie, Milord, est mêlé d'amertume, et le plus beau triomphe est souvent accompagné d'humiliations. C'est ainsi que Voltaire en éprouva plusieurs dont la moindre était bien propre à empoisonner le bonheur d'un homme qui avait autant d'amour-propre.

1°. Le jour de son couronnement, il savait que la reine était venue à l'opéra; mais avec le projet secret de passer *incognito* à la comédie française, et d'y recevoir sans affectation les hommages du Nestor de la littérature. Elle ne lui donna pas cette joie. On assure que dans sa loge elle reçut un billet qui la détourna de son premier dessein; on prétend même qu'il avait été rendu en route à Sa Majesté.

2°. Son Irène fut bien jouée à la cour; mais on ne l'avertit pas d'y venir, comme il s'en flattait, et comme la reine le lui avait fait espérer; mais le jour de la représentation, au débotté du roi, pendant que S. M. s'habillait pour le spectacle, on entendit des courtisans perfides, pour plaire au monarque, qu'ils savaient ne point aimer Voltaire, lui dénigrer d'avance sa tragédie, et prématurer son ennui, qui ne se manifesta que trop.

3°. Enfin, le vieillard de Ferney qui, en se repaissant de la fumée de sa gloire, ne négligeait pas le solide et veillait à ses affaires en homme qui n'aurait eu autre chose en tête, étant allé chez un procureur au parlement (1) pour lui rappeler un procès dont celui-ci n'avait plus d'idée, eut le déplaisir de voir ce suppôt du palais l'ignorer absolument, le traiter cavalièrement, comme un client ordinaire, et l'obliger de décliner son nom. Il dut juger que le malheureux praticien vivait dans une telle indolence, qu'il ne savait pas même que Voltaire fût à Paris. Il est vrai qu'à ce nom de Voltaire il ouvrit les yeux et les oreilles, que toute la maison en retentit bientôt, et que la rumeur passant de bouche en bouche, le philosophe en rentrant dans son carrosse se vit assailli de toute la populace du quartier.

Une scène plus risible, mais non moins piquante pour M. de Voltaire, s'il en eût été instruit, s'était passée quelques jours avant sous un bâtelage grossier; elle donnait aux Parisiens une leçon vraiment philosophique. A la place de

---

(1) Me Hureau.

Louis XV, un charlatan cherchait à vendre des petits livres où il enseignait des tours de cartes et des secrets de cette espèce. En voici un, disait-il, Messieurs, que vous serez bien-aises de savoir ; il est merveilleux, et vous n'en douterez plus quand je vous apprendrai que je le tiens de Ferney, de ce grand homme qui fait tant de bruit ici, de ce fameux Voltaire, notre maître à tous.

Tandis qu'un bâteleur le persifflait assez finement devant le peuple, les prédicateurs tonnaient contre lui en chaire avec un fanatisme digne du quinzième siècle. L'abbé de Beauregard (1) ne l'épargnait pas même à Versailles : il gémissait sur la gloire dont on affectait de couvrir le chef audacieux d'une secte impie, le destructeur de la religion et des mœurs, et désignait trop sensiblement le vieillard de Ferney, pour que celui-ci ne dût pas juger que S. M. n'avait pas désapprouvé cette diatribe évangélique, et conséquemment était encore dans le préjugé défavorable, dans la sorte d'aversion même qu'on lui en avait inspirée dès son enfance ; ce qui le désolait et lui ôtait tout espoir d'être jamais accueilli du monarque. Quelquefois dans son dépit il formait la résolution de s'arracher

---

(1) Ex-jésuite, prédicateur du carême à la Cour ; il mourut à Munster.

à ces lieux enchanteurs et de retourner dans sa solitude, et toujours quelque nouveau lien l'y attachait.

Depuis la belle saison, temps où il aurait pu partir, il y était retenu plus que jamais par la foule des objets qu'il y avait à parcourir, par cette multitude d'amis, d'admirateurs, de protecteurs qu'il lui fallait visiter, par l'extension des idées et des projets que lui suggéraient les circonstances, en sorte que durant les quatre mois qu'il est resté à Paris, il a pu dire avoir plus vécu que pendant dix ans à Ferney.

Cependant, on ne douta plus qu'il ne nous échappât, quand on vit dans le monde sa pièce intitulée : Les adieux du vieillard.

Adieu, mon cher Tibulle, autrefois si volage,
    Mais toujours chéri d'Apollon,
Au Parnasse fêté, comme au bord du Lignon,
    Et dont l'amour a fait un sage.
Des champs élysiens, adieu pompeux rivage,
De palais, de jardins, de prodiges bordé,
Qu'ont encore embelli, pour l'honneur de notre âge,
Les enfants d'Henri Quatre et ceux du grand Condé.
Combien vous m'enchantiez, muses, grâces nouvelles,
    Dont les talents et les écrits
    Seront de tous nos beaux esprits
    Ou la censure ou les modèles !
Que Paris est changé ! les Welches n'y sont plus.
Je n'entends plus siffler les ténébreux reptiles,
Les Tartuffes affreux, les insolents Zoïles ;

J'ai passé : de la terre ils étaient disparus.
Mes yeux après trente ans n'ont vu qu'un peuple aimable,
Instruit, mais indulgent, doux, vif et sociable.
Il est né pour aimer. L'élite des Français
Est l'exemple du monde et vaut tous les Anglais.
De la société les douceurs desirées
Dans vingt états puissants sont encore ignorées :
On les goûte à Paris. C'est le premier des arts.
Peuple heureux ! il nâquit, il règne en vos remparts.
Je m'arrache en pleurant à son charmant empire ;
Je retourne à ces monts qui menacent les cieux,
A ces antres glacés où la nature expire :
Je vous regréterais à la table des dieux.

Mais on sut bientôt que ce n'était qu'une fiction poétique, pour avoir lieu de répandre des vers pleins de grâce, de noblesse, de facilité, de sentiment, de faire sa cour aux princes dont il cherchait à se ménager l'appui contre ses ennemis à Versailles, et de dire des injures aux Anglais à qui l'on allait faire la guerre. On y trouva seulement bien extraordinaire qu'il comparât le marquis de Villette à Tibulle et l'érigeât en sage.

Une fausse couche que fit sa chère *belle et bonne*, lui servit de prétexte pour rester. On était d'autant plus fâché de cet accident qu'il devait être parrain, et qu'on était dans l'attente de lui voir faire un chrétien après avoir fait tant de pervertis.

On sut depuis, que le véritable motif qui le

déterminait à ne pas désemparer, était la crainte des cabales du clergé qui, lui faisait-on envisager, s'il s'en allait une fois, pourrait bien s'opposer à son retour. Le moderne demi-dieu se trouva donc forcé à recevoir encore des couronnes et à se voir élever des autels, au point qu'un jour, honteux lui-même de cet excès de superstition, il s'écria! *Je suis comme Spartacus, je rougis de ma gloire.*

Je passe légèrement sur sa réception de Francmaçon (1), cérémonie puérile à laquelle il crut devoir se prêter par reconnaissance des hommages que lui avait rendus, à sa convalescence, la loge qui le sollicitait de se faire initier ; loge composée en grande partie de gens de lettres. Je citerai seulement ces quatre vers du frère la Dixmerie, tirés d'une chanson chantée au banquet :

> Au seul nom de l'illustre frère
> Tout maçon triomphe aujourd'hui :
> S'il reçoit de nous la lumière,
> Le monde la reçoit de lui.

Je n'appuyerai pas davantage sur les honneurs qu'il reçut au spectacle de madame de Montesson ; sur celui qu'il eut de faire sa cour à M. le

---

(1) Cette cérémonie eut lieu le 8 avril à la loge des Neuf-Sœurs.

duc et à madame la duchesse de Chartres, le forçant de s'asseoir devant eux, afin d'en jouir et de l'écouter plus long-temps.

Je craindrais d'être trop long, Milord; en me répandant en répétitions des mêmes éloges, des mêmes fadeurs: je ne m'arrêterai qu'aux anecdotes plus piquantes, soit par leur nouveauté, soit par les accessoires.

Par exemple, n'a-ce pas été un spectacle plaisant que de voir ce vieillard ne pas dédaigner de se transporter chez les plus célèbres Laïs du jour qui l'avaient visité ? C'est ainsi que le samedi saint il se rendit chez mademoiselle Arnoux, et que les spectateurs admirèrent la légèreté de la conversation du philosophe et de la courtisane.

Le mercredi 22 avril, les comédiens français étant assemblés pour le répertoire de la semaine de l'ouverture, furent agréablement surpris de voir arriver parmi eux le vieux malade, qui les combla de remercîments pour les soins qu'ils s'étaient donnés afin d'accélérer la représentation d'*Irène* et de la faire goûter du public. Il leur dit qu'étant sur le point de faire un voyage de deux mois à Ferney, il emportait les manuscrits de sa tragédie d'*Agatocle* et de la comédie *du Droit du Seigneur*, dans le dessein de mettre la dernière main à la première et de changer beaucoup de choses à la seconde, jugée depuis longtemps (1), et très-médiocre en effet.

On comptait que Voltaire, empressé de figurer partout et d'y recevoir des hommages, se trouverait peut-être à la rentrée de l'académie des belles-lettres. Mais cette compagnie, où domine la cabale des dévots, et surtout des jansénistes, ne pouvait avoir rien de bien attrayant pour lui, et d'ailleurs ne s'était pas rendue digne de le posséder par cet empressement des autres corps littéraires; elle venait même de lui donner une mortification trop grande en s'agrégeant M. Larcher, un des plus fougueux adversaires de ce philosophe, qui l'a désolé à force de diatribes scientifiques, auxquelles il n'a pu répliquer que par de mauvaises plaisanteries ou des injures.

Au contraire, il ne manqua pas de se rendre (2) à la rentrée de l'académie des sciences, bien certain qu'il y serait accueilli d'une façon distinguée, propre à flatter son amour-propre et à lui perpétuer les adorations du public. En effet, deux de ses lieutenants, messieurs d'Alembert et de Condorcet, avaient prescrit le cérémonial et préparé la gloire de leur maître; ils avaient bien

---

(1) Elle fut jouée en 1762 sous le titre de l'*Ecueil du Sage*. On dit que le projet de Voltaire était de la réduire de cinq actes à trois.

(2) Le 29 avril.

voulu lui en procurer une plus grande en proposant de le faire recevoir ce jour-là, membre de la compagnie, par acclamation. La cabale l'emportant toujours sur les gens sages, cet avis mis en délibération avait passé à la pluralité; quelqu'un de ceux-ci qui, sentant l'inutilité de lutter contre le fanatisme philosophique, exaltant le grand nombre de têtes en ce moment, eut recours à la ruse, et opina de rendre le triomphe du candidat plus complet en obtenant d'avance l'agrément de la cour. Il n'y avait pas moyen de se refuser à cette précaution qui est de règle; on en référa au ministre de Paris, et la demande fut rejetée. Cette anecdote fut tenue secrète et vraisemblablement resta ignorée du héros. Elle n'a transpiré que depuis sa mort. La manière dont il fut accueilli suffisait encore pour l'enchanter. Voici une relation qui m'en fut communiquée dans le temps par un témoin oculaire.

« Les séances publiques (1) de l'Académie des
» sciences, sont toujours très-nombreuses; il y a
» même des étrangers illustres et des virtuoses
» en femmes du premier ordre, mais le gros des
» spectateurs ne consiste guère qu'en savants
» obscurs et élèves des maîtres dans tous les

---

(2) Cette relation est intitulée : *Séance publique de l'académie des sciences, tenue pour la rentrée d'après Pâques.*

» genres de sciences dont est composée l'Aca-
» démie. Cette fois-ci c'était un monde différent ;
» tout ce que la beauté a de plus séduisant parmi
» le sexe ; tout ce que la cour a de plus frivole
» en hommes aimables ; tout ce que la littérature
» a de plus élégant et de plus recherché, s'était
» emparé de la salle. La géométrie, l'astronomie,
» la mécanique, l'anatomie, la chimie, la botanique
» se sont trouvées, pour ainsi dire, exclues de leur
» sanctuaire par les muses et les grâces. C'est le
» cortège que traîne toujours M. de Voltaire à sa
» suite, et l'on savait qu'il devait ce jour là jouir
» en ce lieu d'un autre triomphe, d'une seconde
» apothéose. En effet, à peine a-t-il paru, que les
» acclamations, les battements de mains se sont
» fait entendre de la façon la plus bruyante, et
» quoiqu'il ne soit pas membre de l'Académie, le
» vœu général de Messieurs, a été que ce philo-
» sophe prît place parmi les honoraires. On y avait
» déjà vu M. Franklin ; mais la réunion de ces deux
» vieillards, qui se sont embrassés aux yeux de
» l'assemblée, a produit une sensation nouvelle,
» et les brouhahas ont recommencé plus vive-
» ment. »

Plus loin l'histoire ajoute : « Dans le tableau
» patriotique des principes d'administration du
» premier mort illustre, qu'il s'agissait d'exalter,
» l'orateur avait fait venir adroitement les avan-
» tages accordés au pays de Gex sous le minis-

» tère de M. Turgot, sur le rapport de M. Tru-
» daine, intendant des finances, et à la recom-
» mandation du seigneur de Ferney. De là un
» éloge de la bienfaisance de M. de Voltaire,
» qu'atteste la foule d'heureux qui le bénissent,
» et dont tout récemment le pasteur qui l'a con-
» solé dans sa maladie, a reconnu les effets par
» les aumônes abondantes qu'a versées dans son
» sein cet ami de l'humanité, réalisant en action
» tout ce qu'il prêche si éloquemment dans ses
» œuvres. Cette digression a fait un peu de tort
» au héros mort, qu'on a perdu de vue pour ne
» s'occuper que du grand homme présent. »

La relation finit ainsi : « L'assemblée s'est
» rompue avec le même désordre qu'elle s'était
» formée : chacun s'empressait de voir, de suivre
» et d'accompagner jusqu'à leur carosse les deux
» vieillards qui avaient occasionné un enthou-
» siasme durable, parce qu'il naît d'un sentiment
» profond d'admiration et de reconnaissance. »

Mais c'est surtout à l'Académie française que Voltaire désirait jouir du triomphe. Il attendait avec impatience quelque séance publique, qu'on n'avait encore pu lui ménager par la résistance des prélats et autres membres qui s'y opposaient et surtout par la crainte de la désapprobation de la cour. En attendant il en suivait le plus qu'il pouvait les séances; il y présidait comme directeur, et le croira-t-on, voulant se signaler en tout genre, lui, qui de sa vie n'avait ouvert une grammaire, qui avait déclaré cent fois ne faire aucun cas de tous les traités sur la langue, ne connaître d'autre maître en ce genre que l'usage et le beau monde; il entreprenait la réforme du Dictionnaire de ce corps... à quatre-vingt-quatre ans !

Il s'était chargé de la lettre A. Rempli d'ardeur, il rentre chez lui; dans la crainte de se refroidir sur cet ouvrage fatiguant et ennuyeux, il ne veut pas le quitter qu'il ne soit consommé; il redouble les doses de café qu'il prenait dans ces cas là. Il est tourmenté de sa strangurie à laquelle se joint une insomnie opiniâtre. Il était dans cette crise violente, lorsque le maréchal de Richelieu vint le voir. M. de Voltaire félicite ce vieillard, presque du même âge, sur sa brillante santé; il lui demande comment il fait pour dormir ? Le maréchal lui parle d'un calmant dont il fait usage en pareil cas avec succès; il en envoie sur-le-champ au malade, qui, sans s'arrêter à la quantité prescrite, en prend le double et le triple, et peut-être davantage. Il tombe dans un assoupissement qui dure trente-six heures. Revenu à lui, les douleurs de sa strangurie se font sentir plus violemment. Quatre médecins sont mandés : tous leurs secours sont inefficaces. Le malade plaisante encore; il appèle le maréchal de Richelieu, son frère Caïn, et il meurt le 30 mai.

Quatre jours avant, M. de Lally lui ayant fait

part de la cassation de l'arrêt du parlement contre son père, en faveur duquel M. de Voltaire avait écrit, il sembla se ranimer pour faire la réponse suivante : » Le mourant ressuscite en apprenant » cette grande nouvelle. Il embrasse bien ten- » drement M. de Lally ; il voit que le roi est le » défenseur de la justice ; il mourra content. »

Ce billet peut être regardé comme les derniers soupirs de son auteur : il retomba bientôt dans l'accablement dont il n'est plus sorti.

Quoiqu'on eût tenu sa maladie secrète, et surtout son danger, le curé de Saint-Sulpice l'était venu voir plusieurs fois, et n'en avait jamais pu rien tirer, parce que les philosophes disciples et lieutenants de ce chef de l'incrédulité, craignant qu'il ne mollît encore, sous prétexte de lui donner des secours et des consolations, l'entouraient constamment et ranimaient les restes de son amour propre. Enfin, le pasteur, peu de minutes avant son dernier souffle, s'est approché du moribond et lui a fait des questions sur sa foi, auxquelles M. de Voltaire n'a répondu que par ces mots : *Monsieur le curé, laissez-moi mourir en paix.* Il a ranimé ses forces pour lui tourner le dos, et a expiré.

Quelqu'intéressés que les prêtres fussent à supposer la conversion de M. de Voltaire à son dernier moment pour assurer le triomphe de la religion, ils n'ont pu employer cette ruse ; et après avoir répandu sur cet événement une anecdote aussi absurde que dégoûtante (1) : ils ont été obligés de constater son incrédulité finale en lui refusant la sépulture de la manière la plus scandaleuse. Sa famille n'a pu même obtenir de le faire inhumer au tombeau qu'il s'était préparé depuis long-temps à Ferney, à cause de l'évêque d'Annecy, dont on a craint le fanatisme. L'abbé Mignot, neveu du philosophe, a imaginé de faire enterrer son oncle à son abbaye de Scellières en Champagne. Voici comment s'est passée cette petite comédie.

Après avoir ouvert le cadavre (2), on l'a rassemblé ; on l'a affublé d'une perruque et d'une robe de chambre. L'abbé Mignot s'est rendu le premier au couvent, a prévenu ses religieux que son oncle, quoique moribond, par une fantaisie de malade, avait désiré venir chez lui, qu'il

---

(1) On lisait dans une gazette de Cologne rédigée par un ex-jésuite, écho des prêtres fanatiques de Paris, cette anecdote ainsi racontée. « Peu de temps avant sa mort » M. de Voltaire est entré dans des agitations affreuses, » criant avec fureur : je suis abandonné de Dieu et des » hommes. Il se mordait les doigts, et portant les mains » dans son pot de chambre, et saisissant ce qui y était, il » l'a mangé. »

(2) On trouva toutes les parties nobles saines et telles que M. de Voltaire aurait pu vivre encore dix ans ; la vessie était en très-mauvais état, étant excoriée et percée.

n'avait pu lui refuser cette consolation, et qu'il allait toujours lui préparer un appartement; mais qu'il craignait bien que ce ne fût en vain. En effet, peu après est arrivé le carrosse, et le conducteur a déclaré que son maître était mort en route, même que depuis quelque temps, il commençait à puer, et, sur cette déclaration, confirmée vraisemblablement par les médecins et chirurgiens de la maison, gagnés, on a, sans autre retard, procédé à l'inhumation.

Cette précipitation était indispensable ; on croit qu'elle était même concertée avec l'évêque de Troyes, dans le diocèse duquel est l'abbaye ; moins zélé que les autres, plus politique, homme de cour, et désirant de ne se brouiller avec personne. Quoi qu'il en soit, peu après survint une lettre de ce prélat, défendant d'enterrer cet impie (1); mais la chose était faite, et le prieur

---

(1) Voici la lettre. Je viens d'appendre, Monsieur, que la famille de M. de Voltaire, qui est mort depuis quelques jours, s'était décidée à faire transporter son corps à votre abbaye pour y être enterré, et cela parce que le curé de Saint-Sulpice leur avait déclaré qu'il ne voulait pas l'enterrer en terre sainte.

Je desire fort que vous n'ayiez pas encore procédé à cet enterrement, ce qui pourrait avoir des suites fâcheuses pour vous ; et si l'inhumation n'est pas faite, comme je l'espère, vous n'avez qu'à déclarer que vous ne pouvez y procéder sans avoir des ordres exprès de ma part. J'ai l'honneur d'être bien sincèrement, etc.

le lui apprit en se défendant avec beaucoup d'adresse et de fermeté. On voit dans la lettre le récit de l'inhumation différent de celui ci-dessus, parce qu'il avait été vraisemblablement dicté par l'abbé Mignot, et arrangé pour les circonstances. Ces détails sont curieux dans la bouche du moine. Il dit :

« Dimanche au soir 31 mai, M. l'abbé Mignot,
» conseiller au grand conseil, notre abbé com-
» mandataire, qui tient à loyer un appartement dans
» l'intérieur de notre monastère, parce que son
» abbatiale n'est pas habitable, arriva en poste
» pour occuper cet appartement. Il me dit, après
» les premiers compliments, qu'il avait eu le
» malheur de perdre M. de Voltaire, son oncle;
» que ce Monsieur avait desiré, dans ses derniers
» moments, d'être porté après sa mort à sa terre
» de Ferney; mais que le corps, qui n'avait pas
» été enseveli, quoiqu'embaumé, ne serait pas
» en état de faire un voyage aussi long; qu'il
» desirait, ainsi que sa famille, que nous vou-
» lussions bien recevoir le corps en dépôt dans
» le caveau de notre église; que ce corps était
» en marche, accompagné de trois parents qui
» arriveraient bientôt. Aussi-tôt l'abbé Mignot
» m'exhiba un consentement de M. le curé de
» Saint-Sulpice, signé de ce pasteur, pour que
» le corps de M. de Voltaire pût être transporté
» sans cérémonie; il m'exhiba, en outre, une

» copie collationnée par ce curé de Saint-Sulpice,
» d'une profession de la foi catholique, aposto-
» lique et romaine, que M. de Voltaire a faite
» entre les mains d'un prêtre approuvé, en pré-
» sence de deux témoins, dont l'un est M. Mignot,
» notre abbé, neveu du pénitent, et l'autre un
» M. le marquis de la Ville-vieille. Il me montra
» en outre une lettre du ministre de Paris,
» M. Amelot, adressée à lui et à M. de Dam-
» pierre d'Hornoy, neveu de M. l'abbé Mignot,
» petit neveu du défunt, par laquelle ces Mes-
» sieurs étaient autorisés à transporter leur oncle
» à Ferney, ou ailleurs. D'après ces pièces, qui
» m'ont paru et qui me paraissent encore au-
» thentiques, j'aurais cru manquer au devoir de
» pasteur, si j'avais refusé les secours spirituels
» dus à tout chrétien, et surtout à l'oncle d'un
» magistrat qui est depuis vingt-trois ans abbé de
» cette abbaye, et que nous avons beaucoup de
» raison de considérer. Il ne m'est pas venu dans
» la pensée que M. le curé de Saint-Sulpice ait
» pu refuser la sépulture à un chrétien dont il
» avait légalisé la profession de foi, faite, tout
» au plus, six semaines avant son décès, et dont
» il avait permis le transport tout récemment au
» moment de sa mort : d'ailleurs, je ne savais pas
» qu'on pût refuser la sépulture à un homme quel-
» conque, mort dans le corps de l'église, et
» j'avoue que, selon mes faibles lumières, je ne

« crois pas encore que cela soit possible. J'ai
» préparé en hâte tout ce qui était nécessaire.
» Le lendemain matin sont arrivés dans la cour
» de l'abbaye deux carosses, dont l'un contenait
» le corps du défunt, et l'autre était occupé par
» M. d'Hornoy, conseiller au parlement de
» Paris, petit neveu, par M. Marchand, de
» Rennes, maître d'hôtel du roi, et par M. de
» la Houillière, brigadier des armées, tous les
» deux cousins du défunt. Après midi, M. l'abbé
» Mignot m'a fait à l'église, la présentation so-
» lennelle du corps de son oncle qu'on avait
» apporté; nous avons chanté les vêpres des
» morts; le corps a été gardé toute la nuit dans
» l'église, environné de flambeaux. Le matin
» depuis cinq heures, tous les ecclésiastiques
» des environs, dont plusieurs sont amis de
» M. l'abbé Mignot, ayant été séminariste à
» Troyes, ont dit la messe en présence du corps,
» et j'ai célébré une messe solennelle à onze
» heures, avant l'inhumation, qui a été faite de-
» vant une nombreuse assemblée. La famille de
» M. de Voltaire est repartie ce matin, contente
» des honneurs rendus à sa mémoire, et des
» prières que nous avons faites à Dieu pour le
» repos de son âme. »

Le prieur représente ensuite à M. de Troyes
que les maisons de son ordre (1) ne sont point

---

(1) C'était une abbaye de Bernardins.

soumises à la juridiction de l'ordinaire (1); il lui demande cependant la permission de justifier sa conduite aux yeux de sa grandeur; il lui dit respectueusement : « quels que soient les privilèges
» d'un ordre, ses membres doivent toujours se
» faire gloire de respecter l'épiscopat, et se font
» honneur de soumettre leurs démarches, ainsi
» que leurs mœurs, à l'examen de nosseigneurs les
» evêques: comment pouvais-je supposer qu'on
» refusait ou qu'on pouvait refuser à M. de Vol-
» taire la sépulture qui m'était demandée par son
» neveu, notre abbé commandataire, depuis trente
» deux ans magistrat, depuis trente ans ecclésias-
» tique, qui a beaucoup vécu dans cette abbaye,
» et qui jouit d'une grande considération dans
» notre ordre; par un conseiller au parlement de
» Paris, autre neveu du défunt; par des officiers
» d'un grade supérieur, tous parents et tous gens
» respectables? Sous quel prétexte aurais-je pu
» croire que M. de Saint-Sulpice eût refusé la
» sépulture à M. de Voltaire, tandis que ce pas-
» teur a légalisé de sa propre main une profes-
» sion de foi faite par le défunt, il n'y a que deux
» mois; tandis qu'il a écrit et signé de sa propre
» main un consentement (2) que ce corps fût trans-

---

(1) C'est-à-dire, des évêques. Les Bernardins prétendaient relever du pape seul.

(2) Dans son récit, l'abbé Mignot déguisa l'astuce dont

» porté sans cérémonie ? Je ne sais ce qu'on im-
» pute à M. de Voltaire ; je connais plus ses ou-
» vrages par sa réputation qu'autrement ; je ne
» les ai pas tous lus ; j'ai ouï dire à monsieur son
» neveu, notre abbé, qu'on lui en imputait de
» très-répréhensibles qu'il avait toujours désa-
» voués ; mais je sais d'après les canons qu'on ne
» refuse la sépulture qu'aux excommuniés, *lata*
» *sententia*, et je crois être sûr que M. de Vol-
» taire n'est pas dans ce cas. Je crois avoir fait
» mon devoir en l'inhumant, sur la réquisition
» d'une famille respectable, et je ne puis m'en
» repentir. J'espère, Monseigneur, que cette ac-
» tion n'aura pas pour moi des suites fâcheuses ;
» la plus fâcheuse sans doute, serait de perdre
» votre estime ; mais d'après l'explication que
» j'ai l'honneur de faire à votre grandeur, elle est
» trop juste pour me la refuser. » Et après avoir
ainsi remontré, catéchisé, persifflé le prélat, il
lui ajoute qu'il est avec un profond respect de sa
grandeur, etc.

---

il s'était servi pour surprendre la religion du prieur, auquel il ne montra le consentement du curé, qu'après la
cérémonie faite ; autrement ce consentement même, dans
les termes dont il est conçu, aurait été une preuve du
refus de sépulture chrétienne, le prieur ne pouvant ignorer que, même dans le cas du transport, il y a toujours
ce qu'on appèle présentation à l'église paroissiale du défunt.

De son côté, le gouvernement a secondé parfaitement le clergé en défendant à tous les journalistes de parler du défunt, et aux comédiens de jouer ses pièces jusqu'à nouvel ordre. L'académie française a sollicité en vain la consolation de faire faire un service pour le repos de l'âme de cet illustre et cher confrère.

Au reste, depuis l'ouverture de son testament le nombre de ses prôneurs a beaucoup diminué. Quoique composé avec la plus grande réflexion, puisqu'il avait deux ans de date, on n'y a trouvé rien qui fît honneur, soit à son esprit, soit à son cœur : toutes les dispositions caractérisent une âme dure, incapable d'aucun sentiment d'amitié, d'attachement ou de reconnaissance (1), et il vé-

---

(1) Voici les principales dispositions de ce testament...
A. M. de Vaynières, son secrétaire, son bras droit dont il ne pouvait se passer, qu'il appelait son ami, son *fidus Achates*, 8,000 liv. une fois payées ; rien à sa femme et à ses enfants.

A son domestique nommé la Vigne, qui le servait depuis trente-trois ans, une année de gages seulement.

A la *Barbaras*, sa gouvernante de confiance, 800 liv. une fois payées.

Aux pauvres de Ferney, 300 liv. une fois payées.

Six livres anglais à un M. Durieu : du reste rien à qui ce soit.

A madame Denis 80,000 liv. de rentes et 400,000 livres d'argent comptant, en ce qu'il la faisait sa légataire universelle.

rifie malheureusement trop bien lui même les reproches qu'il a éprouvés à cet égard si fréquemment et si justement.

Voici une épitaphe que lui fit d'avance, il y a sept ou huit ans, le docteur Ribalier, à l'occasion de la statue qu'on arrêta de lui ériger dans la société de M. Necker. On la renouvèle aujourd'hui, parce qu'elle était peu connue alors. C'est la meilleure et la plus vraie, quoique dure et trop outrée :

En tibi dignum lapide Voltarium,
  Qui
 In poesi magnus,
 In historiâ parvus,
 In philosophiâ minimus,
 In religione nullus :
  Cujus
 Ingenium acre,
 Judicium præceps,
 Improbitas summa;
  Cui
 Arrisere mulierculæ,
 Plausere scioli,
 Favére prophani :
  Quem
Irrisorem hominum deúmque,
Senatus, populusque athæo-physicus
  Ære collecto
  Statuâ donavit.

En voici une autre en français, plus précise,

plus vive et non moins juste, qu'on attribue à Jean-Jacques Rousseau :

> Plus bel esprit que grand génie,
> Sans loi, sans mœurs et sans vertu ;
> Il est mort comme il a vécu,
> Couvert de gloire et d'infamie.

Une troisième plus courte, plus simple, quoique très-méchante au fond, fait aussi fortune.

> De Voltaire admirez la bizarre planète,
> Il nâquit chez Ninon et mourut chez Villette.

Pourquoi ne pas pouvoir mettre sur son tombeau l'inscription qu'il avait autrefois reproché à Rousseau de n'avoir pas su mériter ? (1)

> *Qui benè latuit, benè vixit !*

Au reste, nous y perdrions trop, et peu importera l'homme à la postérité qui lira ses immortels ouvrages.

Cette année, Milord, la mortalité est sur les grands hommes. Rousseau, quoique beaucoup plus jeune que Voltaire, ne lui a pas survécu long-temps ; il vient de payer le tribut à la nature.

---

(1) C'est par où était terminée une vie de Rousseau, manuscrite encore, attribuée à M. de Voltaire par les uns, et par d'autres, mieux instruits, à un M. Dumont.

Il s'était retiré de Paris depuis quelques mois et fixé à la campagne. Comme l'endroit où il est mort est devenu le lieu de sa sépulture, que c'est d'ailleurs un endroit fort curieux par lui-même, je compte y aller incessamment pour recueillir les anecdotes les plus certaines sur cette mort dont on parle diversement, et qui ne paraît pas naturelle à certaines gens.

Paris, ce 16 juillet 1778.

LETTRE XIV.

Sur la dissolution d'un mariage juif. Anecdote plaisante. Digression sur les juifs portugais en France.

Vous connaissez, Milord, ce peuple errant, répandu partout, sans être fixé nulle part, commerçant avec toutes les nations et ne se mélangeant avec aucune; constamment le rebut des autres, et cherchant à effacer par la richesse l'infamie dont l'a couvert un préjugé religieux; commençant à y réussir en France depuis que l'or en est devenu le dieu. A ce portrait vous jugez facilement qu'il est question de juifs. On propose à un tribunal chrétien, au premier sénat en France, de se rendre ministre d'un divorce hébraïque. Quelque intéressante que soit la question, je ne vous en parlerais pas, si elle ne faisait un grand bruit, et si le héros principal n'était signalé par des aventures vraiment singulières et très-propres à vous amuser. Depuis longtemps je ne vous ai rien conté de plaisant, et cependant il faut rire, c'est le baume de la vie. Je vais profiter de l'intervalle que nous laisse le bruit des armes pour vous égayer un moment. En effet, le comte d'Orvilliers est parti et je n'aurai que trop tôt des désastres, des horreurs, et des images sanglantes à vous reproduire.

Le juif Peixotto, banquier établi à Bordeaux, ne vous est déjà point étranger : il a été question de lui, et il a figuré dans l'affaire du maréchal de Richelieu contre madame de Saint-Vincent, passivement il est vrai, et sans qu'il y ait autre chose à en conclure, sinon que c'est un homme très-riche et distingué à ce titre dans son état ; sa femme contre laquelle il plaide vous sera plus connue, quand je vous apprendrai qu'elle s'appelle Mendès d'Acosta, et est issue des juifs de ce nom établis depuis long-temps à Londres.

Le sieur Peixotto dont les parents étaient liés avec ceux de la demoiselle d'Acosta par les correspondances du commerce fondées sur les rapports antérieurs de nation (1) et de religion, fut envoyé en Angleterre pour se former à la profession de son père et se mettre en état de suivre la seule carrière dans laquelle un homme de sa nation puisse se distinguer. Il fut accueilli par les d'Acosta avec l'empressement et les égards dus à des liens réciproques aussi sacrés : leur maison devint la sienne ; il eut l'occasion de voir la demoiselle Sara leur sœur, et il en devint bientôt amou-

---

(1) Les d'Acosta, ainsi que les Peixotto, sont juifs portugais, et cette espèce d'Israélites ne fraye point avec les autres comme on le verra plus loin.

reux. C'était une beauté grave, majestueuse, plus âgée que lui de quelques années, sage, austère et très-propre à lui en imposer de toute façon. Ainsi, quand il aurait eu des vues illégitimes, il n'aurait pu les remplir. Il était d'ailleurs trop laid, trop dégoûtant, trop malpropre pour se flatter de la séduire; il fut donc obligé de la demander en mariage. Il n'était pas majeur suivant les lois de France, puisqu'il n'avait que vingt-un ans; mais il l'était suivant les lois de sa nation, puisque l'âge de la majorité chez les juifs est à treize ans et un jour. Bien plus: vous allez commencer à rire, il était en état de péché, car la chasteté, la première des vertus dans le christianisme, est un crime, une infamie chez les juifs, qui dociles au vœu de la nature, veulent que l'homme soit marié à dix-huit ans, ainsi l'ont décidé les rabbins; et le célibataire qui l'est encore à vingt ans est anathématisé par ces docteurs (1). Le sieur Peixotto épousa donc et expia son iniquité dans les voluptés conjugales. Fier de sa conquête, il se hâta de la conduire en France et de la déposer au sein de sa famille. La nouvelle épouse en fut très-bien accueillie et a

---

(1) Léon de Modène, partie 4, chapitre 10, des cérémonies et coutumes des juifs, dit : « Tout juif est obligé » de se marier, et les rabbins ont arrêté que ce devait » être à dix-huit ans, et que celui qui passe vingt ans » sans prendre femme, est censé être en péché. »

toujours vécu depuis avec elle dans la meilleure intelligence.

Malheureusement le sieur Peixotto se lassa bientôt d'une femme froide, soit par tempérament, soit par le dégoût que lui inspirait malgré elle un aussi vilain mari. Bordeaux est une ville de corruption qui lui offrait des ressources; il en usa et l'on sait quel tort les courtisanes font à une épouse honnête, qui à ce premier défaut joint celui de n'avoir pas, pour ramener un infidèle, la coquetterie, les agaceries, l'art raffiné des jouissances que possèdent si supérieurement les premières. Cependant le sieur Peixotto, perdit un jour ce goût pour un autre bien opposé et dont c'était sans doute le plus grand attrait.

Il allait à ses affaires dans une chaise à porteurs, lorsqu'il voit passer une béguine toute jeune; du moins elle lui parut telle: à l'instant un trait de feu détaché des yeux de cette Agnès, passe dans son cœur et l'enflamme. De son côté, à peine les a-t-elle levés sur lui, qu'elle les baisse, et frappée sans doute de l'air luxurieux de ce satyre, elle redouble le pas pour s'en éloigner. Le coup était porté; le sieur Peixotto ne voit plus qu'elle; il fait arrêter sa chaise; il donne un louis à ses porteurs et les excite à suivre cette religieuse, à découvrir son couvent, à savoir son nom, en un mot à prendre tous les renseignements qui peuvent lui en procurer la connaissance. On ordre est exécuté ; ils lui apprènent que c'est une sœur grise qui se nomme Rose, en effet très-jolie, qu'ils l'ont vue rentrer dans sa maison. Il demande ce que c'est que les sœurs grises ? Ils lui répondent que ce sont des filles charitables non cloîtrées, mais vivant en communauté sous une supérieure, et spécialement consacrées aux soins des pauvres et des malades. Il se récrie qu'il y a dix louis pour chacun d'eux s'ils peuvent la déterminer à un rendez-vous avec lui, qu'il le payerait bien 500 louis.

Ces porteurs, après avoir déposé leur précieux fardeau, vont au cabaret boire une partie du louis, et aviser comment ils pourront faire pour gagner la récompense promise. L'un des deux plus fin, dit : mais il y a à St. Surin (1) la *Vatinelle* qui ressemble beaucoup à cette sœur grise, qui en jouerait parfaitement le rôle ; notre bourgeois n'a pas vu la beauté embeguinée qui lui fait tourner la tète, assez long-temps pour ne pas s'y laisser tromper, et certainement l'autre sera enchantée d'une aussi bonne fortune ; nous pourrons nous ébaudir par dessus le marché aux dépens du juif. Son camarade juge l'idée excellente. Ils ne perdent pas de temps, et vont sur-le-champ chez la courtisane

---

(1) Quartier de la ville de Bordeaux, habité spécialement par les filles de mauvaise vie.

qui les accueille avec reconnaissance, et trouve que 500 louis sont très-bons à gagner, mais elle connaissait les hommes ; elle savait qu'en se rendant au desir de l'Israélite, elle pourrait l'affaiblir et accélérer le repentir ; elle arrange avec les entremetteurs une réponse ambiguë, qui sans rien promettre de certain au sieur Peixotto, doit, en l'entretenant dans son espoir, l'augmenter. Ils retournent donc vers celui-ci, ils lui rendent compte de leur conversation avec sœur Rose ; comment ils ont eu grande peine à entrer en pourparler avec elle ; comment elle les a poussés de question, au point qu'ils n'ont pu lui dissimuler que M. Peixotto était un juif ; comment à ce mot de juif, elle a fait un signe de croix, en s'écriant : *moi coucher avec un de ces malheureux qui ont crucifié notre sauveur !* comment un peu calmée cependant, lorsqu'ils lui ont fait envisager que ce juif était fort riche, fort généreux, et donnerait douze mille francs pour une entrevue, elle a fini par ajouter : » Que sais-je ? Les desseins de la providence
» sont impénétrables : peut-être suis-je destinée
» à la conversion de ce juif. Dieu se sert quel-
» quefois des plus vils instruments. Quoi qu'il
» en soit, dans le cas où je me fourvoierais,
» où croyant travailler à une œuvre du ciel, je
» ne travaillerais que pour l'enfer, et me don-
» nerais moi-même au diable, il faut qu'au

» moins je puisse me sauver dans un autre état,
» et n'étant point engagée par des vœux indis-
» solubles, prendre celui du mariage. Or on ne
» trouve point de mari sans fortune, et mille
» louis ne sont guère que de quoi en avoir un
» d'une condition très-bourgeoise et assortie à
» la mienne. »

Le sieur Peixotto avait l'imagination tellement allumée pour la beauté qu'il n'avait fait qu'entrevoir, qu'il n'est point effarouché par ce discours moitié fanatique et moitié profane, qui ne sentait nullement la religieuse, ni l'agnès ni la dévote, qui aurait dû lui faire ouvrir les yeux s'il eut été de sang froid, et qui ne lui fit en ce moment, ouvrir que sa bourse. En effet, malgré son avarice naturelle, les plus grands sacrifices ne lui auraient pas coûté. Il s'estime donc très-heureux de se satisfaire avec de l'argent, et il acquiesce à la somme, ainsi qu'aux conditions de l'entrevue. Elles étaient que la sœur ne se rendrait chez lui que la nuit, sous prétexte d'aller remplir quelque fonction de son ministère; que tout se passerait dans le plus grand secret, et qu'elle serait libre très-promptement, de façon à retourner dans sa communauté sans bruit et sans scandale.

La Vatinelle avait des relations chez ces saintes filles, et sans qu'on sache trop comment, manœuvra si bien, qu'elle eut un habit de sœur grise, et tout l'attirail nécessaire à ce pieux accoutrement; elle y joignit tout ce que l'art pouvait ajouter sans affectation. Préalablement elle avait mis en usage les préparations nécessaires afin de le tromper sur le point le plus essentiel et de se donner un air de pucelle. Ainsi maquignonée depuis les pieds jusqu'à la tête, elle se rendit, escortée par les deux porteurs, chez l'amoureux Israélite; elle lui semble plus charmante encore qu'il ne se l'était figurée; il était dans la force de l'âge, et triomphant de la résistance qu'elle lui opposait, et qui s'affaiblissait par degrés, il se rue sur elle avec une fureur effrénée, digne des premiers patriarches. Cependant l'heure de la séparation sonne, et elle quitte impitoyablement le lit, théâtre de leurs plaisirs, sans qu'aucune prière de son amant puisse la faire différer. Elle s'était nantie avant de la somme, condition du marché, en une lettre de change bien libellée, et prévoyant ce qui pouvait arriver, elle le laissa dans la douce confiance qu'il ne la voyait pas pour la dernière fois; elle lui fit entendre que l'intérêt, mobile de sa première entrevue avec un inconnu, céderait désormais à un motif plus noble; qu'il lui avait fait découvrir en elle-même une source de jouissances qu'elle ignorait, et qu'elle ne goûterait jamais bien qu'avec l'homme divin qui lui en avait donné le secret.

Toujours en feu, le fougueux Peixotto ne dort pas du reste de la nuit; le matin il s'en rappelait les délicieux moments, lorsque sa femme entre, vient l'agacer, lui fait des reproches amoureux sur l'oubli où il la met depuis quelque temps, et malheureusement pour elle, en obtint des embrassements qui ne lui étaient pas destinés, et dont les fruits amers furent les derniers gages de la tendresse de son époux.

En effet, la Vatinelle était atteinte d'un poison trop ordinaire aux filles de son espèce; elle l'avait fait passer dans les veines de son amant, et celui-ci l'avait transmis à sa moitié, qui s'en apperçoit la première. Ignorant encore le mal dont elle porte les symptômes, elle consulte sa belle-sœur qui n'en sait pas davantage; il faut avoir recours au chirurgien; il leur apprend que c'est ce virus presque aussi ancien que le monde, qui minait le bon roi David, lorsqu'il s'écriait, *que ses os se desséchaient et tombaient en poussière* (1), que c'est le fruit d'un commerce impur, et que vraisemblablement madame, trop sage pour s'être exposée autrement, le tient de son mari. Celle-ci au désespoir, encore plus tourmentée du démon de la jalousie, que des douleurs qui commencent à

---

(1) *Ossa mea sicut cremium aruerunt.* Psaume.

la déchirer, en acquiert une énergie dont on ne l'aurait jamais cru capable. Elle va trouver son perfide époux ; elle lui fait les reproches les plus sanglants ; lui-même n'était pas à s'appercevoir combien cruellement il avait été dupe : il est si fort atterré de cette découverte et de la justice des plaintes de sa femme, qu'il en reste interdit, et s'avoue coupable par son silence, plus éloquent que tout ce qu'il aurait pu répondre. Pour dernier coup de poignard, on lui présente à acquitter à l'échéance, la lettre de change dont il avait payé sa honte, et l'effroyable maladie à laquelle il est en proie. Cet effet ayant déjà passé par plusieurs mains, devenait un titre sacré, qu'il ne pouvait s'empêcher de reconnaître sans se déshonorer et se perdre dans le commerce. Il solde ; mais dans l'excès de sa rage, n'écoutant aucun ménagement, et au risque de tout ce qui peut arriver, il court comme un furieux à la communauté des sœurs grises, et s'adressant à la supérieure :
» Madame, lui dit-il, je ne sais ce que c'est
» que cette maison, asyle prétendu des vierges
» consacrées au seigneur, et dans le fait, repaire
» impur de libertinage et d'infamie. Vous avez
» entr'autres ici une sœur *Rose* qui est bien la
» plus exécrable coquine que j'aye encore connue. Son air de douceur et d'ingénuité m'avait
» séduit ; je n'ai point cru acheter trop cher

» ses faveurs par une somme de vingt quatre
» mille francs, et voici comme j'en suis payé,
» voyez... » Il étale en même temps le déplorable état dans lequel il est, aux yeux de cette pauvre fille étourdie d'une scène dont il n'y a peut-être pas d'exemple. Plus morte que vive, elle recule d'horreur à la vue du hideux et impudique spectacle qu'il lui présente. Elle le menace dans son indignation d'appeler du monde, de le faire arrêter et punir de cet outrage. Plus furieux, il s'écrie : » C'est moi, madame,
» qui veux révéler votre turpitude, l'exécrable
» commerce que vous faites ; faire enfermer vos
» prostituées dans un lieu plus digne d'elles,
» et renverser votre communauté de fond en
» comble. Je veux qu'il n'y reste pas pierre sur
» pierre, comme au temple de Jérusalem ; ou
» à l'instant faites fouiller dans la chambre de
» sœur *Rose* ; elle ne peut encore avoir dépensé
» les vingt-quatre mille francs ; il faut me les
» rendre : ce n'est qu'à ce prix que je puis me
» taire, et ne pas divulguer une histoire scandaleuse dont la honte rejaillira sur vous. »

La supérieure était une femme de tête; revenue à elle-même, elle envisage tout ce qui peut résulter d'une pareille scène, si elle éclate. Elle était aussi sûre qu'on peut l'être de son ouaille, mais enfin le sieur Peixotto articulait, présentait même des griefs bien positifs ; elle croit plus prudent de l'appaiser, de temporiser, afin de donner le loisir de vérifier les faits; elle lui promet, ce qui le touche le plus, de lui rendre son argent, s'il veut la laisser agir et conduire l'examen de l'affaire avec la prudence qu'elle exige. Elle fait d'abord paraître aux yeux du plaignant, sous quelque prétexte du service de la maison, sœur *Rose*, afin de constater l'identité de la personne, et si c'est réellement l'individu dont il se plaint. La différence entre la courtisane et la religieuse n'était point assez sensible pour qu'il pût la remarquer, en les voyant séparées l'une de l'autre; d'ailleurs le même habit, et peut-être l'amour qui n'était point éteint dans son cœur, lui fait confondre les deux objets. Dès que sœur *Rose* est partie il jure par Abraham, par Isaac, par Jacob, par tous les patriarches de l'ancienne loi, que c'est la traîtresse qui l'a infecté, et se retire, en s'en remettant à la sagesse de la respectable mère (1).

Celle-ci commence par faire espionner sa consœur pour s'assurer de sa conduite et de ses actions. Ensuite, durant son absence, elle fait fouiller dans toute sa chambre; il ne s'y trouve rien qui puisse servir de conviction, qui puisse même indiquer aucune trace du gain illégitime

---

(1) Titre que l'on donnait dans les couvents de filles aux anciennes.

que le sieur Peixotto lui reproche, pas le sol en un mot. D'un autre côté, au rapport des émissaires de la supérieure, sœur *Rose* ne s'est détournée en rien de la marche qui lui était prescrite, on n'a remarqué aucune allure dans sa conduite. Alors, après avoir fait avertir le chirurgien de la maison, elle fait venir la sainte fille dans son appartement, lui raconte les étranges plaintes qu'on lui a portées contre elle, lui déclare qu'elle n'en a rien cru, qu'elle n'en croit encore rien ; mais qu'il s'agit ici de son propre honneur, de celui de sa supérieure, de l'honneur de toute la maison ; qu'il faut surmonter un faux scrupule, une pudeur enfantine et se laisser visiter par un homme de l'art, afin de pouvoir repousser en sûreté les attaques de la calomnie. A ces mots elle fait paraître le chirurgien, et le prie de remplir son ministère.

Sœur Rose, bien convaincue de son innocence, croyant entendre la voix de Dieu même par celle de la révérende mère, d'ailleurs presque évanouie à ce singulier discours, reste en proie aux regards et aux attouchements du *Petit* (1) Bordelois, qui, après l'avoir bien examinée, lui rend justice complète : il certifie que non seulement elle n'a pas le plus léger symp-

(1) Chirurgien fort renommé autrefois pour les maladies vénériennes.

tôme d'un mal qu'on ne peut donner sans en être atteint, mais qu'elle a au contraire tous ceux d'une fille non déflorée, qu'elle porte encore le fragile caractère d'une virginité absolue. Sur ce rapport qui l'enchante, la supérieure embrasse son ouaille, la console, la tranquillise, lui prescrit de bien garder le secret sur ce qui vient de se passer, et promet qu'elle lui fera rendre une justice éclatante.

Cependant il avait fallu quelques jours pour approfondir ce mystère d'iniquité, et le bouillant Israélite n'avait pu se contenir si long-temps : il avait parlé à plusieurs personnes de son aventure, et s'était permis des déclamations violentes contre les sœurs grises, qu'il représentait comme autant de dévergondées, distribuant les maladies au lieu de les guérir.

La supérieure, instruite de la fermentation qui en résulte dans Bordeaux, va chez le sieur Peixotto, fait réunir avec lui sa mère, sa sœur, sa femme, toute la famille, entre dans une explication très-longue des renseignements qu'elle a pris, des recherches qu'elle a faites, de l'examen de la personne même de l'accusée, et soutient qu'il est physiquement impossible que l'accusation soit fondée, en conséquence leur annonce que si M. Peixotto qui, malgré sa parole, s'est déjà permis les discours les plus offensants et les plus emportés, ne fait une réparation éclatante à la sœur Rose et en sa personne à la communauté entière, elle va l'y forcer en justice.

Cette déclaration faite avec l'énergie que donne ordinairement la persuasion de la vérité, est un coup de lumière pour toutes ces femmes. Elles commencent à croire que le sieur Peixotto, pour couvrir l'infamie de sa conduite, s'est permis très-légèrement de déshonorer une fille de dieu, sans en prévoir les conséquences. Elles l'exhortent à reconnaître son tort, à avouer son mensonge et à étouffer un procès plus cruel que son malheur même. Il demeure inflexible; il accable d'injures la révérende mère, qu'il qualifie des épithètes grossières réservées aux appareilleuses. La supérieure ne voyant plus en lui qu'un forcené, est obligée de se retirer. Elle va sur-le-champ chez les gens d'affaires; elle rend plainte en diffamation, et il se commence un de ces procès dont le sort ordinaire est d'amuser le public et de déshonorer les deux parties. Il n'en fut pourtant pas ainsi en cette occasion. Le sieur Peixotto ayant produit pour ses témoins les deux porteurs de chaise, ceux-ci à l'interrogation effrayés des suites qu'on leur fait envisager s'ils persistent à calomnier une innocente, avouent leur supercherie. La Vatinelle est interrogée; elle convient du tour qu'elle a joué, et le procès bien instruit, le sieur Peixotto est condamné à reconnaître les sœurs grises et nommément sœur Rose, pour filles d'honneur, et à des dommages intérêts beaucoup plus considérables que ce qu'il lui en avait déjà coûté. Il est en outre la fable de la ville et l'exécration des siens.

C'est là l'époque de sa séparation d'avec sa femme. En 1775, il feignit de quitter Bordeaux pour quelques mois seulement, et vint se fixer à Paris. Dans cette ville débordée où l'on trouve à satisfaire les passions de toute espèce, l'impur Israélite ne mit plus aucun frein aux siennes. Il était né pour des goûts bizarres bien propres à le faire tourner en ridicule; c'est ainsi qu'il fut cité entre les héros de luxure et amusa quelque temps les foyers, les coulisses, les boudoirs et même les cercles folâtres par le récit d'une aventure unique.

Il avait beaucoup accru l'héritage de ses pères, déjà très-considérable, et s'était mis en état de satisfaire les fantaisies les plus dispendieuses. Il avait eu celle de coucher avec mademoiselle Dervieux, danseuse de l'opéra, que ses talents et sa figure avaient bientôt mise en état de se retirer avec une fortune faite. On se doute bien qu'il lui fallut faire de grands sacrifices pour résoudre cette beauté à recevoir les caresses d'un juif aussi maussade, bien plus à se soumettre à ses caprices : sa fureur était de faire mettre Mlle. Dervieux nue, de lui enduire les fesses de quelque gomme très-gluante, d'y ficher ainsi par symmétrie des plumes de paon, et dans cet état, de la faire promener superbement devant lui : cet exercice le ravissait, et dans son enchantement il s'écriait par intervalle : Ah! *le beau paon!* Ah! *le beau paon!* On se doute bien que l'héroïne ni lui ne se sont pas vantés de ce singulier manège ; mais on l'a su par les domestiques, toujours espions de leurs maîtres, surtout dans cette classe de gens, et par les voisins qui, de leurs fenêtres, plongeaient dans l'appartement, et ont quelquefois joui d'un spectacle aussi plaisant ; mais ce goût n'était que sot et ridicule. Le sieur Peixotto a enfin poussé la dépravation jusqu'à en afficher un contre nature, et l'on prétend qu'il entretient assez publiquement un très-jeune et très-joli acteur de la comédie italienne (1).

C'est sans doute dans l'ivresse de ces passions effrénées que le sieur Peixotto a formé enfin le projet insensé de réduire au rang des plus viles concubines, une épouse vertueuse, choisie par lui-même entre les premières familles de sa nation, et de couvrir ses enfants (2) de l'opprobre de la bâtardise.

---

(1) Le sieur Michu.
(2) Le sieur Peixotto avait deux enfants, dont un garçon, âgé de neuf à dix ans.

D'où lui a pu naître l'idée d'un pareil attentat contre l'humanité, contre la raison, contre la nature ? C'est ce qu'il ne paraît pas possible de concevoir. Ce ne pouvait être même l'attrait d'une plus grande liberté, puisqu'au moyen de son domicile établi à Paris, loin de sa femme qu'il avait laissée à Bordeaux, et d'une séparation arrangée par écrit à laquelle elle avait consenti pour une modique pension (1), rien ne pouvait le gêner.

Quel que fût le motif de sa demande en justice, il employa des moyens dont la noirceur répondit à celle du projet. Il accuse sa vertueuse épouse de mauvaise conduite, de déréglement, de libertinage ; il pousse l'atrocité jusqu'à insinuer que sa vie n'était pas en sureté avec elle, et il ose consigner ces calomnies dans une feuille publique (2).

Quand même ces faits seraient aussi vrais qu'ils sont faux, ils ne pourraient donner lieu à la nullité de son mariage. Il n'est dans aucun

---

(1) De 4,200 livres.

(2) Le sieur Peixotto ajoutait qu'ayant plus d'amour pour sa fortune que pour lui, cette femme avait quitté sa maison à Bordeaux, et vivait dans une inconduite reconnue ; il allait jusqu'à dire que plus d'une fois ses jours avaient été exposés par le fait de cette épouse soi-disante. (*Courier de l'Europe*, du 20 décembre 1777).

des cas qui puissent la faire reconnaître suivant les lois de France (1) : d'ailleurs, le sieur Peixotto n'est pas français, quoique naturalisé, mais juif.

C'est comme juif portugais qu'il jouit de son état dans le royaume, et à cette occasion j'ai appris la différence que j'ignorais absolument d'un juif portugais avec un autre. Vous l'ignorez vraisemblablement aussi, Milord ; et c'est la matière d'une petite digression.

Les juifs portugais forment un corps de nation qui ne s'unit point par des alliances avec le reste du peuple juif. Ils prétendent qu'ils descendent des familles qui tenaient le premier rang en Judée, dans le temps de la captivité de Babylone, et que Nabuchodonosor fit transporter en Espagne. Cette généalogie, comme on peut le croire, n'est pas établie sur des preuves fort authentiques.

C'est un fait plus certain que, lorsque les Chrétiens et les Maures se disputaient l'Espagne, les juifs jouissaient d'un sort paisible, et cultivaient avec succès le commerce et les arts, tandis que ceux qui étaient répandus dans le reste de l'Europe, gémissaient sous un dur esclavage.

---

(1) C'est ce qui fut très-bien établi par le *mémoire pour la dame Sara Mendès d'Acosta, épouse du sieur Samuel Peixotto, contre le sieur Samuel Peixotto,* sur une demande en nullité de mariage et le divorce judaïque.

Cette tranquillité cessa lorsque les chrétiens eurent enfin triomphé de leurs rivaux; ce fut alors que l'inquisition commença à déployer ses rigueurs contre les juifs.

Il y en eut plusieurs qui cherchèrent un asyle dans les pays étrangers. Ils se présentaient avec des richesses, et leurs correspondances leur donnaient des moyens de faire fleurir le commerce, qui souvent manquaient aux chrétiens. Ils acquirent insensiblement de la considération : ils obtinrent, en 1550, des lettres-patentes de Henri II, sous le nom de Portugais appelés nouveaux chrétiens. Ce nom faisait assez connaître qu'ils ne devaient leur christianisme qu'aux inquisiteurs, et qu'ils n'avaient point cessé d'être juifs.

Les lettres-patentes leur permettent d'entrer en ce royaume et en sortir, « aller et venir, » sans aucun trouble et empêchement, acqué- » rir tous et chacun les biens, tant meubles, » qu'immeubles, qu'ils pourront licitement ac- » quérir. »

Depuis cette époque, les juifs portugais ont joui de presque tous les avantages dont jouissent les Français naturels. Les autres juifs ne peuvent pas entrer dans Paris sans avoir obtenu des passeports, qu'on ne leur accorde jamais que pour un temps limité. Pendant leur séjour, ils y sont assujétis à une police particulière. Les

Portugais sont exempts de ces entraves ; flattés par ces distinctions, et livrés aux opérations de leur commerce, ils ont évité avec soin de donner matière à aucun reproche. Ils ont cependant éprouvé plusieurs fois des traverses de la part de quelques citoyens ennemis de la religion des juifs, et peut-être jaloux de leurs richesses ; mais ces orages ont toujours été appaisés par de nouvelles lettres-patentes confirmatives de leur établissement. Ils en ont de Henri III (1), de Louis XIV (2), de Louis XV (3) ; ils viènent encore d'en obtenir de nouvelles (4) : ces lettres-patentes ajoutent à celles de leur établissement *le droit de vivre suivant leurs usages.*

Ils ont à Bordeaux des assemblées d'anciens, qui règlent ce qui concerne la loi, et leur police intérieure. Les décrets de ces assemblées sont présentés au conseil, ou aux magistrats, pour recevoir la sanction de l'autorité publique.

Ainsi l'on voit que les juifs portugais ont été naturalisés en corps de nation. Un juif portugais, né en France, n'a pas d'autres droits, ni une autre existence dans le royaume, qu'un juif

---

(1) En 1577.
(2) En 1656.
(3) En 1723.
(4) En 1776.

portugais né à Amsterdam, à Londres, ou à Lisbonne. Ce n'est donc que suivant la loi hébraïque et par les rabbins et anciens de la communauté des juifs de Bordeaux, dépositaires des coutumes de leur nation, et interprètes naturels de leur doctrine, que la nullité pourrait se décider. Il paraît que le sieur Peixotto voyant le peu d'espoir d'annuler son mariage aux yeux des docteurs d'Israel, voudrait recourir au divorce sur lequel ils sont moins difficiles.

Suivant les principes de la loi de Moïse à l'égard du divorce, matière aussi neuve qu'intéressante, il était en effet autorisé dans certains cas; mais les interprètes ne sont point d'accord entre eux, et l'on ne cite aucun exemple de la question agitée dans les tribunaux de manière à pouvoir constater quelle est leur jurisprudence en ce genre.

L'école de Chammaï soutenait qu'il n'y avait lieu au divorce, que lorsque la femme était souillée par quelque vice honteux *propter rem turpitudinis*. Mais il y avait une autre école beaucoup plus relâchée.

C'est ainsi que parmi les catholiques il est des casuistes qui ont donné des décisions aussi ridicules que scandaleuses. Telles sont celles que Pascal a tirées des livres des Jésuites, et qu'il a mises en lumière avec tant de succès qu'elles ont été depuis cause de la destruction de la société. Rappelez-vous, Milord, le fameux livre des *assertions* : il est aussi des auteurs d'opinions étranges en matière de morale chez les Juifs.

Le rabbin Hillel dit bien qu'un mari ne peut pas répudier sa femme sans cause, mais il ajoute que la plus petite cause suffit, par exemple, si elle a trop fait cuire son dîner (1).

Le rabbin Aquiba va plus loin; il prétend que, pour expulser une femme de la maison conjugale, il suffit de trouver l'occasion d'en épouser une autre plus jolie, ou bien qui plaise davantage (2).

Au reste, malgré l'autorisation du divorce, ce qui fait honneur aux Juifs, c'est qu'il était aussi rare chez eux que chez les Romains dans les premiers temps de la république; c'est ainsi que, quoique la polygamie leur soit permise, on n'en voit point qui ayent deux femmes. Les Juifs portugais ne jugent le divorce légitime que dans les cas où plusieurs communions chrétiennes l'autorisent, et lorsque les parties y donnent un consentement réciproque.

Bien plus : en l'admettant, les sages des synagogues ont imaginé une multitude de forma-

---

(1) *Etiam ob cibum ejus nimio ardore coctum.*
(2) C'est ainsi qu'il explique le mot que la vulgate rend par *fœditatem*.

lités minutieuses pour le consommer, qui exigeant beaucoup de temps, peuvent faire trouver place au repentir.

Les livres des rabbins expliquent en détail ces innombrables formalités : on y voit de quelle encre et de quelle plume il faut se servir; combien le libelle du divorce doit renfermer de lignes, quelle doit être la forme des lettres. En outre, le mari doit le remettre lui-même aux mains de sa femme, dernière entrevue où le cœur peut s'émouvoir et abjurer tout ce que la main a écrit.

Le sieur Peixotto, qui excipe de la loi judaïque pour renvoyer sa femme, aurait au moins dû se conformer à ce qu'elle exige, ce qui serait une raison de rejeter sa demande dans la plus relâchée des synagogues.

Le parlement, sans entrer dans la discussion de ces formes rabbiniques, mais se conformant aux vues supérieures de la législation française, sans avoir égard aux conclusions de l'avocat Séguier en faveur du mari, a déclaré le mariage valable, et devant ressortir tous les effets civils (1).

Tous les honnêtes gens s'intéressant aux malheurs de la triste Sara, enchantés de la voir confirmée dans ses droits, tremblent de nouveau

---

(1) L'arrêt est du 9 avril 1778.

pour elle. Le sieur Peixotto a pris une autre tournure : il a fait abjuration, et prétend ne pouvoir plus habiter avec une juive. C'est ainsi que par un raffinement de scélératesse, il voudrait faire servir la religion même à favoriser la corruption de son cœur.

Paris, ce 23 juillet 1778.

LETTRE XV.

Sur la mort de Rousseau; sur le château d'Ermenonville; sur les mémoires de la vie de ce philosophe, écrits par lui-même.

Rousseau, Milord, qui vous intéresse si fort et à tant de titres, était depuis quelque temps dans une détresse bien cruelle, sans doute, mais volontaire, et qui, jusque là, lui avait été chère, parce qu'elle fournissait un aliment à sa mysantropie. Il avait toujours préféré de vivre du produit de ses œuvres, ou du travail de ses mains, plutôt que de devenir l'esclave des grands dont il aurait été pensionné. Malheureusement ne pouvant plus copier de la musique, la seule ressource qui lui restât, il fut forcé d'avouer sa situation inconcevable, dont personne, disait-il, n'a d'idées, pas même ceux qui m'y ont réduit. Il remit au mois de février de l'année dernière un mémoire signé de lui, et écrit entièrement de sa main, à un horloger qui avait sa confiance la plus intime. On y voit une peinture touchante de cette situation. Voici un extrait de cet écrit domestique, morceau

Tome II. 20

vraiment original, et portant l'empreinte de son auteur.

« Ma femme est malade depuis long-temps,
» et le progrès de son mal, qui la met hors d'état
» de soigner son petit ménage, lui rend les soins
» d'autrui nécessaires à elle-même, quand elle
» est forcée à garder son lit. Je l'ai jusqu'ici gar-
» dée et soignée dans toutes ses maladies; la
» vieillesse ne me permet plus le même service.
» D'ailleurs, le ménage, tout petit qu'il est, ne
» se fait pas tout seul; il faut se pourvoir au de-
» hors de choses nécessaires à la subsistance, et
» les préparer; il faut maintenir la propreté dans
» la maison. Ne pouvant remplir seul tous ces
» soins, j'ai été forcé, pour y pourvoir, d'es-
» sayer de donner une servante à ma femme.
» Dix mois d'expérience m'ont fait sentir l'in-
» suffisance et les inconvénients inévitables et
» intolérables de cette ressource dans une posi-
» tion pareille à la nôtre. Réduits à vivre abso-
» lument seuls, et néanmoins hors d'état de
» nous passer du service d'autrui, il ne nous
» reste, dans les infirmités et l'abandon, qu'un
» seul moyen de soutenir nos vieux jours : c'est
» de trouver quelque asyle où nous puissions
» subsister à nos frais, mais exempts d'un tra-
» vail qui désormais passe nos forces, et de dé-
» tails et soins dont nous ne sommes plus capa-
» bles. Du reste, de quelque façon qu'on me

» traite, qu'on me tiène en clôture formelle,
» ou en apparente liberté, dans un hôpital, ou
» dans un désert, avec des gens doux ou durs,
» faux ou francs (si de ceux-ci il en est encore),
» je consens à tout, pourvu qu'on rende à ma
» femme les soins que son état exige, et qu'on
» me donne le couvert, le vêtement le plus sim-
» ple et la nourriture la plus sobre jusqu'à la fin
» de mes jours, sans que je ne sois plus obligé
» de me mêler de rien. Nous donnerons pour cela
» tout ce que nous pouvons avoir d'argent, d'ef-
» fets et de rentes, et j'ai lieu d'espérer que cela
» pourra suffire dans les provinces où les denrées
» sont à bon marché, et dans des maisons desti-
» nées à cet usage, où les ressources de l'écono-
» mie sont connues et pratiquées, surtout en me
» soumettant, comme je fais de bon cœur, à un
» régime proportionné à mes moyens. »

Comment était-il parvenu à cet état de misère ? Quels sont ceux qui l'y ont réduit, et dont il se plaint ? C'est ce qu'on ignore. On sait seulement que quinze mois avant il ne prévoyait sans doute pas sa détresse, puisqu'il refusait les honoraires légitimes de son drame lyrique, intitulé *Pygmalion* (1) ; autrement l'on serait révolté de cet

---

(1) C'est ce qu'on lisait dans plusieurs journaux et gazettes du temps.

orgueil cynique; on le regarderait comme un fol.

Quoi qu'il en soit, cet horloger ne trouva vraisemblablement pas pour Rousseau un asyle convenable. Il n'aurait pas voulu en prendre un chez ceux disposés à le recevoir, même gratuitement, pour l'honneur et l'avantage de posséder un personnage aussi rare; et les autres comptant pour rien le génie, la philosophie et la morale, jugèrent peut-être trop modique la rétribution qu'on leur offrait, et la charge trop grande. Durant cet intervalle arriva M. de Voltaire à Paris, et l'on sait de quel fracas il y fatigua la renommée. Quoique Rousseau parût avoir renoncé à toute rivalité, à tout desir de célébrité, à tout amour de gloire, rechercher même l'obscurité et les humiliations, son cœur n'était pas d'intelligence; et l'on ose assurer que le long triomphe d'un philosophe qu'il regardait avec raison comme lui étant bien inférieur, l'offusqua beaucoup et ne contribua pas peu à augmenter son desir de quitter Paris. Il fallait que son dégoût fût grand, puisqu'il se résolut à dépendre d'un étranger, et à accepter les bienfaits d'un ami, lui qui ne croyait plus à l'amitié.

Sur la fin de mai, cédant aux instances de M. le marquis de Girardin et de sa femme, il s'était retiré à Ermenonville, terre de ce seigneur. Là il habitait, avec madame Rousseau, une petite maison voisine, dépendante du château, mais séparée par des arbres, et tenant à un bosquet, dans lequel il allait chaque jour se promener et recueillir des plantes, qu'il arrangeait ensuite dans un herbier. M. de Girardin lui convenait mieux qu'un autre, en ce que ce riche particulier était un disciple de sa philosophie, aimait la vie singulière, et lui accordait une liberté dont il connaissait tout le prix : la marquise était dans le même goût. Aussi Rousseau allait-il les voir souvent ; il faisait quelquefois de la musique avec leur famille, et s'était déjà tellement attaché à l'un de leurs enfants, âgé de dix ans, qu'il paraissait, aux soins continus qu'il lui donnait, vouloir en faire son élève, choix qui fait l'éloge du sujet. Malheureusement la mort est venue frapper le maître à l'improviste, avant qu'il ait pu non seulement perfectionner, mais même ébaucher son éducation. Voici comme raconte le fait quelqu'un (1) qui, sans en avoir

---

(1) Un anonyme, qui, dans une lettre en date du 13 juillet aux amateurs du journal de Paris, s'exprimait ainsi : « Vous pouvez, Messieurs, regarder toutes les circons-
» tances de ce récit comme bien certaines. Je les ai ap-
» prises et m'en suis pénétré dans la chambre, devant
» le lit, sur la place même où Rousseau est tombé mort.
» J'étais seul avec sa veuve : elle est bonne et honnête
» femme, et ne pouvait pas inventer sur ce sujet. »
Les journalistes reçurent vraisemblablement défense

été témoin oculaire, prétend en tenir les particularités de la veuve même, peu après ce fatal événement : c'est ce qui m'a été confirmé à peu-près sur les lieux d'où j'arrive.

« Il (Rousseau) se leva le jeudi 2 juillet à
» cinq heures du matin (c'était l'heure de son
» lever ordinaire en été), jouissant en apparence
» de la santé la plus parfaite, et fut se promener
» avec son élève, qu'il pria plusieurs fois de s'as-
» seoir dans le cours de cette promenade. Il
» revint seul à la maison vers les sept heures,
» demanda à sa femme si le déjeuner était pré-
» paré ? Non, mon bon ami, répondit madame
» Rousseau (1), il ne l'est pas encore. — Eh
» bien ! je vais dans ce bosquet ; je ne m'é-
» loignerai pas : appelez-moi quand il faudra dé-
» jeuner. Madame Rousseau l'appela : il revint,
» prit une tasse de café au lait, et sortit. Il rentra
» peu de moments après, ... huit heures son-
» naient.... Il dit à sa femme : pourquoi n'avez-
» vous pas payé le compte du serrurier ? C'est,
» lui répondit-elle, parce que j'ai voulu vous le
» faire voir, et savoir s'il n'en faut rien rabattre.

---

d'insérer dans leurs feuilles cette lettre, ce qui la rendit fort rare.

(1) Elle se nommait *le Vasseur*; c'était une ravaudeuse dont il avait fait sa maîtresse, ensuite sa gouvernante, et dont enfin il fit sa femme.

» Non, répondit monsieur Rousseau; je crois ce
» serrurier fort honnête homme; son compte doit
» être juste : prenez de l'argent et payez-le.
» Madame Rousseau prit aussitôt de l'argent et
» descendit. A peine fut-elle au bas de l'escalier,
» qu'elle entendit M. Rousseau se plaindre. Elle
» remonte en hâte et le trouve assis sur un siége
» de paille, ayant le visage défait et le coude
» appuyé sur une commode. Qu'avez-vous mon
» bon ami? Vous trouvez-vous incommodé? Je
» sens, répondit-il, une grande anxiété et des
» douleurs de colique. Alors madame Rousseau,
» feignant de chercher quelque chose, fut prier
» le concierge d'aller dire au château que mon-
» sieur Rousseau se trouvait mal. Madame la
» marquise de Girardin accourut aussitôt elle-
» même, et prenant un prétexte pour ne pas
» effrayer monsieur Rousseau, elle vint lui de-
» mander, ainsi qu'à sa femme, s'ils n'avaient
» pas été éveillés par la musique que l'on avait
» faite pendant la nuit devant le château? Mon-
» sieur Rousseau lui répondit avec un visage
» tranquille : Madame, vous ne venez pas pour
» la musique : je suis très-sensible à vos bontés ;
» mais je suis incommodé et je vous supplie de
» m'accorder la grâce de me laisser seul avec ma
» femme à qui j'ai beaucoup de choses à dire.
» Madame de Girardin se retira aussitôt. Alors
» monsieur Rousseau dit à sa femme de fermer

» la porte de la chambre à clef, et de venir s'as-
» seoir à côté de lui sur le même siége. Vous
» êtes obéi, mon bon ami, lui dit madame
» Rousseau; me voilà! comment vous trouvez-
» vous ? — Je sens un frisson dans mon corps :
» donnez-moi vos mains et tâchez de me ré-
» chauffer.... Ah! comme cette chaleur m'est
» agréable ! — Eh bien mon bon ami ? — Vous
» me réchauffez.... mais je sens augmenter mes
» douleurs de colique,.... elles sont bien vives !—
» Voulez-vous prendre quelque remède ? — Ma
» chère femme, rendez-moi le service d'ouvrir
» les fenêtres, afin que j'aye le bonheur de voir
» encore une fois la verdure.... comme elle est
» belle !.... Que ce jour est pur et serein ! O
» que la nature est grande ! — Mais, mon bon
» ami, lui dit madame Rousseau, pourquoi dites-
» vous tout cela ! — Ma chère femme, lui dit
» tranquillement monsieur Rousseau, j'avais tou-
» jours demandé à Dieu de me faire mourir avant
» vous. Mes vœux vont être exaucés. Voyez ce
» soleil, dont il me semble que l'aspect riant
» m'appèle ? Voyez vous-même cette lumière
» immense. Voilà Dieu; oui, Dieu lui-même,
» qui m'ouvre son sein, et qui m'invite enfin à
» goûter cette paix éternelle et inaltérable que
» j'avais tant desirée.... Ma chère femme ! ne
» pleurez pas ? Vous avez toujours souhaité de
» me voir heureux, et je vais l'être !.... Ne me

» quittez pas : je veux que seule vous restiez avec
» moi, et que seule vous me fermiez les yeux.—
» Mon ami!..... Mon bon ami, calmez vos
» craintes, et permettez-moi de vous donner
» quelque chose. J'espère que ceci ne sera
» qu'une indisposition. — Je sens dans ma poi-
» trine des épingles aiguës qui me causent des
» douleurs très-violentes.... Ma chère femme ;
» si jamais je vous donnai des peines ; si, en vous
» attachant à mon sort, je vous exposai à des
» malheurs que vous n'auriez jamais connus par
» vous-même, je vous en demande pardon. —
» C'est moi, mon bon ami, dit mad. Rousseau,
» c'est moi qui dois au contraire, vous demander
» pardon des moments d'inquiétude dont j'ai été
» la cause pour vous. — Ah ! ma chère femme,
» qu'il est heureux de mourir quand on n'a rien
» à se reprocher ! Etre éternel, l'âme que je
» vais te rendre est aussi pure en ce moment
» qu'elle l'était quand elle sortit de ton sein :
» fais la jouir de ta félicité.... Ma femme, j'avais
» trouvé en monsieur et madame de Girardin, un
» père et une mère des plus tendres : dites-leur
» que j'honorais leurs vertus et que je les re-
» mercie de toutes les bontés dont ils m'ont
» comblé : je vous charge de faire ouvrir mon
» corps après ma mort, par des gens de l'art, et
» de faire dresser un procès-verbal de l'état dans
» lequel on en trouvera toutes les parties. Dites

» à monsieur et madame de Girardin, que je les
» prie de permettre que l'on m'enterre dans leur
» jardin, et que je n'ai point de choix pour la
» place.— Je suis désolée, dit madame Rousseau :
» mon bon ami, je vous supplie, au nom de
» l'attachement que vous avez pour moi, de
» prendre quelque remède. — Eh bien! répondit-
» il, je le prendrai, puisque cela peut vous faire
» plaisir.... Ah! je sens dans ma tête un coup
» affreux!.... des tenailles qui me déchirent....
» Etre des êtres!.... Dieu!.... (il resta long-
» temps les yeux fixés vers le ciel).... Ma chère
» femme!.... embrassons-nous.... Aidez-moi à
» marcher.... (Il voulut se lever de son siége,
» mais sa faiblesse était extrême).... Menez-
» moi vers mon lit.... sa femme le soutenait avec
» peine; il se traîna jusqu'au lit où il avait couché;
» il y resta quelques moments en silence, et
» puis il voulut en descendre. Sa femme l'aidait;
» il tombe au milieu de la chambre entraînant sa
» femme avec lui : elle veut le relever; elle le
» trouve sans parole et sans mouvement. Elle
» jète des cris; on accourt; on enfonce la porte;
» on relève monsieur Rousseau. Sa femme lui
» prend la main; il la lui serre, exhale un
» soupir et meurt. Onze heures du matin son-
» naient (1).

---

(1) Agé de 66 ans. Il était né le 28 juillet 1712, il est mort le 1er juillet.

» Vingt-quatre heures après on a ouvert le
» corps. Le procès-verbal qui en a été fait, atteste
» que toutes les parties étaient saines, et que l'on
» n'a trouvé d'autre cause de mort qu'un épan-
» chement de sérosité sanguinolente dans le cer-
» veau (2).

» M. le marquis de Girardin a fait embaumer
» le corps, et l'a fait renfermer dans une double
» caisse de bois de chêne. En cet état, accompagné
» de plusieurs amis et de deux Génevois, ses
» compatriotes, il a été porté samedi 4 juillet,
» à minuit, dans l'île qu'on appelait *l'île des*
» *Peupliers*, et que l'on appèle aujourd'hui

---

(1) L'extrait des minutes du greffe du bailliage d'Ermenonville, daté du vendredi 3 juillet, porte que : « Sur
» le réquisitoire du procureur fiscal, M. Louis Blondel,
» lieutenant du bailliage, assisté du procureur fiscal et
» d'un huissier, s'est transporté en la demeure du sieur
» J. J. Rousseau pour y constater son genre de mort;
» qu'à cet effet, il a fait comparoir les personnes des
» sieurs Gilles-Casimir Chenu, maître en chirurgie,
» demeurant à Ermenonville, et Simon Bouret, aussi
» maître en chirurgie, demeurant à Montagny; et après
» avoir reçu d'eux le serment en tel cas requis, sous lequel
» ils ont juré de bien et fidèlement se comporter en la
» visite dont il s'agit, après visite faite du corps, et
» l'avoir vu et examiné dans son entier, qu'ils ont tous
» deux rapporté d'une commune voix que ledit sieur
» Rousseau est mort d'une apoplexie séreuse, ce qu'ils
» ont affirmé être véritable, etc. »

» l'*Elysée*. M. Girardin y a resté jusqu'à trois
» heures du matin pour faire bâtir lui-même à
» chaux et à sable, autour de ce dépôt, un fort
» massif, sur lequel on élève un mausolée qui
» aura six pieds de haut, et qui sera d'une déco-
» ration simple, mais belle.

» Cette île, que l'on appèle l'Elysée, est un
» lieu enchanté : sa forme et son étendue font un
» ovale, ayant environ cinquante pieds sur trente-
» cinq. L'eau qui l'entoure coule sans bruit, le
» vent semble craindre toujours d'en augmenter
» le mouvement presqu'insensible. Le petit lac
» qu'elle forme, est environné de côteaux qui
» la dérobent au reste de la nature, et répandent
» sur cet asyle un mystère qui entraîne à la mé-
» lancolie. Ces côteaux sont chargés de bois, et
» terminés au bord de l'eau par des routes soli-
» taires, dans lesquelles on trouve depuis quel-
» ques jours, comme on en trouvera long-temps,
» des hommes sensibles regardant l'Elysée. Le
» sol de l'île est un sable fin couvert de gazons,
» Il n'y a pour arbres que des peupliers, et pour
» fleurs dans cette saison, que quelques roses
» simples. C'est là que repose Jean - Jacques
» Rousseau, la face tournée vers le lever du so-
» leil. » On y lit cette seule inscription :

Ci git
J. J. Rousseau,
L'homme de la nature et de la vérité.

On juge facilement à la lecture de sa lettre, que l'écrivain a pour but de réfuter les étranges assertions avancées sur le compte de Rousseau, sur sa retraite et sur son trépas imprévu, de justifier en même temps ce grand homme, mis mal à propos au rang des philosophes du jour, c'est-à-dire, de ceux qui n'ont aucune religion ni créance.

Des gens difficiles ne trouvent pas que le défenseur ait rempli son objet : par les circonstances de l'accident de Jean-Jacques, par ses propres paroles et le genre des douleurs dont il se plaint, par la certitude qu'il a de sa fin prochaine, ils en infèrent, au contraire, une suite de preuves qu'il s'est empoisonné, et ne peut être péri de l'apoplexie séreuse énoncée au procès-verbal.

A l'égard de ses propos, ces mêmes critiques estiment qu'on pourrait très-aisément les regarder comme ceux d'un déiste, d'un matérialiste, ou d'un athée ; ils y observent en outre un amour propre excessif et bien contradictoire avec la manière dont Rousseau parle de lui dans sa préface.

Ces réflexions caustiques n'empêchent pas qu'il n'y ait beaucoup de naturel et d'onction dans les phrases entrecoupées du moribond causant avec sa femme, et qu'on ne lise avec attendrissement tout ce récit, quelque puérile et minutieux qu'il soit.

Mais quel chagrin amer et violent pouvait avoir ce philosophe pour en venir à la cruelle extrémité qu'on soupçonne? Voici ce qu'on présume, indépendamment des vapeurs noires dont il avait toujours été affecté, de sa jalousie contre Voltaire, passion qu'il réprimait, mais excessive chez lui; enfin, de quelque autre cause quelconque, physique ou morale, qui aurait pu le rendre, comme d'autres, atteint de la manie du suicide.

Personne n'ignore aujourd'hui qu'il avait composé des mémoires de sa vie, et que ces mémoires, écrits avec une liberté vraiment cynique, compromettaient beaucoup de gens. Il avait eu l'indiscrétion de les lire en diverses occasions, entre autres une fois chez le marquis de Pezay, en 1771. On n'aurait pas cru qu'un grave personnage comme Rousseau, se fût prostitué jusqu'à se rendre chez un freluquet, jusqu'à y manger, y passer une journée entière et l'amuser de cette lecture. Mais le fait est attesté par plusieurs personnes dignes de foi, tels que MM. le Mière et Dorat. Le dernier même l'a consigné dans une lettre écrite dans le temps à madame la comtesse de Beauharnais.

Voici le jugement qu'il en portait; j'en écarte les fadeurs qui le gâtaient.

« Je rentre chez moi, Madame, ivre de regrets
» et d'admiration.... J'ai entendu des choses su-
» blimes.... Je comptais sur une séance de sept

» ou huit heures : elle en a duré quatorze ou
» quinze. Nous nous sommes assemblés à neuf
» heures du matin, et nous nous séparons à l'ins-
» tant, sans qu'il y ait eu d'intervalle à la lecture,
» que ceux des repas, dont les instants, quoique
» rapides, nous ont paru encore trop longs pour
» l'intérêt de nos plaisirs.

» Ce sont les mémoires de sa vie que Rousseau
» nous a lus. Quel ouvrage ! comme il s'y peint !
» et comme on aime à l'y reconnaître ? Il y
» donne à son caractère toute la sanction de
» l'honnêteté ; il y avoue ses bonnes qualités avec
» un orgueil bien noble, et ses fautes avec une
» franchise plus noble encore. Il nous a arraché
» des larmes par le tableau pathétique et vrai de
» ses malheurs, de ses faiblesses, de sa con-
» fiance payée d'ingratitude, de tous les orages
» de son cœur sensible, tant de fois blessé par
» la main caressante de l'hypocrisie, surtout de
» ces passions si douces qui plaisent encore à
» l'âme qu'elles rendent infortunée. J'ai pleuré
» de bien bon cœur.

» L'écrit dont il est question est vraiment un
» phénomène de génie, de simplicité, de candeur
» et de courage. Que de géants changés en nains !
» Que d'hommes obscurs et vertueux, rétablis
» dans leurs droits, et vengés à jamais des mé-
» chants par le seul suffrage d'un honnête
» homme ! Tout le monde y est nommé ; on n'a

» point fait le moindre bien à l'auteur, qui ne soit
» consacré dans son livre, qui lui-même est un
» bienfait; mais aussi démasque-t-il les impos-
» teurs sans le moindre égard pour leur diffor-
» mité. »

J'en reviens, Milord, à l'inconséquence qu'on reproche à Rousseau d'avoir communiqué ses mémoires à une assemblée aussi peu grave. Ce qui le rend plus excusable dans cette occasion, c'est qu'il était question de satisfaire la curiosité du roi de Suède, prince royal en ce temps là, qui était à Paris, et que le comité où il fit cette lecture était peu nombreux.

Quoi qu'il en soit, l'auteur dans une maladie grave dont il craignait de mourir, s'attendrissant sur le sort de mademoiselle le Vasseur, menacée de la plus cruelle indigence, lui dit qu'il avait de quoi adoucir la perspective affreuse que sa fin prochaine lui faisait envisager, et lui remit en même temps un paquet cacheté. Il l'assura que ce paquet, contenant les mémoires de sa vie, serait acheté fort cher par les libraires, et lui produirait de quoi se faire un sort. Il n'est pas bien éclairci si sa femme, sollicitée par quelqu'imprimeur cupide, s'est réellement laissé aller à ses offres; mais quelques semaines avant sa mort, le bruit courut, et s'était accrédité au point de mettre en l'air tous les curieux, d'inquiéter tous les acteurs y figurant et intéressés à en empêcher la publicité : ce qui rendait la nouvelle plus probable, c'est qu'on distribuait la préface de ces mémoires. Elle est courte, et vous donnera une idée du style dont ils sont écrits, et des vues que l'auteur s'y est proposées.

« Je forme une entreprise qui n'eut jamais d'exemple, et dont l'exécution n'aura point d'imitateurs ; je vais montrer à mes semblables un homme dans toute la vérité de la nature ; et cet homme, c'est moi.

« Moi seul je sens mon cœur et je connais les hommes ; je ne suis fait comme aucun de ceux qui existent ; je ne vaux pas mieux ou moins : je suis autre ; si la nature a bien ou mal fait de briser le moule dans lequel elle m'a jeté, c'est ce dont on ne peut juger qu'après m'avoir lu.

« Que la trompette du jugement dernier sonne quand elle voudra, je viendrai, ce livre à la main, me présenter devant le Souverain juge. Je dirai hautement : voilà ce que j'ai fait, ce que j'ai pensé, ce que je suis ; j'ai dit le bien et le mal avec la même franchise : je n'ai rien tû, rien déguisé, rien pallié ; je me suis montré coupable et vil quand je l'ai été ; j'ai montré mon intérieur comme tu l'as vu toi-même, Être éternel ! rassemble autour de moi l'innombrable foule de mes semblables ; qu'ils écoutent mes confessions ; qu'ils rougissent de mes indignités ; qu'ils gémissent de mes misères ; que chacun dévoile à son tour son cœur aux pieds de ton trône, et qu'un seul te dise ensuite, s'il l'ose : je fus meilleur que cet homme là. »

On fut jusqu'à dire que le lieutenant de police ne pouvant résister aux alarmes de ceux qui lui en avaient fait part, manda cet écrivain et l'interrogea ; que Rousseau ne put renier son ouvrage, mais protesta n'avoir aucune part à son impression. Quoi qu'il en soit, comme il disparut dans le même temps, les soupçons se fortifièrent, et sa mort subite qui a suivi incontinent, a donné lieu de croire qu'il avait accéléré sa fin. Il est constant cependant que ces mémoires n'étaient et ne sont pas encore imprimés, mais on les attend d'un jour à l'autre, malgré la vigilance du gouvernement attentif à s'opposer à leur introduction.

Si l'espoir des amateurs se réalise, je vous parlerai, Milord, de cette œuvre posthume avec d'autant plus de soin que tous les journalistes de ce pays ont reçu d'avance défense d'en faire mention.

Au cas où les conjectures sinistres que je vous expose sur le trépas accéléré du philosophe Genevois, seraient fondées, il aurait rempli sa devise dans toute son étendue, *vitam impendere vero*. C'est bien la mienne ; mais comme les vérités que je découvre, ne sont que pour l'amitié, j'espère qu'elles me seront moins funestes, surtout si cette amitié me reste pour dernière consolation.

Paris, ce 31 juillet 1778.

LETTRE XVI.

Sur les Foires; sur les Spectacles forains. Anecdote curieuse et plaisante.

Le rétablissement de la foire Saint-Laurent, fermée depuis plus de vingt ans, et qui vient de se rouvrir durant l'été, me fournit occasion, Milord, de vous parler de cette nature de spectacles et des amusements qu'on y rencontre. *Panem et circenses*, était la devise du peuple romain lorsqu'il commença à déchoir de sa première vertu, à s'amollir et à se corrompre; elle est aussi celle du peuple de Paris dont la dépravation est portée à son comble : comme il n'a plus rien à perdre du côté des mœurs, il s'agit seulement d'arrêter les suites funestes de ce débordement général, et d'empêcher qu'il n'en résulte au moins de plus grands maux, des crimes, des forfaits et surtout des désordres politiques. Ce n'est donc pas une petite occupation du magistrat chargé de la police de cette immense capitale, de veiller aux plaisirs du peuple, de les varier sans cesse, et le promenant toute l'année dans un cercle d'amusements, de l'étourdir sur ses maux, et de lui faire ronger son frein avec docilité. Telle a été vraisemblablement l'origine des spectacles forains, tirant leur nom des lieux où ils ont pris naissance, les foires Saint-Germain et Saint-Laurent.

Ces deux principales foires de Paris ont varié souvent, soit pour le lieu, le temps, ou la durée; elles n'ont été constantes qu'en un point, c'est que la première se tenait l'hiver et la seconde l'été (1), ce qui forme encore leur partage actuel. J'ai interrogé beaucoup de savants membres de l'académie des inscriptions et belles-lettres qui n'ont pu m'assigner l'origine de ces foires; tout ce qu'on sait, c'est qu'elles sont fort anciennes, et que pendant deux ou trois cents ans, elles furent des lieux privilégiés de commerce, où le concours immense des vendeurs et des acheteurs en formait tout le spectacle. Il n'y a guère qu'un siècle qu'on commença à y dresser

---

(1) Du reste, la foire Saint-Germain fut d'abord instituée au mois d'octobre, et elle ne durait que huit jours. On la remit au mois de mars, ensuite au mois de mai; ensuite on la prolongeait quelquefois de quinze jours, de trois semaines, d'un mois; enfin elle fut fixée au mois de février, et elle durait ordinairement deux mois entiers, et quelquefois plus. La foire Saint-Laurent, après plusieurs vicissitudes semblables, après avoir changé souvent de place, quoique toujours dans le faubourg Saint-Martin, fut fixée au mois d'août, et durait à peu près autant que l'autre.

des théâtres (1) : ce sont les marionnettes qui ont le droit d'aînesse ; et le nom de *Brioché*, leur premier instituteur, sera mémorable à jamais en ce genre. Ensuite parurent les animaux sauvages. Les lions, les tigres, les ours, les léopards apprivoisés par de modernes Orphées, fournirent aux naturalistes, dans différentes loges où ils étaient renfermés, de quoi examiner de plus près leur structure, leurs allures, leur génie, leurs mœurs ; les géants, les nains, les hermaphrodites succédèrent, et les hommes briguèrent l'avantage de figurer à leur tour en pareils lieux. Après eux vinrent les animaux familiers, comme les chiens, les chats, les singes exercés à différents tours d'adresse, pour tirer l'argent du peuple, plus flatté de ces spectacles sensibles. La cupidité fit s'évertuer une infinité de talents ; elle attira même ceux des pays étrangers ; delà les joueurs de gobelets, les sauteurs et danseurs de corde ; les derniers enfin, formés en troupes (2), jouèrent des pièces et

---

(1) On y représenta pour la première fois en 1678. La plus ancienne pièce foraine que l'on connaisse, est intitulée : *Les Forces de l'Amour et de la Magie*. C'est un divertissement comique en trois intermèdes, ou plutôt un mélange assez bizarre de sauts, de récits, de machines et de danses.

(2) La première de ces troupes fut celle du sieur *Allard*, qui commença en 1677 ; celles de *Maurice*, de *Bertrand*, de *Selle*, de *Dominique*, d'*Octave*, de *Fran-*

profitèrent de la suppression de l'ancienne troupe des comédiens italiens (1) pour s'emparer de leur héritage ; c'est-à-dire de leur répertoire. On sait qu'il ne consistait qu'en cannevas qu'ils ajustèrent aux circonstances. Le public, qui regrétait les Italiens, se porta en foule à la foire Saint-Laurent où l'on commença cet essai. Les comédiens français, dont la jalousie avait fait expulser les maîtres, eurent beaucup de peine à faire fermer la bouche à ces subalternes (2); enfin, les acteurs forains, réduits à ne représenter que des scènes muettes, se retournèrent du côté des chefs de l'académie royale de musique (3), pour obtenir la permission d'exécuter de petits drames en vaudevilles mêlés de prose et accompagnés de danses et de ballets. Telle fut l'origine de l'opéra

---

cisque, d'*Honoré*, de *Pontau*, de *Restier*, et celle de *Nicolet* lui ont succédé.

(1) En 1697.

(2) Ils obtinrent d'abord une ordonnance du lieutenant de police, qui défendit aux farceurs forains de représenter aucune comédie. Mais ceux-ci appelèrent au parlement de cette sentence : cette cour ne leur fut pas plus favorable. Ils eurent recours alors à mille artifices, pour se mettre à l'abri des poursuites des comédiens. Ils obtinrent du grand conseil un arrêt en leur faveur : mais cet arrêt fut annulé par le conseil-privé du roi, où l'affaire avait été portée.

(3) Elle était alors dirigée par des syndics et directeurs.

comique, devenu depuis si célèbre, si essentiel à l'amusement des Parisiens, si fécond en saillies vives et piquantes, qu'on l'appelait plaisamment *le grenier à sel*. Au reste, il eut pour père un des premiers hommes de la littérature française, ce LE SAGE, dont les romans, plus utiles que les plus beaux traités de morale, après avoir fait les délices de ses contemporains, ne plairont pas moins à la postérité, et offriront sans cesse un tableau aussi fidèle que varié, aussi gai que piquant, des mœurs de son siècle. On sent que les moindres bagatelles d'un pareil homme devaient être pleines de critique et d'enjouement.

Dans le même temps on imagina les représentations par écriteaux. On suppléait ainsi à la parole et même à la pantomime de mille scènes qui ne pouvaient s'exprimer par gestes. Chaque acteur avait un nombre de cartons roulés (1) suffisant pour décrire successivement tout son rôle, et parvenait, avec ce secours, à rendre une action entière.

Cette formule dramatique trop grossière ne dura pas long-temps; des couplets sur des airs connus furent substitués à la prose des rouleaux, et en rendant la même idée, y jetaient un agré-

---

(1) Chaque acteur portait ses cartons dans la poche droite; il les tirait à mesure, les faisait lire au public et les passait dans sa poche gauche.

ment et une gaîté dont l'autre genre n'était pas susceptible ; pour faciliter la lecture de ces vaudevilles malins, l'orchestre en jouait l'air, et des gens gagés par la troupe, placés au parquet et à l'amphithéâtre les chantaient, mettaient en train leurs voisins qui les imitaient, et les spectateurs y prirent un tel goût, que ce devint un *chorus général*.

Voilà comme on amusait à-peu-près le peuple durant les foires de Saint-Germain et de Saint-Laurent, jusqu'au rétablissement de la nouvelle troupe italienne (1), qui à son retour, trouvant le public plus difficile, se transporta pendant plusieurs années à ces foires. C'était l'opéra comique qui avait la grande vogue, et si grande que les autres spectacles employèrent leur crédit à le faire supprimer plusieurs fois, jusqu'à la réunion absolue à l'un des leurs (2). Au moyen de cet ennoblissement, il ne figure plus aux foires, et est devenu réservé aux plaisirs de la cour, des grands, des gens riches, et au moins de la bonne bourgeoisie.

Depuis cette époque les spectacles forains se sont trouvés réduits, à deux principaux, ceux de Nicolet et d'Audinot. Le premier comme le plus ancien en titre, s'appèle *la Troupe des grands*

---

(1) En 1716.
(2) L'Opéra-Comique a été réuni à la Comédie Italienne en 1762.

danseurs de corde et sauteurs du roi (1); le second se nomme l'*Ambigu comique*. Aucun des deux n'a la permission de chanter; mais ils jouent des pièces régulières, des pantomimes, et il y a toujours un concours de monde prodigieux et souvent la meilleure compagnie, quand quelqu'une de ces farces acquiert plus de vogue que les autres, soit par mode, soit par l'à-propos, soit par un mérite réel.

En effet, quoique la comédie française ait le droit de lire les pièces foraines, avant qu'elles soient jouées, de les retenir et exécuter elle-même, si elle les juge assez belles pour cela, ou par un privilége plus bizarre et plus absurde, afin d'ôter à ces théâtres tout air de rivalité; quoiqu'elle puisse en mutiler, en dégrader les nouveautés et obliger l'auteur de ne les laisser représenter que dans cet état de castration, il en échappe de temps en temps au scalpel des histrions. Tel est l'*Amour quéteur* (2), ingénieuse bagatelle, digne

---

(1) Cette troupe a eu la permission de se dire appartenir au roi depuis qu'elle a joué devant Louis XV dans le temps de la comtesse Dubarri. Elle a aussi joué devant Louis XVI.

(2) Pièce en deux actes d'un abbé Robinet, jouée pour la première fois chez Nicolet, le jeudi 16 octobre 1777.

A cette occasion il y a une anecdote fort singulière. C'est qu'*Alin et Rosette*, ou la *Bergère ingénue*, pastorale, jouée à l'Opéra, avait été représentée long-temps auparavant chez Nicolet, et ce misérable spectacle a eu

d'un autre lieu, et qu'on croirait de l'abbé Voisenon, s'il ne fût mort long-temps avant.

Cet étrange privilége est fondé sur ce que je vous ai dit, Milord, que ces spectacles sont ceux de la canaille, et ne sont point censés destinés à des spectateurs plus relevés ; c'est ce que le gouvernement lui-même a déclaré dans une ordonnance de police (1), où, par la raison que ces divertissements étant faits pour délasser le peuple et empêcher les suites funestes de l'oisiveté, il est nécessaire de les mettre à un taux qui n'excède pas sa portée, on a réduit les prix des places que les directeurs avaient rehaussés considérablement.

Cependant, par une inconséquence fort ordinaire et bien contradictoire avec cette assertion, l'été, outre la représentation de l'après-dînée, ces spectacles en donnent une seconde la nuit, et l'on juge qu'elle ne peut être que pour les amateurs d'un certain ton : ils ont aussi la liberté de faire construire de petites loges qu'on loue d'avance, occupées ordinairement par des gens de la plus haute qualité.

---

la gloire de fournir une pièce de son répertoire au premier théâtre de France.

(1) Rendue le 14 avril 1768 et publiée le 20 du même mois à son de trompe, concernant les *bâteleurs*, *farceurs*, *danseurs de cordes*, et *autres spectacles des foires et boulevards*.

Un privilége de ces spectacles, plus spécial et plus révoltant pour les dévots, c'est qu'ils sont prolongés après les grands (1), et durent une semaine entière au delà de la cessation de ceux-ci; toujours par ce principe politique, qu'il faut distraire et amuser le peuple le plus long-temps qu'il est possible : et il est si vrai que c'est lui qu'on redoute le plus, que l'opéra-comique, dès qu'il a été réuni aux Italiens, a perdu cet avantage ; ceux-ci ont en vain sollicité d'en jouir.

Ces faveurs devaient naturellement rallumer la jalousie des grands spectacles : un acte de rigueur même, en apparence, exercé envers ces nouveaux émules, n'a contribué qu'à l'accroître, parce que les premiers y ont vu un projet formé de les consolider; c'est le quart des pauvres (2)

---

(1) Les grands spectacles étaient fermés dès le dimanche de la Passion ; ceux des boulevards et des foires ne l'étaient que le dimanche des Rameaux, et tous rouvraient le lendemain du dimanche de Quasimodo.

(2) On prélevait sur toute la recette des grands spectacles un quart au profit des hôpitaux; c'est ce qui fit mettre autrefois à 20 sols les places du parterre de la Comédie Française, qui n'étaient qu'à quinze, ainsi qu'on l'apprend par ces vers de Boileau.

    Un clerc pour quinze sous, sans craindre le hola,
    Peut aller au parterre attaquer Attila, etc.

Depuis les comédiens se sont abonnés et ont donné une somme fixe.

dont on a grevé les spectacles forains qui en avaient été exemps depuis leur origine ; en sorte que les prêtres qui ont l'ordonnance de ces deniers, se trouvent aujourd'hui intéressés à leur conservation.

L'Ambigu comique avait surtout excité les plaintes de l'archevêque, en ce que, composé dans le principe de petits enfants, il le regardait avec raison comme un berceau de libertinage, et que les formant dès leurs premiers ans à l'exercice de ces jeux scandaleux, on les rendait désormais incapables de toute autre profession honnête. On laissa le prélat murmurer ; il avait aussi trouvé mauvais que ce spectacle dans une pantomime très-courue (1) parodiât les cérémonies et les habillements de l'église (2) : on n'y eut pas plus d'égard ; mais on lui ferma la bouche de la manière ci-dessus, c'est-à-dire, en rendant l'*Ambigu comique* son tributaire ainsi que les danseurs de corde ; et suivant un principe sacré qu'il ne pouvait récuser, on couvrit ainsi leurs iniquités par des aumônes. *Eleemosinis redime peccata.*

―――

(1) *Alceste*, ou *la force de l'amour et de l'amitié*, en deux actes : par M. Arnauld, musique de M. Pupavoine.

(2) Il y avait une procession, un enterrement, et les habits des pontifes ressemblaient beaucoup aux chappes des prêtres.

D'après un tel principe, les directeurs de ces spectacles forains peuvent commettre impunément tous les péchés qu'ils voudront; car ils ont de quoi les racheter en abondance : ils gagnent infiniment d'argent, et le sieur Nicolet surtout qui a plus d'arrangement que son confrère (1). On assimile sa fortune à celle de nos financiers du second ordre; sa femme a un char brillant et le mari acquiert des terres de tous côtés. Cette perspective a excité l'émulation des spéculateurs du même genre ; une troisième troupe vient déjà d'éclore à la foire Saint-Laurent, et une autre se monte sur les boulevards avec un luxe dont il n'y avait pas encore d'exemple. Je pourrai vous en rendre compte à son ouverture, si l'exécution répond à la grandeur de l'entreprise. Je reviens à la nouvelle troupe et à la foire Saint-Laurent.

Le terrein de celle-ci est beau, vaste, bien aéré : par une bizarrerie remarquable, c'est un terrein sacré; il appartient, ainsi que celui de la foire Saint-Germain, à l'église. Les Lazaristes sont propriétaires du premier, et les bénédictins

---

(1) Le directeur de *l'Ambigu-Comique* se nommait *Audinot*. Il avait passé à la comédie Italienne, lorsque l'Opéra-Comique y fut incorporé; ses camarades regardèrent cela comme une tache : ils l'expulsèrent, quoiqu'il eût plus de vrai talent que la plupart d'entre eux, et il ne dut pas s'en repentir, car ils lui procurèrent par là sa fortune.

du second. Tout l'inconvénient de la foire Saint-Laurent, c'est qu'elle est presque hors de Paris; mais comme elle se tient dans la belle saison, il est beaucoup moindre, et le peuple dès cette année s'y est porté avec affluence. M. le Noir avait à cœur d'illustrer son administration par le rétablissement de cette foire. Regardant toujours en grand les différents détails dont il est chargé, il sent qu'on ne saurait trop multiplier ces vastes réservoirs du peuple, ces filets publics en quelque sorte, où viènent se prendre tous les fainéants, tous les libertins, tous les mauvais sujets de la capitale, qui se trouvent ainsi continuellement sous les yeux et dans les mains de la police.

Le nouveau spectacle dont il s'agit s'est intitulé *les Variétés amusantes*. Il est fondé par un ancien acteur de l'opéra-comique très-renommé, le sieur Lécluse, dont le dérangement a toujours absorbé les gains considérables, et qui, pour se réparer et surtout pour payer ses créanciers, a excité la commisération du lieutenant de police. Il est d'usage que ce magistrat fasse en personne l'ouverture des foires avec grand apparat; il était naturel que celle-ci surtout, son ouvrage, attirât particulièrement son attention. Il n'a pu se refuser à jeter un coup-d'œil sur le théâtre né sous ses auspices, et il a été obligé d'entendre patiemment d'assez plats couplets dans lesquels on l'a célébré.

Les *Variétés amusantes*, comme se l'imaginent aisément tous ceux qui connaissent la légéreté de la nation Française, son attrait pour la mode et les nouveautés, sont devenues le spectacle du jour, et quoiqu'elles n'ayent joué jusqu'à présent que des pièces médiocres, la foule n'y a pas discontinué. Cela m'a fourni l'occasion de voir cette nature de facéties, que je ne connaissais pas: j'y ai été un jour qu'on jouait *le Cocu vengé*; jamais je ne me suis tant ennuyé de ma vie, j'y bâillais à toute outrance, et j'enrageais d'autant plus que je voyais de fort honnêtes gens applaudir et rire de tout leur cœur: j'observais qu'on regardait souvent une loge où était un jeune robin, petit-maître qui avait l'air assez fat, et cependant très-décontenancé en ce moment, très-embarrassé de sa personne. Mes voisins n'ayant pu satisfaire ma curiosité, mon premier soin, après le spectacle, fut de chercher quelqu'un en état de m'expliquer l'énigme. Je fus sur le théâtre et y trouvai M. Dorat que j'interrogeai. Comment, me dit-il, vous êtes à savoir l'aventure de M. Caze avec Dugazon! J'avouai humblement mon ignorance, afin d'en sortir, et il allait me la raconter lorsqu'un nouvel incident troubla notre conversation.

Ce M. Caze en question, maître des requêtes, était aussi sur le théâtre; il déclamait contre *le Cocu vengé*, et trouvait cette pièce très-vilaine,

lorsque le sieur Dugazon, qui avait une petite houssine à la main, épiant le moment où son ennemi se transportait avec le plus de fureur, et gesticulait fortement, lui donne par derrière et sur le dos, un léger coup de baguette. M. Caze se retourne, apperçoit le sieur Dugazon qui s'était vite remis dans sa posture : il l'apostrophe durement ; mais sans articuler le sujet de ses reproches : le comédien s'excuse, le presse de s'expliquer ; ce que ne veut pas faire le magistrat qui reprend la conversation. Le sieur Dugazon alors recommence à faire jouer sa baguette sur ses épaules, et M. Caze outré le menace d'un châtiment exemplaire. Le coupable, sans se déconcerter, lui dit qu'il ne connaît rien à cette querelle, lui demande si c'est une petite parade qu'il veut encore jouer avec lui ; le maître des requêtes perdant la tête de rage, appèle la garde et veut le faire arrêter comme assassin, comme étant venu par derrière lui donner des coups de canne. « Apparemment », répond l'acteur, qui produit la sienne comme la seule arme qu'il eût ; qui le persiffle, prétend impossible qu'un histrion comme lui eût l'effronterie d'attaquer ainsi en public un membre du conseil. Bref, on interroge les spectateurs, et aucun ne voulant déposer du fait, cela n'a pas d'autres suites. Le sieur Dugazon se retire en disant à son adversaire: » Mon
» sieur, quoique comédien, j'ai l'honneur d'être

» gentilhomme, et je suis à vos ordres dès que
» cela vous conviendra.

Le sieur Dugazon parti, nous reprîmes notre conversation que je supprime pour éviter les répétitions ; elle n'était que l'esquisse de la nouvelle ci-jointe. M. Dorat m'avoua qu'il avait trouvé l'aventure si plaisante, qu'il avait imaginé de la raconter par écrit, et de l'insérer dans son *Journal des Dames*. Il se flattait qu'elle le rendrait piquant ; mais en vain en a-t-il déguisé les noms pour la faire passer, le censeur inflexible s'y est opposé ; il est obligé d'en conserver le manuscrit dans son portefeuille, et, comme par l'amour propre ordinaire à un auteur, il desirerait qu'elle fût connue, il ne demande pas mieux que de la communiquer et la faire circuler. Elle vous amusera ; je vous ai restitué les noms en notes, et j'y en ai joint quelques unes recueillies dans le courant de mon entrevue avec ce poète aimable, qui jètent plus de clarté et d'intérêt dans l'ensemble.

NOUVELLE.

L'époque la plus critique de la vie d'un jeune homme est sans doute celle de la sortie du collége, où le germe des passions commence à se développer chez lui, où l'amour, fermentant dans son sein, l'enchante de ses illusions, le rend épris de chaque personne du sexe qui se présenté, et transforme souvent à ses yeux en Vénus un objet qui, dans un autre circonstance, mériterait tous ses mépris. C'est pour prévenir les suites funestes d'un début dangereux que les mères philosophes de Paris, au dessus des préjugés, ont singulièrement perfectionné cette partie d'éducation d'un fils chéri. Il n'en est aucune qui parmi ses femmes n'en ait choisi exprès une jolie, dégourdie, capable de s'en emparer en cet instant, de lui donner les premières leçons du plaisir, de le dégrossir au moins sur les instructions nécessaires, afin qu'il prévienne le danger qu'il ne connaîtrait pas : elles cherchent même à prolonger le plus qu'elles peuvent ces intimités domestiques, et substituent souvent aux chambrières quelque femme honnête qui veuille bien se charger du soin de l'introduire, ce qu'on appèle, dans le monde. Cette femme honnête est communément une douairière qui, désormais abandonnée des amants, est obligée d'en enlacer ainsi par ruse, et se trouve dédommagée de ce que perd son amour-propre, par ce qu'elle gagne du côté de la jouissance. Le jeune Caze, fils d'un fermier général, maître des requêtes depuis peu, avait passé par la première épreuve ; il en était à la seconde, et se trouvait sous la direction de Mᵉ de Chalut (1), épouse d'un confrère du

---

(1) Epouse du fermier-général de ce nom.

père de son élève. Le poète Marmontel, renommé pour ses vigoureux talents dans la carrière amoureuse, devenu sexagénaire, faiblissait considérablement, et nécessité à se pourvoir lui-même de quelque jeune Sunamite, comme David, qui le regaillardît, venait de la quitter et de se marier à une demoiselle charmante (1). La vieille Ariadne, furieuse, s'était d'abord portée à des excès de rage la plus effrénée: revenue à elle, son propre intérêt l'avait déterminée à ne se pas décrier elle-même par un éclat scandaleux, et à se réduire à un rôle que l'âge nécessitait. C'était une grosse brune, réparant avec le secours de l'art les outrages du temps, encore appétissante pour quiconque n'y regarde pas de si près, d'un tempérament fougueux, lubrique d'ailleurs et très-propre à encourager merveilleusement la timidité d'un novice. Elle était trop contente de celui qui lui tombait en partage pour ne pas s'efforcer de maintenir son erreur, et de le conserver; mais le moyen dans cette capitale, dans un tourbillon de plaisirs, où l'état de son esclave, sa fortune et son âge l'entraînaient! Il ne tarda pas à lui échapper. Ce fut à la comédie italienne où il reçut la première atteinte de l'amour, c'est-à-dire, de cette passion inquiète, active, qui vous reproduisant sans cesse l'objet desiré,

---

(1) Nièce de l'abbé Morellet, membre de l'Institut de France.

vous rend tous les autres objets insipides, et suspend, en quelque sorte, vos facultés, n'ayant plus d'énergie pour toute beauté que celle-là. La demoiselle le Fevre, nouvelle actrice de ce spectacle, avait tellement frappé Caze, qu'il n'aimait, ne voyait, n'entendait plus qu'elle. Ce qui rendit sa passion plus violente, ce furent les difficultés qu'il éprouva pour la faire connaître à celle qui la causait: il apprit que mariée depuis peu au sieur Dugazon, acteur de la comédie française, ce dernier en était jaloux à l'excès. Cette découverte ne permettait plus de parvenir à elle aussi librement que de coutume. L'amour donne de l'esprit aux plus sots. Quoique le magistrat enfant fût de ce nombre, et ne réparât pas même ce défaut par l'expérience qui y supplée en pareil cas, il eut recours à un stratagême adroit et dont le succès devait être infaillible.

La fureur de jouer la comédie bourgeoise, introduite dans presque tous les ordres de l'état, semble faire de ce talent une partie nécessaire de l'éducation de nos petits-maîtres, de nos agréables, de cette jeunesse folle et licencieuse dont il semble qu'on veuille hâter la corruption de toutes les manières. Quand on ne peut pas avoir un théâtre en règle, on y supplée par des spectacles plus faciles; on joue des proverbes, des parades. Le sieur Dugazon est surtout renommé dans ce dernier genre, il est extrêmement gai, polisson, ordurier : en conséquence on le recherche dans les meilleures sociétés. Le jeune Caze, qui connaissait le goût de ses parents (1) pour cet amusement, imagina d'affecter un desir extrême de s'exercer sur une scène privée : ceux-ci, plus empressés de voir leur fils homme aimable que grand juge (2), sont

---

(1) M. Caze était extrêmement fastueux ; il se ruina par ses prodigalités excessives. Il avait une terre nommée Forcy à quelques lieues de Paris, sur la Marne, où il avait fait des dépenses énormes ; on en vantait surtout les potagers, qui lui avaient coûté des sommes considérables. Il a fallu vendre tout cela.

La chambre à coucher des deux époux était singulière : les deux lits se rapprochaient quand ils voulaient, au moyen de ressorts arrangés exprès ; se boudaient-ils, il s'élevait une séparation entre les deux lits qui s'éloignaient.

(2) La femme surtout était une des plus frivoles et des plus ridicules de France. Elle se nommait Lescarmontier, étant fille, et elle était courue à Paris pour sa beauté. M. Caze en devint amoureux, et l'épousa sans fortune. C'est elle qui avait donné l'ordre à son portier de ne point laisser entrer chez elle des hommes qui n'auraient pas de manchettes à dentelles. Un plaisant mit un jour une manchette à dentelles et une brodée ; en arrivant il ne laissa voir que la première, et cacha l'autre sous sa veste, en sorte qu'il passa sans difficulté. Quand il se présenta devant la maîtresse de la maison, il changea sa contenance : il déroba à ses regards la manchette à dentelle et ne montra que la seconde. Madame Caze, furieuse de ce manque

enchantés de son goût. Il a recours au sieur Dugazon ; il le prie de vouloir bien lui donner des leçons, qu'il paye très-cher, et quand il est assez exercé, il l'engage à venir chez ses père et mère, à faire de petites farces avec lui. Après les premiers essais on se plaint qu'il manque une actrice pour les étendre davantage, et les rendre plus variées et plus intéressantes. Il prétexte que sa mère est fort difficile pour l'introduction de pareilles femmes : elle ne veut rien que d'honnête, et madame Dugazon seule (mademoiselle le Fèvre) peut être admise. Tout cela s'amenait par degrés, et naturellement : le mari est pris pour dupe, et sa femme se trouve Caze. A son âge, quand on est riche et bien de figure, on fait rapidement des progrès dans un cœur déjà ouvert de toutes parts. Celui de madame Dugazon était sans défense contre les attaques du

---

d'étiquette, ne peut y tenir ; elle fait appeler son portier et le gronde secrètement. Le facétieux se doute de ce qui arrive : il entre en explication avec madame Caze, et lui fait voir sa bêtise : effectivement celle-ci égalait sa beauté.

Madame Caze avait aussi la manie de faire des visites à onze heures du soir, à minuit, de veiller beaucoup ; elle a fait périr à ce métier plusieurs jeunes femmes qui n'avaient pas sa vigoureuse santé. Quelquefois on les trouvait s'ennuyant, dormant au coin du feu ; mais elles ne voulaient pas déroger à l'étiquette de ne se coucher que le matin.

nouvel amant, et la jalousie de son mari ne pouvait qu'ajouter un plaisir plus vif à celui de le tromper.

La grosse Chalut ne tarda pas à s'appercevoir de l'intrigue ; il y avait de bonnes raisons pour cela. La tendresse de son pupille ne se manifestait plus que très-rarement, et elle ne pouvait douter qu'il n'allât porter ailleurs ses hommages. Son premier mouvement aurait été terrible, si le perfide se fût présenté en cet instant à ses regards : la réflexion la calma bientôt. Elle comprit que cette démarche ne servirait qu'à la compromettre sans ramener le coupable et sans le punir. Elle conçoit une vengeance plus raffinée ; elle se propose d'armer la jalousie de Dugazon et de satisfaire la sienne par le trouble qu'elle va mettre dans ces trois cœurs, et peut-être par les excès auxquels va se porter la fureur du premier.

Un soir, où tête à tête avec le jeune Caze, celui-ci, par désœuvrement ou pour cacher sa défection, semblait vouloir se livrer à des transports feints, elle repousse ses embrassements avec indignation : « Il n'est pas surprenant, lui
» dit-elle, que mes faibles attraits perdent leur
» empire sur vous ; que dans la jeunesse bril-
» lante où vous êtes, vous soyiez léger et vo-
» lage ; mais qu'à l'inconstance vous joigniez
» une dissimulation profonde, une trahison ré-
» fléchie ; qu'à regret arraché des bras d'une

» courtisane, vous veniez vous précipiter dans les
» miens et me faire peut-être recueillir les fruits
» empoisonnés de ses caresses, ce n'est que
» d'un libertin consommé, d'un scélérat préma-
» turé : c'est sous l'enjouement et les grâces de
» l'innocence et de la candeur recéler l'âme d'un
» monstre horrible. Oui, je sais tout, comme
» si j'avais tout entendu et tout vu. Vous êtes
» épris de madame Dugazon, vous trompez son
» mari, et si elle ne vous trompe pas encore,
» cela ne tardera pas ; mais le temps seul peut
» vous faire revenir d'un tel égarement. Ce que
» j'exige à présent de vous, c'est que vous me
» fassiez un aveu, qui ne m'apprendra rien, mais
» seul capable de vous faire mériter votre grâce
» auprès de moi. Si je dois renoncer au titre de
» votre amante, je veux au moins rester votre
» amie, vous aider de mes conseils guider votre
» inexpérience et vous épargner sans doute bien
» des fautes et des malheurs. »

Madame de Chalut avait fait un effort sur elle en prononçant ces dernières phrases ; elle y avait mis une onction qui fit presque repentir Caze de l'avoir abandonnée, et qui l'aurait ramené à elle s'il n'eût été dans le délire le plus violent de sa passion ; mais elle obtint ce qu'elle désirait : étourdi, confondu de son début, de l'assurance dont elle lui parlait, il ne peut conserver son secret funeste ; il se jète à ses genoux ; il a recours à des excuses si cruelles pour une femme délaissée, et qu'un jeune homme croit fort tendres et fort touchantes; il se répand en grands sentiments de reconnaissance; il jure qu'aux termes où va se réduire leur commerce, il aura pour elle une fidélité à toute épreuve, l'attachement le plus inviolable. Ces protestations étaient autant d'impertinences dont il ne s'appercevait pas, ou plutôt autant de coups de poignard dans le cœur de madame de Chalut. Elle se fait violence pour se posséder et montrer à l'extérieur le plus beau sang-froid. Elle profite de ces épanchements, afin d'apprendre les divers détails de l'intrigue : elle est étonnée de la dextérité du novice pour se mettre à l'abri de tout soupçon du comédien et perpétuer sa confiance. Quand elle est parfaitement instruite de ce qu'elle veut savoir, elle le congédie et prépare sa vengeance. Elle écrit une lettre anonyme au sieur Dugazon, où on l'informe de la perfidie de sa femme et de son déshonneur. Afin qu'il ne puisse pas douter du fait, on lui en rapporte les particularités les plus secrètes; on lui fournit en même-temps les moyens de vérifier par lui-même ce qu'on lui découvre. Une des principales ruses dont se servaient ces deux amants pour s'expliquer, s'écrire et se donner leur rendez-vous, consistait dans ces billets, ressource si fréquente des auteurs entre leurs personnages ; on l'assure que s'il peut en intercepter un, il verra que ce n'est pas un jeu de théâtre, et aura bientôt la clef du mystère des perfides.

Il n'en fallait pas tant pour troubler le malheureux mari, pour exciter ses recherches et le porter à s'assurer de son malheur. Il profite du premier proverbe qu'on exécute chez madame Caze, où le jeu de la scène amenait un de ces billets fatals que recevait sa femme. Il ne la perd pas de vue : après le spectacle, il se hâte de la ramener, et quand elle est parfaitement endormie, il se lève à la sourdine ; à la lueur d'une lampe de nuit, il fouille dans ses poches et trouve l'écrit funeste, où entre autres choses son amoureux la remerciait de son portrait qu'elle venait de lui donner, s'exprimait en termes brûlants sur cette copie qu'il embrasserait au défaut de l'original, qu'il couvrirait de ses baisers enflammés. Le jaloux ne se connaît plus ; il court au lit, réveille sa femme en sursaut, l'en arrache, l'accable de reproches, d'injures et de coups, la veut forcer à s'avouer coupable. Mais, ô constance admirable du sexe ! elle a le courage de tout nier, et veut que ce chiffon ne soit réellement qu'une supposition. Par un caractère singulier de la jalousie, cette passion semblant toujours faire douter de son malheur celui qui en est atteint, ne lui laisse en même-temps point de relâche, qu'il n'en ait acquis toutes les preuves : en désirant rester dans une erreur qui nous est chère, nous nous tourmentons continuellement pour en sortir. Le sieur Dugazon devait aller le lendemain matin faire la répétition d'une parade chez M. Caze ; il prend une résolution violente, et attend avec impatience l'aurore pour l'exécuter. Il se rend en diligence à l'hôtel du magistrat : il monte dans sa chambre, il le trouve au lit, et lui fait écarter son laquais sous prétexte d'une commission éloignée. Resté seul avec le maître, il va fermer la porte, puis furieux, égaré, il revient sur lui un pistolet à la main : « Cruel, s'écrie-t-il, tu me » rends le plus malheureux des hommes, tu me » ravis le cœur d'une femme qui faisait ma féli- » cité ; je ne veux pas du moins que tu conserves » aucun monument de ma honte ; il faut me re- » mettre à l'instant son portrait et ses lettres, ou » je te brûle la cervelle. »

Le Robin qui n'avait pas eu le temps de proférer une parole, qui ne s'attendait pas à voir substituer une tragédie à une parade, se lève, et toujours docile au pistolet se rend à son secrétaire : il en tire les lettres et le portrait. Dugazon s'en empare et let met d'une main dans sa poche, tandis que de l'autre tenant toujours en arrêt son ravisseur, il l'oblige de s'agenouiller comme il faisait naguère devant le correcteur, et de recevoir sur le derrière quelques coups d'une houssine légère qu'il tenait en entrant par

contenance, en ajoutant : « Voilà le châtiment
» qui convient à un écolier ; mais pour que vous
» ne puissiez pas en disconvenir, j'exige que
» vous m'en donniez un certificat. » Il lui fait en
même-temps écrire ces mots :

« Je me repens d'avoir cherché à déshonorer
» la couche de M. Dugazon ; je me suis soumis
» à la pénitence que je méritais, et pour témoi-
» gnage de ma résipiscence, j'ai signé le présent
» de ma main. »

Alors le reconduisant de nouveau avec le pistolet, il le fait se recoucher ; il gagne la porte à
reculons ; il la ferme à double tour et s'en va.

Le petit Robin libre, se précipite de son lit,
et par la porte d'un escalier dérobé gagne une
fenêtre et crie *au voleur! à l'assassin! Jasmin,
l'Epine, la Fleur, arrêtez ce coquin de Dugazon,
ce traître qui vient de me mettre le pistolet sur
la gorge ; qu'on le conduise en prison ; qu'il soit
roué...* L'histrion était déjà dans la cour lorsqu'il
l'entend. Il ne perd point la tête ; il se retourne
vers lui, et répond : « A merveille ! M. Caze, à
» merveille ! Bien joué ! la fureur est dans vos
» yeux, la rage dans votre bouche, vous rendez
» la passion divinement. Quelle vérité, quel na-
» turel ! vos domestiques, s'ils n'étaient accoutu-
» més à nous voir jouer nos petites farces, y
» seraient pris : mais en voilà assez, vous êtes
» en chemise, vous vous enrhumeriez, rentrez ;

» comptez que tout ira bien. » Il sort en même=
temps, et laisse l'autre s'enrouer à crier de nouveau, qu'on coure après lui; c'est un scélérat;
il a voulu me tuer..... Les spectateurs étourdis,
confondus, ne sachant que penser des cris forcenés de l'un, de l'aisance et de la tranquillité
de l'autre, restent long-temps incertains, et ne
croient la chose sérieuse que trop tard. Dugazon
était déjà bien loin, grâces à son cruel et adroit
persifflage. Pour surcroît de malheur, le laquais
de madame de Chalut, venu en commission dans
la maison, avait été témoin de toute la scène, et
court en hâte en instruire sa maîtresse. Celle-ci,
enchantée, s'empresse d'arriver, de plaindre son
pupille, et sous cette pitié feinte elle se fait
conter dix fois comment l'aventure s'était passée.
Quand elle a réuni toutes les circonstances : « Au
» reste, dit-elle, à quelque chose malheur est
» bon; voilà une leçon qui vous tiendra lieu de
» toutes les miennes; elle vous vaudra une expé-
» rience de dix ans. » Elle le quitte à ces mots,
et pour que l'anecdote soit plutôt publique, la va
conter dans vingt maisons. Le farceur, au surplus, ne la nie pas; il supprime seulement le
geste du pistolet, et insulte encore au pauvre
Caze. Il ne le rencontre plus, qu'il ne lui demande s'il veut jouer une petite parade avec lui?
C'est peut-être la première fois qu'un cocu a les
rieurs de son côté.

LETTRE XVII.

Fête funéraire en l'honneur de Voltaire.

Depuis quelque temps, Milord, la franc-maçonnerie s'est régénérée en France, et y est devenue très à la mode, surtout depuis que l'on a imaginé le moyen de tempérer l'austérité des assemblées par un mélange de galanterie, et d'y associer les femmes en instituant des *loges d'adoption*. Cela ne contribue pas aux progrès des travaux; mais cette nation-ci ne cherche qu'à s'amuser et non à sonder les profondeurs d'un des plus beaux établissements humains aux yeux de quiconque ne s'arrête point à une superficie frivole, et remonte à l'origine des choses. Vous voyez que je parle en franc-maçon anglais, qui connaît toute la noblesse, toute la dignité, toute l'unité, tout le scientifique de son ordre: cela ne m'a pas empêché d'aller plusieurs fois en loge à Paris, comme en un lieu propre à y former des liaisons convenables à mes vues.

Vous avez vu, Milord, dans les anecdotes du dernier séjour de Voltaire à Paris, que les francs-maçons, jaloux de le posséder parmi eux, lui avaient adressé une députation à cet effet; que ce philosophe, âgé de 84 ans, flatté d'un pareil message, d'ailleurs toujours avide de connaître et d'apprendre, n'avait pas dédaigné de redevenir enfant, et de se prêter aux jeux hiérogliphyques de la société mystérieuse. La loge où il a été reçu, composée de tout ce qu'il y a de plus distingué en artistes, en savants, en gens de lettres, et désignée énergiquement sous le nom de la *loge des Neuf-Sœurs*, devait naturellement signaler ses regrets de la perte d'un tel frère : elle a saisi le premier moment d'indulgence ; et vous me sauriez mauvais gré de ne pas vous faire part des détails d'un événement aussi mémorable dans son genre. Il est fâcheux qu'il n'ait pas été accompagné de toutes les circonstances qui devaient le rendre plus imposant et plus auguste ; que la crainte de lui procurer une publicité prématurée ait empêché d'y appeler les virtuoses en femmes qui auraient desiré s'y trouver ; que M. d'Alembert, qui devait se faire recevoir franc-maçon ce jour-là, et, comme secrétaire de l'académie, y représenter son corps, en ait été détourné par une pusillanimité (1) honteuse.

C'est le 28 novembre qu'a eu lieu la cérémonie funéraire dont il s'agit ; et, ce qui n'est pas à

---

(1) On fit craindre à M. d'Alembert que sa démarche n'indisposât le gouvernement, ne scandalisât les faibles, et surtout ne rallumât les fureurs du clergé.

oublier, c'est au noviciat des jésuites qu'elle s'est passée. C'est dans ce premier berceau de l'ordre qu'on a honoré du triomphe un de ses plus ardents détracteurs. O bizarre destinée, qui confond ainsi l'astuce et la superbe !

Les frères invités s'étant réunis dans une salle d'assemblée, et revêtus de leurs écharpes distinctives, on s'est transporté dans une vaste enceinte en forme de temple, où la fête devait se célébrer. Le vénérable, le frère *la Lande;* les frères *Francklin* et comte *de Strogonoff*, ses assistants, ainsi que tous ses grands officiers et frères de la loge, avaient pris place des premiers, afin d'en faire les honneurs. Le grand-maître des cérémonies a introduit alors les frères visiteurs deux à deux, au nombre de plus de 150. Un orchestre considérable jouait dans une tribune pendant cette marche lente, celle *d'Alceste.* Il a rempli le reste du temps par différents morceaux de *Castor et Pollux*, et autres opéras. Chacun étant assis, le frère abbé Cordier de Saint-Firmin (1), agent général de la loge et l'inventeur de la fête, est venu annoncer que madame Denis et madame la marquise de Villette desiraient recevoir la faveur de jouir du spectacle (2). La permission accordée, ces deux dames

---

(1) Auteur d'un éloge de *Louis XII*.
(2) Tout cela était de convention. On ne pouvait se re-

sont entrées, l'une conduite par le marquis de Villette, et l'autre par le marquis de Villevieille. Elles n'ont pu qu'être frappées du coup d'œil imposant du local, et de l'assemblée des frères décorés de leurs différents cordons bleus, rouges, noirs, blancs, jaunes, etc. suivant leurs grades.

Après avoir passé sous une voûte étroite, on trouvait une salle immense tendue de noir dans son pourtour et dans son ciel, d'où descendaient seulement quelques lampes d'une clarté lugubre. Sur les côtés étaient des cartouches en transparents où l'on lisait des sentences en prose et en vers, toutes tirées des œuvres du frère défunt. Au fond s'élevait le cénotaphe.

Quand les deux dames et leurs écuyers ont été assis auprès du monument, les discours d'apparat ont commencé. Le vénérable a d'abord lu le sien, servant d'introduction seulement à ce qui s'allait passer. Un membre de l'académie des sciences n'est pas obligé d'être éloquent, et il y a loin d'un astronome à un orateur. Celui de la loge des Neuf Sœurs (1), à qui sa dignité en fait

---

fuser à inviter la nièce de Voltaire et sa pupille. Pour éviter cependant de blesser la délicatesse des autres femmes, on avait imaginé la tournure qu'elles viendraient comme par hasard.

(1) Frère *Changeux*, auteur de quelques morceaux de poésie peu connus; mais plus distingué par des morceaux de physique, et surtout par un *Traité des extrêmes*.

un devoir plus essentiel, ne s'en est pas mieux acquitté : une voix peu sonore, une bouche empâtée, n'ont contribué qu'à faire paraître plus médiocre sa harangue verbeuse et remplie de lieux communs. Au contraire, on a écouté avec le plus grand plaisir frère *Coron*, l'orateur de la loge de Thalie, affiliée à la première, ce qui lui donnait le droit de parler. Il l'a fait de mémoire, et a mis autant de grâces dans son débit que dans son discours, le plus court et le meilleur sans contredit.

Enfin, le frère *la Dixmerie* a commencé *l'éloge de Voltaire*. Il a suivi la méthode de l'académie française et a lu son cahier, ce qui refroidit également le panégyriste et l'auditeur. On y a observé quelques traits saillants, mais peu de faits et point d'anecdotes. Il s'est étendu trop amplement sur les œuvres de ce grand homme, qu'il a disséquées en détail, et n'a point assez parlé de sa personne. Nulles vues neuves, nulle digression vigoureuse, nul écart, nul élan : on jugeait que l'auteur, continuellement dans les entraves, ne marchait qu'avec une circonspection timide, qui l'obligeait de faire de la *réticence* sa figure favorite. Le seul endroit où il se soit animé et ait mis un peu de chaleur, ç'a été dans son apostrophe aux ennemis fougueux de son héros, où, après avoir dit tout ce qui pouvait les toucher, les attendrir.... « Si sa mort enfin ne vous

» réduit au silence, a-t-il ajouté, je ne vois plus
» que la foudre qui puisse, en vous écrasant,
» vous y forcer..... » A l'instant des coups redoublés de tonnerre d'opéra se sont fait entendre, ont retenti de toutes parts; le cénotaphe a disparu, et l'on n'a plus vu dans le fond qu'un grand tableau représentant l'apothéose de Voltaire. On eût desiré qu'en même temps, par une heureuse adresse, on eût fait succéder à la triste et sombre décoration de la salle, une décoration brillante et triomphale.

Au reste, s'étant permis ce jeu puéril d'un moderne *Salmonée*, sans doute excellent dans une séance aussi grave, il fallait du moins que l'orateur brisât là et se tût. Point du tout : il a repris la continuation de son discours, déjà trop étendu et plus alongé encore par son articulation lente, par son débit monotone et fastidieux. Les frères, malgré leur indulgence, commençaient à bâiller prodigieusement, lorsque frère *Roucher* les a réveillés.

Ce poète a terminé la fête, en déclamant un morceau du mois de janvier, de son *Poème des mois*. Cet ouvrage, quoiqu'il ne soit pas encore imprimé, prôné dans les sociétés avec beaucoup d'emphase par le parti philosophique, a causé les alarmes du clergé, et M. l'archevêque a engagé le garde des sceaux d'ordonner au censeur de l'examiner avec un soin particulier. Il lui a adressé un mémoire où l'on marque tous les endroits dangereux de ce poème antichrétien. La persécution, excitée d'avance contre lui, a animé le zèle de frère *Roucher* à combattre le fanatisme. Il lui a fait enfanter la tirade qu'il a choisie, relative à la mort de Voltaire et au refus de l'enterrer. Il a comparé cette injustice avec les honneurs accordés aux cendres d'un prélat hypocrite et d'un ministre concussionnaire. Dans ces deux portraits, il a désigné sensiblement le cardinal de la Roche-Aimon et l'abbé Terray, morts peu avant, et a fini par annoncer que la terre où serait la cendre de Voltaire, serait une terre sacrée :

Où repose un grand homme, un dieu doit habiter !

Un enthousiasme général a saisi les spectateurs transportés ; on a crié *bis*, et il a fallu qu'il recommençât. On ne savait comment le clergé et le gouvernement prendraient cette incartade imprévue. Les amis du poète craignaient qu'elle ne lui méritât l'animadversion de l'un et la vengeance implacable de l'autre. Qui pourrait prévoir ce que les prêtres lui réservent ? Mais le ministère n'a point sévi.

A cette fête magnifique a succédé, suivant l'usage, un *Agape* (1) modeste, auquel je suis

---

(1) Sorte de festin que faisaient les premiers chrétiens

resté, curieux de voir si M. Franklin y assisterait. Ce sage politique, sachant se faire tout à tout, et tirer parti des plus petits moyens, ne s'est défendu de s'y trouver sur aucune affaire, s'y est comporté avec une franchise, une bonhommie rare, et a été infiniment aimable. O quel homme! quelle tête sous son apparente simplicité!

Adieu, Milord, je vous embrasse par trois fois trois.

Paris, ce 30 novembre 1778.

---

dans les églises, auxquels on ne peut mieux comparer les repas des Francs-Maçons.

LETTRE XVIII.

Apologie de la secte Anandryne, ou Exhortation à une jeune tribade, par Mlle de Raucourt, prononcée le 28 mars 1778.

Femmes, recevez-moi dans votre sein, je suis digne de vous.

Ces paroles sont tirées de la *seconde lettre aux femmes*, par Mademoiselle d'Eon.

C'est ainsi que naguère s'écriait celle dont vous voyez le buste pour la première fois offert à vos hommages; cette fille l'honneur de son sexe, la gloire du siècle, et par la réunion de ses talents divers, peut-être la plus illustre qui ait jamais existé, qui existera jamais; la plus digne surtout de figurer ici, d'occuper une prééminence que je ne dois qu'à l'indulgence de l'assemblée. Ce tendre épanchement, cet élan rapide, cette bouillante ardeur, ces mouvements impétueux qui ramènent mademoiselle d'Eon vers son sexe, sont d'autant plus honorables pour lui, que, travestie en homme dès le berceau, crue homme, éduquée en homme, ayant vécu continuellement avec des hommes, elle en a contracté les goûts, les allures, les habitudes ; elle en a conquis, pour ainsi dire, tous les talents, tous les arts, toutes les vertus, sans se souiller d'aucun de leurs vices : investie de leur corruption, elle a toujours conservé la pureté de son origine. Au collége, dans les festins, dans les parties de plaisir les plus licencieuses, à la cour, au milieu des camps, et, quelquefois obligée de partager sa couche avec un sexe étranger, elle a résisté a tant de tentations dangereuses, et jusqu'à ce qu'elle pût avoir une compagne, trouvé en elle-même une jouissance préférable à celles dont l'attrait puissant l'aiguillonnait sans cesse. Grâces vous en soient rendues, ô déesse auguste qui présidez à nos mystères ! et vous, ma chère enfant, à qui cette exhortation s'adresse principalement, puissiez-vous profiter d'un si grand exemple ! Echappée dès votre tendre jeunesse aux séductions des hommes, goûtez le bonheur de vous trouver réunie au sein de vos pareilles, bonheur après lequel mademoiselle d'Eon, commandée par les circonstances, a soupiré pendant si long-temps en vain.

Au reste, la secte anandryne n'est pas comme tant d'autres qui ne sont fondées que sur l'ignorance, l'aveuglement et la crédulité ; plus on en étudie l'histoire et les progrès, plus on augmente pour elle de vénération, d'intérêt et d'attachement. Ainsi donc, je vous en ferai voir d'abord l'excellence ; puis on pratique mal ce qu'on ne connaît pas bien : *la lettre tue et l'esprit vivifie ;* je veux augmenter votre zèle en l'éclairant, en vous apprenant l'importance et l'étendue de vos devoirs : enfin, la récompense au bout du terme est ordinairement ce qui anime et soutient l'athlète dans la carrière ; je vous en propose une non pas comme tant d'autres, propre à satisfaire uniquement l'orgueil, l'avarice, la vanité, mais à remplir votre cœur tout entier ; c'est le plaisir. Je vous peindrai ceux que nous goûtons. Telle est la division naturelle de ce discours.

O Vesta ! divinité tutélaire de ces lieux, remplis-moi de ton feu sacré ; fais que mes paroles aillent se graver en traits de flamme dans le cœur de la novice qu'il s'agit d'initier à ton culte : puisse-t-elle s'écrier avec autant de sincérité et d'ardeur que mademoiselle d'Eon ! *Femmes recevez-moi dans votre sein, je suis digne de vous !*

PREMIÈRE PARTIE.

L'excellence d'une institution se détermine principalement par son origine, par son objet, par ses moyens, par ses effets.

L'origine de la secte anandryne est aussi ancienne que le monde ; on ne peut douter de sa noblesse, puisqu'une déesse en fut la fondatrice, et quelle déesse ! La plus chaste, dont l'élément qui purifie tous les autres est le symbole. Quelque contraire que cette secte soit aux hommes, auteurs des lois, il n'ont jamais osé la proscrire ; même le plus sage, le plus sévère des législateurs l'a autorisée. Lycurgue avait établi à Lacédémone une école de tribaderie où les jeunes filles paraissaient nues ; et dans ces jeux publics elles apprenaient les danses, les attitudes, les enlacements tendres et amoureux ; les hommes assez téméraires pour y porter les regards étaient punis de mort. On retrouve cet art, réduit en système et décrit avec énergie dans les poésies de Sapho, dont le nom seul réveille l'idée de ce que la Grèce avait de plus aimable et de plus enchanteur. A Rome la secte anandryne recevait, dans la personne des Vestales, des honneurs presque divins. Si nous en croyons les voyageurs, elle s'est étendue dans les pays les plus éloignés, et les Chinoises sont les plus fameuses tribades de l'univers ; enfin, cette secte s'est perpétuée sans interruption jusqu'à nos jours ; point d'état où elle ne soit tolérée, point de religion où elle n'existe, sauf la juive et la musulmane. Chez les Hébreux, le célibat était odieux, et les femmes frappées de stérilité étaient déshonorées ; mais cette nation, toute terrestre et grossière, n'avait pour but que de *croître et de multiplier*, et les Juifs devinrent un si vilain peuple, que Dieu fut obligé de les renier. Quant à la religion musulmane, on peut regarder encore les sérails qu'elle favorise conme une tribaderie mitigée.

Il est vrai que l'objet de cette institution chez les Turcs, est moins de propager le culte de notre déesse que d'exciter la brutalité du maître de tant de belles esclaves renfermées ensemble pour ses plaisirs. On raconte que le grand-seigneur actuel, lorsqu'il veut procéder à la formation d'un héritier de l'empire, fait ainsi rassembler toutes ses femmes dans un des vastes salons du sérail destiné à cet usage, et appelé par cette raison la *pièce des Tours*. Les murs en sont peints à fresque, toutes les figures de femmes, de grandeur naturelle, y représentent les postures, les attitudes, les accouplements et les groupes les plus lascifs. Les sultanes se déshabillent nues, se mêlent, s'entrelacent, réalisent et diversifient, sous les yeux du despote blasé, ces modèles qu'elles surpassent par leur agilité. Quand, l'imagination bien allumée par ce spectacle, il sent se ranimer ses feux engourdis, il passe dans le lit de la favorite préparée à le recevoir, et opère des merveilles. En Chine, les vieux mandarins se servent du même secours, mais d'une manière différente. Aux ordres de l'époux, les actrices y sont accouplées dans des hamacs à jour; là, mollement suspendues, elles se balancent et s'agitent sans avoir la peine de se remuer, et le paillard, les yeux ardents, ne perd rien de ces scènes lubriques, jusqu'à ce qu'il entre lui-même en action. En ce sens, même chez les Juifs maudits, la tribaderie fut introduite : sans cet usage, qu'aurait fait Salomon de ses trois mille concubines? Et, suivant les anecdotes secrétes de quelques rabbins plus véridiques, le roi prophète, le saint roi David ne se servait des jeunes Sunamites qu'il mettait dans son lit que pour ranimer sa chaleur prolifique en les faisant tribader par dessus son corps. Mais, il faut l'avouer, cette destination, ce mélange d'exercices mâles profanait une si belle institution. C'est en Grèce, c'est à Rome, c'est en France, c'est dans tous les états catholiques qu'on en saisit l'objet en grand et dans son véritable esprit. Dans les séminaires des filles établis par Lycurgue, le vœu de virginité n'était pas perpétuel; mais elles s'y épuraient le cœur de bonne heure, et habitant uniquement entre elles jusqu'à ce qu'elles se mariassent, elles y contractaient une délicatesse de sensations, après laquelle elles soupiraient encore même dans les bras de leurs époux, et, quittes de leur rôle qui les appelait à la maternité, elles revenaient toujours à leurs premiers exercices. Rien de si beau, rien de si grand que l'institution des Vestales à Rome. Ce sacerdoce s'y montrait dans l'appareil le plus auguste : garde du palladium, dépôt et entretien du feu sacré, symbole de la conservation de l'empire : quelles superbes fonctions! Quel brillant destin! Nos monastères du sexe, dans l'Europe moderne, émanation du collége des Vestales, en sont le sacerdoce perpétué, mais n'en présentent plus malheureusement qu'une faible image par le mélange de pratiques minutieuses et de formules puériles. D'un autre côté, les vierges n'y sont point assujéties au servile mécanisme de l'entretien d'un feu matériel; leur rôle vraiment sublime est de lever sans cesse les mains vers le ciel pour en attirer les bénédictions sur l'empire. Si leur ferveur s'éteint par une passion criminelle vers l'homme, dont la preuve sont les suites trop palpables d'une défloration évidente, elles ne sont pas punies de mort, mais subissent des peines canoniques plus terribles vu leur rafinement et leur durée. Comment donc, malgré les périls qui l'environnent, l'établissement s'est-il soutenu? Par ces moyens simples, faciles, efficaces, attrayants.

Une jeune novice est-elle tourmentée d'un prurit libidineux de la vulve? Elle a, dans sa propre organisation, de quoi l'appaiser sur-le-champ; la nature l'y conduit machinalement comme dans toutes les autres parties du corps où elle lui fait porter les doigts, afin, par un agacement salutaire, d'en supprimer ou suspendre les démangeaisons. Lorsque, par cet exercice fréquent, les conduits irrités et élargis ont besoin de secours plus solides ou plus amples, elle les trouve dans presque tout ce qui l'environne, dans les instruments de ses travaux, dans les ustensiles de sa chambre, dans ceux de sa toilette, dans ses promenades et jusque dans les comestibles. Par une heureuse confidence, ose-t-elle bientôt faire part de ses découvertes à une camarade aussi ingénue qu'elle ? Toutes deux s'éclairent, s'aident réciproquement ; elles s'attachent l'une à l'autre, elles se devièrent nécessaires, elles ne peuvent plus s'en passer ; elles ne font plus qu'une âme et qu'un corps. Alors la vie ascétique leur paraît préférable à toutes les vanités du siècle ; les haires, les cilices, ces instruments de pénitence sont convertis en instruments de volupté ; les jours de discipline générale et publique si effrayants pour les gens du monde, qui ne s'attachent qu'au nom, devièrent, par ces accouplements multipliés, des orgies aussi délicieuses que les nôtres ; car la flagellation est un puissant véhicule de lubricité, et c'est sans doute des couvents que cet exercice est passé dans les écoles des courtisanes, qui l'enseignent à leurs élèves comme un agent victorieux propre à ressusciter au plaisir les vieillards et les libertins anéantis.

Quoi qu'il en soit, doux art de la tribaderie ! tes effets sont tels, que la nonette quitte pour toi, biens, amis, parents, père, mère ; qu'elle renonce aux propriétés les plus riches, aux jouissances les plus recherchées, aux affections les plus impérieuses, les plus innées dans le cœur de l'homme, aux plaisirs de l'hyménée si vantés, et qu'elle trouve dans toi la félicité suprême. Oh! que tes charmes sont grands, que tes attraits sont puissants! puisque tu dissipes les ennuis du cloître; tu rends la solitude ravissante, tu transformes cette prison odieuse en palais de Circé et d'Armide.

En voilà suffisamment, ma chère fille, pour vous faire connaître l'excellence de la secte anandryne: je ne veux pas trop fatiguer votre attention: il est temps de vous en apprendre les devoirs, objet le plus essentiel de ce discours.

SECONDE PARTIE.

Point d'institution humaine qui n'ait eu pour objet ou l'utilité ou l'agrément; qui ne procure des avantages ou ne donne des jouissances: il en est qui réunissent les deux, et c'est le comble de la perfection. Telle est sans doute la secte anandryne, envisagée sous le point de vue sublime où je vous l'ai présentée dans la fondation du collège des vestales, et des collèges religieux du sexe, qui lui ont succédé et sont en honneur aujourd'hui dans notre rite. Il faut l'avouer, notre société dont il s'agit en ce moment, ma chère fille, n'a pas ce degré de mérite; elle n'a pour principal et unique but, que le plaisir; mais pour l'obtenir, il y a une marche, des moyens, des obligations, ou pour tout dire en un mot, des devoirs à remplir : les uns tendent à la conservation de la société; car, sans elle, les effets manqueraient ; les autres à en maintenir l'harmonie; car dans le trouble et le désordre on ne jouit point, ou l'on jouit mal ; les derniers à l'étendre et à la propager ; car rien de bien fait, sans ce goût, cette ferveur, ce zèle, qui, semblable à l'élément dont vous avez l'image sous les yeux, toujours en activité, gagne et absorbe tout ce qui l'environne. Reprenons et développons ces trois vérités ; afin de vous les bien inculquer dans la mémoire et dans le cœur.

Hommage d'abord à la fondatrice de notre culte, à Vesta dont la statue constamment présente à nos assemblées et suspendue sur nos têtes est le garant de sa protection toujours subsistante, de sa vengeance toujours prête à éclater contre les prévarications et les infidélités. Invoquons-la souvent, non par de vaines prières, mais par des sacrifices et des libations. Point d'intempérie de langue, sagesse, réserve à l'égard de ce qui se passe dans nos assemblées, discrétion, silence parfait sur les mystères de la déesse, pour ne point éveiller la jalousie et l'envie; soumission absolue à ses lois, qui vous seront expliquées, soit par celle occupant ma place dans les assemblées, soit par la mère aux soins de laquelle vous êtes confiée, et qui est chargée de vous diriger dans la vie privée; mais surtout, guerre vive et déclarée, guerre perpétuelle aux ennemis de notre culte, à ce sexe volage, trompeur et perfide, ligué contre nous, travaillant sans relâche à détruire notre établissement, soit à force ouverte, soit sourdement, et dont les efforts et les ruses ne peuvent être repoussés que par le courage le plus intrépide, que par la vigilance la plus infatigable.

Au reste, il ne suffit pas qu'un édifice soit établi sur des fondements solides et durables, qu'il soit écarté des éléments destructeurs, et défendu contre les dangers qui peuvent le menacer : il faut encore qu'il offre aux regards de belles proportions, un accord, un ensemble, le grand mérite des chefs-d'œuvres d'architecture ; il en est de même de notre édifice moral. La tranquillité, l'union, la concorde, la paix, en doivent faire le principal appui, l'éloge aux yeux des profanes ; qu'ils ne voient en nous que des sœurs ; ou plutôt qu'ils y admirent une grande famille, où il n'y a d'autre hiérarchie que celle établie par la nature même pour sa conservation, et nécessaire à son régime. La bienfaisance envers tous les malheureux doit être un de nos caractères distinctifs, une vertu découlant de nos mœurs douces et liantes, de notre cœur aimant par essence ; mais , c'est à l'égard de nos consœurs , de nos élèves qu'elle doit se déployer. Communauté entière de biens ; qu'on ne distingue pas la pauvre de la riche ; que celle-ci se plaise au contraire à faire oublier à celle-là qu'elle fut jamais dans l'indigence ; lorsqu'elle la produit dans le monde, qu'on la remarque à l'éclat de ses vêtements, à l'élégance de sa parure, à l'abondance de ses diamants et de ses bijoux, à la beauté de ses coursiers, à la rapidité de son char ; qu'en la voyant on la reconnaisse, on s'écrie : c'est une élève de la secte anandryne, voilà ce que c'est que de sacrifier à *Vesta !* C'est ainsi que vous en attirerez d'autres, que vous ferez germer dans le cœur de vos pareilles qui l'admireront, le desir, en l'imitant, de jouir de son sort.

Ce zèle expansif pour la propagation du culte de la déesse , doit principalement dévorer une tribade véritable ; elle voudrait que tout son sexe , si c'était possible , participât au même bonheur qu'elle ; du moins telles sont toutes celles que j'envisage ici , et dont une énumération rapide contribuera , ma chère fille , à votre édification , plus que tout ce que je pourrais ajouter sur cette matière.

Vous voyez d'abord deux femmes de qualité,

philosophes (1), s'arrachant à l'éclat et aux honneurs de la cour, aux attraits plus enchanteurs des hautes sciences qu'elles cultivent avec tant de goût et de succès, pour venir dans nos assemblées, imiter la *simplicité de la colombe*, cet oiseau si cher à Vénus, si ardent dans ses combats.

A côté d'elles est la femme d'un magistrat, sinon célèbre, au moins fameux pendant plusieurs années (2) ; mais qui dédaignant de s'associer à la renommée de son mari, s'arrachant aux caresses conjugales, aux délices de la maternité, s'est élevée au-dessus de tout respect humain, afin de se livrer avec plus de recueillement, et sans relâche, au culte de notre société et à ses travaux.

Sa voisine est une marquise (3) adorable, luttant avec elle d'enthousiasme pour la secte anandryne, bravant tous les préjugés, franchissant dans les brûlants accès de sa nymphomanie, ce que les indévots à notre culte, appèlent toutes les bienséances, toute honnêteté publique, toute

---

(1) Madame la duchesse de *Urbsrex* et madame la marquise de *Terracenés*.

(2) M. de Furiel fut procureur-général pendant toute la durée du parlement Maupeou, et l'on peut se rappeler combien il fit parler de lui.

(3) Madame la marquise de *Téchul*.

pudeur ; comme le maitre des dieux, subissant même quelquefois les métamorphoses les plus obscures (1), pour faire des prosélytes à la déesse.

Celle dont le front est ceint d'une double couronne de myrthes et de lauriers, est la Melpomène moderne, l'honneur du théâtre Français (2), qui depuis près de trois lustres qu'elle s'en est retirée, y a laissé un vide non encore rempli, et peut-être irréparable. Aujourd'hui, chargée de l'institution du fils d'un souverain (3), elle voit à ses pieds les grands de cette cour ; trop instruite par une longue expérience, par des maladies cruelles, du danger du commerce des hommes, elle en dédaigne et les hommages et les soupirs ; sous prétexte de former son pupille, elle partage son temps entre le séjour de la Germanie et de cette capitale ; elle vient se délasser de ses importantes occupations dans notre sein, avec une ferveur toujours nouvelle.

Nous possédons encore sa digne émule, la Melpomène de la scène lyrique (4), grande actrice ; elle était en outre cantatrice délicieuse,

---

(1) On avait vu quelquefois madame de Téchul se travestir en femme de chambre, en coiffeuse, en cuisinière, pour parvenir auprès des objets de sa passion.
(2) Mlle Clairon.
(3) Un petit prince d'Allemagne, un margrave.
(4) Mlle Arnoux.

elle nous passionnait par les accents de sa voix enchanteresse ; esprit enjoué et malin, elle répand avec autant de facilité que de grâce les bons mots, les saillies, les sarcasmes. Entourée de ce que la ville et la cour avaient de plus séduisant, elle a succombé à son tour ; aujourd'hui c'est une brebis égarée rentrée au bercail de la déesse : dans la maturité de l'âge, elle cherche à faire oublier les égarements de sa jeunesse.

Vous passerais-je sous silence, illustre étrangère (1)? et l'amitié qui nous lie, m'empêcherait-elle de vous rendre justice, de publier comment vous avez préféré aux bienfaits, à l'amour d'un prince, frère d'un grand roi (2), les affections plus douces et plus vives de notre sexe ? Vous avez repoussé ses embrassements augustes pour mes embrassements.

Vous ne serez point oubliée, novice prématurée (3), qui, profitant des grands exemples qui vous étaient offerts, avez marché à pas de géant dans la carrière, et avant l'âge, avez mérité de monter au premier degré.

---

(1) Mlle Souck, Allemande.

(2) Mlle Souck était entretenue par un frère du roi de Prusse.

(3) Mlle Julie, jeune tribade, formée par Mlle Arnoux et Mlle Raucourt.

Je crois, sans amour propre, pouvoir me citer après tant d'autres, et ne serait-ce pas faire injure au choix de l'assemblée, si, nommée par elle pour la présider, je m'avouais sans talents et sans capacité ? On sait le sacrifice que je viens de faire tout récemment (1) pour me livrer toute entière au penchant qui m'a toujours dominée et dont je fais gloire.

Tels sont, ma chère fille, les grands modèles que vous avez à imiter : vous y serez encore mieux encouragée, quand je vous aurai fait la peinture des plaisirs qu'on goûte dans notre société.

TROISIÈME PARTIE.

Par la malheureuse condition de l'espèce humaine, nos plaisirs sont pour l'ordinaire passagers et trompeurs ; ils sont au moins futiles, vains et courts. On les poursuit, on les obtient avec peine ; on en jouit avec inquiétude, et ils entraînent le plus souvent après eux des suites funestes. A ces caractères on reconnaît principalement ceux que l'on goûte dans l'union des

---

(4) Mlle Raucourt venait de quitter M. le marquis de Bièvre, non sans l'avoir plumé considérablement ; il lui avait assuré une rente viagère de 12,000 livres, ce qui la faisait appeler par ce seigneur calembouriste *l'ingrate Amaranthe* (l'ingrate à ma rente). *Note de l'Espion.*

deux sexes. Il n'en est pas de même des plaisirs de femme à femme ; ils sont vrais, purs, durables et sans remords. On ne peut nier qu'un penchant violent n'entraîne un sexe vers l'autre ; il est nécessaire même à la reproduction des deux ; et sans ce fatal instinct, quelle femme de sang froid pourrait se livrer à ce plaisir qui commence par la douleur, le sang et le carnage ? qui est bientôt suivi des anxiétés, des dégoûts, des incommodités d'une grossesse de neuf mois, qui se termine enfin par un accouchement laborieux, dont les souffrances sont la mesure et le point de comparaison de celles dont on ne peut calculer ou exprimer l'excès ; qui vous tient pendant six semaines en danger de mort, et quelquefois est suivi, durant toute une longue vie, de maux cruels et incurables. Cela peut-il s'appeler jouir ? Est-ce là un plaisir vrai ? Au contraire, dans l'intimité de femme à femme, nuls préliminaires effrayants et pénibles, tout est jouissance ; chaque jour, chaque heure, chaque minute, cet attachement se renouvèle sans inconvénient : ce sont des flots d'amour qui se succèdent comme ceux de l'onde, sans jamais se tarir ; ou, s'il faut s'arrêter dans ce délicieux exercice, parce que tout a un terme, et qu'à la fin le physique cesse de répondre aux épanchements de deux âmes si étroitement unies ; on se quitte à regret, on se recherche, on se retrouve, on recommence avec une ardeur nouvelle, loin d'être affaibli, irrité par l'inaction.

Les plaisirs de femme à femme sont non seulement vrais, mais encore purs et sans mélange. Indépendamment des maux physiques, précédant, accompagnant et suivant les plaisirs de cette espèce entre homme et femme, d'où l'on peut leur refuser justement la qualification de vrais, il est des maux que j'appèle moraux, parce qu'ils affectent l'âme spécialement, qui troublent et empoisonnent ces jouissances. Je ne parle pas des combats continuels imposés dans nos mœurs à une jeune fille, pour recéler, dissimuler sa passion, pour repousser les caresses d'un homme aimable qu'elle provoquerait, qu'elle agacerait, entre les bras de qui elle se précipiterait si elle cédait à l'impulsion de son cœur. Je suppose, ce qui n'arrive que trop fréquemment, qu'elle ait succombé, la voilà dans les ravissements, dans les extases; ne faut-il pas qu'elle s'y soustraye, qu'elle use de stratagème afin d'éviter la fin même de la nature, la conception. Si elle s'oublie une seconde, il est trop tard, elle porte dans son propre sein le témoin de sa faute, un accusateur qui la confond. Que de soins, que d'inquiétudes, que de tourments, si elle veut dérober ce fatal mystère! et fasse le ciel, qu'afin d'éviter le déshonneur, elle ne soit pas forcée de recourir au plus affreux des crimes!

Je sais que dans l'hyménée ces inconvénients sont supprimés ; mais il en entraîne d'autres : le plus grand et le plus inévitable, c'est le dégoût du mari : la facilité, la répétition de la jouissance, de l'objet le plus enchanteur, rassasient l'homme à la longue, à plus forte raison quand il est époux, c'est-à-dire, attaché par un lien indissoluble, et que le plaisir est pour lui un devoir. C'est ce qu'avouait un de nos agréables (1) les plus vantés, qui croyait ne persiffler qu'en petit-maître et parlait en philosophe. Possesseur d'une femme au printemps de l'âge, réunissant tous les attraits, toutes les grâces, tous les talents, toutes les vertus, lorsqu'on lui reprochait de la délaisser pour des prostituées, il répondait : *Rien de plus vrai, mais elle est ma femme.*

Sans doute il est des consolateurs et des consolations pour une pareille Ariadne ; les plaisirs furtifs et défendus n'en sont que plus attrayants, encore faut-il que le mari ne soit pas un de ces *eunuques au milieu du sérail, n'y faisant rien, et nuisant à qui veut faire* (2), que la jalousie

---

(1) M. de Monville.

(1) C'est un eunuque au milieu du sérail,
  Qui n'y fait rien et nuit à qui veut faire.

Tout le monde connaît l'épigramme de Piron qui finit ainsi.

ne s'en mêle pas, autrement c'est un enfer. Cette passion peut exister aussi entre tribades, elle est même inséparable de l'amour ; mais quelle différence, puisqu'elle ne sert chez nous qu'à l'aiguiser, et tourne presque toujours au profit de la jouissance ! Oui, c'est ce sentiment qui donne à nos plaisirs une solidité, une durée dont ceux des hommes ne sont pas susceptibles.

En effet, imaginons la femme la plus chérie et la mieux fêtée de son époux ou plutôt de son amant. A chaque caresse qu'elle en reçoit, elle doit craindre que ce ne soit la dernière, au moins y est-elle un acheminement. Les baisers décolorent le visage, les attouchements flétrissent la gorge, le ventre perd son élasticité par les grossesses ; les charmes secrets se délabrent par l'enfantement. Par quelle ressource la beauté ainsi dégénérée, rappèlera-t-elle l'homme qui la fuit ? Je me trompe, il lui est toujours attaché ; il n'a point cessé de l'aimer, le cœur brûle encore pour elle ; mais la nature s'y refuse, elle est dans la langueur, dans la froideur, dans l'engourdissement ; tout l'hommage qu'il peut rendre à son amante, c'est de ne lui être point infidèle ; c'est de ne point chercher à retrouver ailleurs ses facultés. Cruel état pour tous deux ! Perspective affligeante pour l'amour propre d'une femme, qui, seule, quand je ne connaîtrais pas les caprices, la fausseté, les trahisons, les noirceurs des hommes, me ferait renoncer à jamais à leur commerce.

Chez les tribades point de ces contradictions entre les sentiments et les facultés : l'âme et le corps marchent ensemble ; l'une ne s'élance pas d'un côté, tandis que l'autre se porte ailleurs. La puissance suit toujours le désir. Delà sans doute, sans approfondir davantage, la cause de notre constance : recevant et donnant toujours du plaisir, pourquoi changer ? Car, il faut l'avouer, et être juste : l'inconstance découle de la constitution, de l'essence même de l'individu viril. Il est souvent nécessité de quitter : la diversité des objets lui est d'une ressource infinie : il double, il triple, il quadruple, il décuple ses forces ; il fait avec dix femmes ce qu'il lui serait impossible de faire avec une. Cependant il faiblit insensiblement, l'âge le mine et l'use : il n'en est pas de même de la tribade chez qui la nymphomanie s'accroît en vieillissant : c'est une fureur, elle devient alors de *succube*, *incube*, c'est-à-dire, de patiente, agente. Elle monte au grade de mère, et forme une élève à son tour. Ce choix mérite beaucoup de soin ; est-il fait, a-t-elle trouvé l'objet qui lui convient, cette autre moitié d'elle-même à laquelle elle s'unit bientôt par sympathie, elle ne l'abandonne plus ; elle veille sur elle avec une jalousie douce et inquiète que donne la crainte de perdre un bien unique et précieux, et qui tient plutôt de la tendresse maternelle que de cette passion effrénée des hommes. Aussi ce sentiment chez une tribade, bien loin de lui éloigner son élève, la lui attache de plus en plus, et rend leur amour imperturbable; mais des plaisirs ainsi continués sont encore sans aucuns remords, et c'est là le comble de la félicité. Comment en aurions-nous? Le plaisir de la tribaderie nous est inspiré par la nature: il n'offense point les lois; il est la sauve-garde de la vertu des filles et des veuves; il augmente nos charmes; il les entretient; il les conserve; il en prolonge la durée; il est la consolation de notre vieillesse; il sème enfin également de roses sans épines, et le commencement et le milieu et la fin de notre carrière. Quel autre plaisir peut être assimilé à celui-là! Hâtez-vous, ma chère fille, de le goûter; puissiez-vous, après l'avoir reçu long-temps, long-temps le communiquer aussi, et toujours répéter avec le même goût: *Femmes conservez-moi dans votre sein, je suis digne de vous!*

LETTRE XIX.

Sur l'église de Saint-Sulpice ; sur la restauration de la chapelle de la Vierge ; sur le peintre Greuze et sur quelques-uns de ses ouvrages.

Quoique par goût, Milord, je ne fréquente pas beaucoup les églises de cette capitale, cependant j'y suis quelquefois entraîné par complaisance pour des dames qui m'obligent de les y accompagner. Ce tour vient de m'arriver à la fin de l'année dernière, où j'ai assisté à la messe de minuit, suivant un rite antique de la religion catholique, et qui remonte sans doute jusqu'à la primitive église. Le jour de Noël on commence à célébrer le saint sacrifice dès la nuit. La rareté d'une pareille cérémonie, qui ne revient qu'une fois par an, en forme un spectacle très-couru. Il attire non seulement la foule des fidèles, mais les curieux et les indévots. Certaines églises sont renommées pour la richesse de leur décoration, pour la noblesse et la pompe avec lesquelles on y officie ; il en est où un virtuose fameux vient toucher de l'orgue et traîne à sa suite tous les amateurs : dans les couvents de filles, c'est communément une musique douce et recueillie qui enchante ; enfin partout on recherche les jolies femmes qui y viènent étaler leur mondanité. L'occasion me conduisit à Saint-Sulpice ; je connaissais déjà ce magnifique édifice, comme tous les grands monuments de Paris ; mais je ne l'avais pas encore vu avec cet appareil et cette immensité de gens de qualité et de peuple, coup-d'œil déjà très-imposant. La chapelle de la vierge, nouvellement restaurée, me frappa surtout ; l'éclat des lumières lui donnait un brillant incroyable, et je crus être dans un palais de fées, ou, pour me rapprocher davantage de la circonstance, dans la Jérusalem céleste. Ne pouvant dans ce moment visiter à mon aise cette chapelle, et avec tout le détail qu'elle exige, je me proposai d'y retourner dans un temps de repos, et c'est ce que je viens de faire. Je vous connais trop ami des arts pour ne pas vous en donner une notice.

Autrefois, Milord, durant votre séjour dans cette capitale, il n'est pas que vous n'ayiez entendu parler de Saint-Sulpice, qu'on ne vous ait invité à voir cette superbe basilique commencée depuis près d'un demi-siècle (1) : alors sans

---

(1) Toute l'église a été commencée en 1645 : la reine Anne d'Autriche posa la première pierre le 20 février 1646 : il est ici question seulement d'une espèce de reconstruction totale imaginée dès 1733 qui lui a fait changer de face absolument.

doute, elle était déjà debout, au moins dans ses masses principales, et méritait l'attention des connaisseurs. En effet, moins vaste que Notre-Dame, moins hardie que Saint-Eustache, c'est la troisième église de Paris. Elle se distingue par une solidité majestueuse. Des critiques la lui reprochent comme un défaut : ils disent que c'est une carrière de pierres ; pour moi, je ne pense pas de même : outre que, pour en bien juger, il faut attendre que le portail soit fini et dans le point de vue projeté, par l'abattis des maisons qui l'offusquent, et l'ouverture de la place qui lui doit servir d'avenue ; cette assiette formidable ne messied point, ce me semble, à un temple du Seigneur : image du catholicisme, aux exercices duquel il est consacré, ce monument doit paraître, pour ainsi dire, inébranlable aux coups du temps comme lui, aux efforts de l'enfer, dont les portes ne sauraient prévaloir contre cette religion auguste (1).

Quoi qu'il en soit, Milord, dans la persuasion que cet édifice religieux a déjà été l'objet de votre curiosité et de vos recherches, qu'il vous est encore présent à la mémoire, je ne vous entretiendrai ni de son architecture, ni de sa décoration. Je passe sous silence ces bénitiers singu-

---

(1) *Et portæ inferni non prævalebunt adversus eum.*

liers formés de conques marines (1), rappelant trop les idées profanes et voluptueuses de la conque de Vénus, les beaux marbres noirs où sont gravés en lettres d'or avec un faste apostolique, les noms des prélats qui ont assisté à sa bénédiction (2); ce méridien (3), ornement philosophique, étranger au lieu saint, où le fidèle ne doit entrer qu'après s'être dépouillé de l'enflure du savoir (4), qu'après s'être revêtu de la simplicité de l'esprit, que le bandeau de l'ignorance sur les yeux; enfin, ces tribunes supérieures, dorées, fermées de glaces, ornées de balcons magnifiques, où les vieilles duchesses dans la mollesse de leur luxe, couchées nonchalamment sur des coussins d'édredon, viennent prier Dieu ou écouter sa parole.

Quant au portail, comme je vous l'ai observé plus haut, il n'est point encore achevé et ne le sera pas vraisemblablement de sitôt; c'est la toile de Pénélope qu'on défait et refait à mesure. Le

---

(1) Ces coquilles, envoyées en présent par la république de Venise à François Ier furent tirées du garde-meubles du roi, et données par Louis XV au curé de Saint-Sulpice.

(2) En 1745, il y avait vingt-un prélats consécrateurs et douze spectateurs; les agents du clergé et les députés du second ordre à l'assemblée décennale de cette année.

(3) Tracé par l'astronome le Monnier.

(4) *Scientia instat*, dit encore l'écriture sainte.

premier curé (1) voulait les tours rondes. Le second (2) les a demandées quarrées ; celui actuel (3) a desiré qu'on les rétablît rondes, mais plus élevées et sur une lanterne quarrée, afin de contenter tous les goûts : jamais le mot d'Horace sur l'inconstance de l'homme ne fut mieux appliqué, *mutat quadrata rotundis*. Au reste, on prétend que c'est une politique de ces pasteurs qui perpétuent l'ouvrage pour continuer à jouir des fonds qui y sont affectés (4). Je passe tout de suite à la chapelle de la Vierge, objet capital de ma lettre, qui mérite d'autant plus que j'entre dans quelques détails, qu'elle est aujourd'hui le point de ralliement des artistes et des amateurs; mais d'où ils partent bientôt pour se diviser et se partager suivant le parti qu'ils prènent dans la querelle élevée au sujet de sa restauration.

Cette chapelle, commencée en même temps que Saint-Sulpice, n'était pas encore couverte

---

(1) M. Languet.

(2) M. Delau.

(3) M. De Tersac.

(4) On avait institué une loterie appelée *la loterie de Saint-Sulpice*, dont les fonds étaient destinés à la bâtisse de l'église : cette loterie fut depuis réunie à la loterie royale de France, dont on pouvait distraire certaines sommes pour appliquer aux ouvrages pieux.

douze ans après (1); ce fut l'actif et zélé Languet qui en pressa les travaux, qui la changea par les conseils des divers artistes (2), et la fit mettre dans l'état où vous l'avez vue autrefois; du même ordre que les bas côtés, elle faisait ensemble avec le reste de l'édifice; depuis, par les métamorphoses qu'elle a subies, elle est insensiblement sortie de l'accord général, et aujourd'hui c'est un oratoire isolé, ou plutôt une petite église dans une grande église, ce qui, suivant moi, est un défaut et pèche contre l'unité, qualité essentielle à tous les chefs-d'œuvres ; mais ce n'est pas ce dont il s'agit. Le plafond peint à fresque par le célèbre le Moine, que vous avez eu le bonheur de considérer dans toute son intégrité, a certainement causé votre admiration ; cependant la composition très-considérable peut vous avoir échappé, et il faut vous la rappeler pour vous mettre plus au fait de la contestation ; je vais suivre l'esquisse (3) de l'auteur qui peut seule me guider aujourd'hui.

---

(1) En 1657, lorsque mourut M. Olier, le curé sous lequel avait commencé la construction de l'église.

(2) De Messonier et de Servandoni.

(3) Il y a deux esquisses de ce plafond, l'une dont le Moine fit présent à M. Languet le 11 mai 1733, lorsque ce curé, enchanté de son ouvrage, lui donna une gratification extraordinaire ; l'autre vendue à l'inventaire de

Ce poème pittoresque consiste en cinq groupes, dont quatre se rapportent au principal et lui sont subordonnés. Dans celui-ci la vierge est assise sur un nuage au milieu d'une multitude d'anges qui portent ses attributs; d'autres esprits célestes à l'opposite, mais dans une région inférieure, forment un concert pour chanter ses louanges et célébrer ses grandeurs (1). Elle intercède la divinité figurée par Jehova dans une gloire, en faveur des paroissiens qui lui sont présentés par saint Pierre et saint Sulpice. Ces paroissiens forment une grande multitude de peuple qu'on voit en prières, occupant une partie du bas du plafond. Ils ont à leur tête leur pasteur (2) dans le costume de sa dignité; il est accompagné de ses jeunes élèves; des demoiselles de la communauté (3) dont il est le fondateur.

M. Randon de Boisset 6,000 liv. et qu'on attribue à Nattoire son élève. C'est ce qui rend la première beaucoup plus chère, puisqu'on en a offert jusqu'à 10,000 livres; on la voyait dans une des chapelles de l'église. La seconde était chez un particulier, et c'est sur celle-là que la description est faite.

(1) On prétend que c'est le même groupe qui avait été peint par *Lafosse* au dôme des Invalides.

(2) M. Olier. Le Moine par adulation voulait faire figurer là M. Languet, qui eut la modestie de renvoyer cet honneur au premier fondateur.

(3) Appelées singulièrement *les Demoiselles de la communauté de l'intérieur de la Sainte-Vierge*.

Sur les côtés à droite paraissent les pères de l'église et les chefs d'ordres qui ont plus particulièrement célébré la mère de Dieu; à gauche les vierges qui se sont mises sous sa protection et qui reçoivent des palmes de la main d'un ange.

Tel est le sujet sublime de l'esquisse, auquel, de l'aveu même des ennemis de le Moine, répond très-bien l'exécution. La gloire en est d'un ton vraiment céleste, la gradation harmonieuse et les groupes qui sont, pour ainsi dire, absorbés dans la lumière, se détachent tous avec netteté sur un fond pur et argentin; l'œil distingue sans fatigue les divers objets dans une nuance convenable à la place qu'ils occupent. Ses détracteurs se retranchent à certifier qu'il y avait autant de différence entre l'esquisse et le plafond qu'entre un excellent tableau et une copie médiocre.

Quoi qu'il en soit, depuis l'incendie de la foire Saint-Germain (1), ce plafond, absolument dégradé par les soins même qu'on avait pris afin de le préserver de l'élément destructeur qui en était si voisin, il a fallu songer à le réparer (2).

---

(1) En 1761.

(2) Ce plafond était dans un état déplorable : dix ou douze figures étaient absolument tombées, plusieurs crevassées, et le tout si délabré, que dans l'assemblée de la

Au refus de ses anciens, qui n'ont point voulu se compromettre vis-à-vis d'un peintre aussi renommé, M. Callet s'en est chargé. Ce jeune artiste (1), qui ne manque pas de talent ni de génie, mais qui vraisemblablement a encore plus de présomption, au lieu de s'asservir, comme il lui était prescrit, à l'esquisse de le Moine, a voulu corriger ce maître et y ajouter du sien ; sous prétexte d'une suppression faite dans l'ordonnance de l'architecture, qui laissait un vide dans le bas du plafond, il l'a rempli d'un grand nombre de pauvres et de malades conduits à la sainte vierge par M. Languet. Outre que ce groupe n'est qu'une répétition de celui de M. Olier, une sorte de pléonasme dans la composition, on reproche à ce peintre de n'avoir point proportionné ses figures à celles de le Moine, de les avoir rendues lourdes et colossales : on les trouve encore mal dessinées, d'une couleur crue, et très-peu entendues de perspective : défaut d'autant plus répréhensible dans

---

fabrique qui en suivit la visite, il y eut des avis pour l'effacer entièrement et en faire blanchir la voute, du moins c'est ce qu'on lit dans une lettre anonyme insérée au journal de Paris du 15 septembre 1778.

(1) Il avait exposé pour la première fois au salon, comme agréé, en 1777 ; il a peint le plafond du salon des petits appartements du Palais-Bourbon, et à Gênes le plafond du salon de M. le marquis de Spinola.

M. Callet, qu'il en faisait la base de sa critique de le Moine, de son dénigrement, de l'espèce de dédain qu'il affectait de mêler ses travaux aux siens ; on pense qu'il aurait beaucoup mieux fait de substituer à ces personnages des masses de roche prolongées. Au reste, on appèle sa restauration un *replâtrage*. Avant, le plafond avait une harmonie douce, une harmonie délicieuse de tons, de la netteté dans l'effet, et du charme dans le coloris, attributs distinctifs des œuvres de cet habile maître, qui mettait une grâce infinie même dans ses incorrections. On n'y voit plus qu'un cliquetis de couleurs âcres ; on n'y apperçoit plus aucune masse de clairs et d'ombres ; aucuns objets ne se détachent les uns des autres ; c'est une cacophonie insupportable et un amas indigeste de figures, qui semblent toutes prêtes à tomber en bloc sur la tête des spectateurs.

Quoiqu'il y ait de l'exagération dans la critique, comme il arrive toujours dans ces sortes de guerres entre gens du métier, je ne puis disconvenir, Milord, qu'elle ne soit fondée à bien des égards, et ne pas adopter les idées de l'auteur. De leur côté, les partisans de M. Callet ont poussé l'injustice jusqu'à ravaler le Moine de la façon la plus indigne, jusqu'à répandre que son plafond était un de ses ouvrages les plus médiocres, même une mauvaise chose qui devrait rebuter tout artiste d'y mettre la main, et qu'il fallait savoir beaucoup de gré à ce jeune élève d'avoir eu la noble audace d'en réparer les défauts.

Tandis que les amateurs se divisent et s'injurient à l'occasion de la coupole, ils se réunissent davantage pour donner de justes applaudissements au surplus de la restauration ; la partie de l'architecture est fort exaltée pour l'adresse dont M. de Wailly a masqué les défauts de ses prédécesseurs qui avaient donné une élévation trop disproportionnée à la voûte ; il y a joint une arrière-voussure, décorée avec autant de richesse que de goût ; il s'est en même temps ainsi ménagé la facilité d'obvier au défaut de lumière, de dissiper les ténèbres enveloppant presque toute l'année les peintures du plafond, de lui procurer plus efficacement, par des reflets heureux, ce que les Italiens appèlent *Lontanza*.

L'art avec lequel il a donné plus de profondeur à la niche de la vierge par une trompe (1) bien imaginée, est d'autant plus louable que, sans cet attendrissement, on n'aurait pu jouir de la belle composition du statuaire.

Vous avez autrefois vu, Milord, dans cette

---

(1) Espèce de voûte en saillie, ainsi nommée parce qu'elle a la forme d'une trompe ou conque marine ; d'autres en donnent une définition plus puérile ; ils disent que cette figure s'appèle *trompe* parce qu'elle trompe les yeux.

chapelle une vierge d'argent massif, résultat plus riche que bien travaillé de la pieuse industrie du curé mettant à contribution tous les offices de son quartier dont on l'accusait plaisamment de dérober la vieille vaisselle pour en faire fabriquer sa statue : on a fait fondre cet espèce de lingot et l'on l'a voulu remplacer par un chef-d'œuvre sorti des mains du premier sculpteur actuel, de Pigal. Elle lui fait un honneur infini dans l'esprit des connaisseurs. La douceur, la modestie, la pureté immaculée enfin empreintes sur son visage causent un enthousiasme général; des gens difficiles ne trouvent pas le Jésus assez mignard, c'est qu'ils ne font pas attention que ce n'est qu'un enfant de quelques mois. Mais cette vierge, dont la perfection n'aurait été ressentie que des artistes ou des gens de goût, placée dans sa niche, aurait ressemblé à mille autres dont les églises sont remplies. L'architecture, de concert sans doute avec le sculpteur, a voulu que ce chef-d'œuvre eût quelque chose de plus caractérisé, qui frappât la multitude et fixât l'attention. Pour faire valoir davantage la statue, il a proposé de lui donner des accompagnements et de former du tout une espèce de scène dont elle serait l'objet principal et à laquelle toutes les autres figures seraient sacrifiées et ne serviraient que de repoussoir. Voici le plan de sa fiction.

Il suppose que la sainte Vierge est envoyée du ciel aux hommes pour vaincre les ennemis de leur salut et leur donner un Sauveur ; il a saisi le moment où dans une gloire brillante, *amicto sole*, elle descend sur la terre représentée par un globe. Elle y foule aux pieds le serpent, le plus terrible fléau de l'humanité : elle leur présente son fils, le restaurateur du genre humain. A côté du globe paraît saint Joseph assis sur un nuage, du côté opposé saint Jean l'évangéliste ; tous deux invitent le peuple à rendre ses hommages à Marie.

Du même côté que saint Jean figurent saint Joachim et sainte Anne, et de l'autre l'ange Gabriel, tous en contemplation (1).

Quoiqu'il n'y ait pas un grand effort de génie dans cette vaste machine, on ne peut disconvenir cependant qu'elle ne produise beaucoup d'effet et n'en impose singulièrement, surtout au moyen du jour, qui, ménagé à propos, y jète un éclat ravissant.

Il serait fastidieux, Milord, de suivre en détail, la récapitulation de la foule des richesses prodiguées pour l'embellissement de cette cha-

---

(1) La Vierge est en marbre et de sept pieds de proportion. Les autres statues, toute la gloire et les nuages sont en stuc, fait avec de la poussière de marbre. C'était M. Pigal le neveu, qui était chargé de cette partie.

pelle. L'architecture, la sculpture, la peinture, la ciselure, la dorure (1), tous les arts se sont épuisés comme de concert en sa faveur, et pour ceux qui n'ont point vu les églises d'Italie, c'est à coup sûr, ce qu'on peut admirer de plus magnifique. Je préfère de vous entretenir d'un tableau d'un autre genre que j'ai été voir en même temps que la chapelle, tandis que je faisais, pour ainsi parler, mon cours de beaux arts. Il s'agit d'un chef-d'œuvre de M. Greuze.

Vous avez sans doute été surpris, Milord, qu'en vous faisant l'année dernière la revue des illustres de l'académie de peinture, je ne vous aye fait aucune mention de ce grand artiste dont la réputation est si prodigieusement répandue chez l'étranger; c'est qu'il n'est plus de l'académie, ou du moins c'est que son nom placé sur la liste seulement pour mémoire, il n'expose point et ne mêle en rien ses ouvrages avec ceux de ses confrères; piqué de n'avoir pu être reçu peintre d'histoire (2) dans son temps, et d'avoir

---

(1) Outre les artistes nommés, il ne faut point oublier M. *Mouchy*, auteur du tabernacle, espèce de piédestal qui porte un agneau sur la croix et le livre des sceaux; MM. *Melivier* et *Lachenait*, auteurs de la sculpture des ornements; M. *Hervieux*, chargé de la ciselure et dorure en bronze; enfin M. *Vallée*, de toute la dorure qui est à l'huile, soit brunie, soit matte.

(2) En 1769 M. Greuze avait composé pour son tableau

été relégué dans la classe des peintres de genre, il se retira tout à fait et fit salon chez lui. Comme la modestie n'est pas sa vertu dominante, il affecte de lutter seul contre l'académie entière ; il dit hautement qu'on ne voit que des enluminures au salon, et que c'est dans son atelier qu'on trouve des tableaux. Il est certain que si, pour être peintre d'histoire, il faut un sujet héroïque, des pensées sublimes, un dessin grand, un style noble, une manière fière, des accessoires magnifiques, un coloris solide et brillant ; ce n'est point là le talent de M. Greuze ; mais si, comme je le pense, l'expression des passions est le premier mérite d'un pareil artiste, M. Greuze possède cette partie au suprême degré. Il est vrai qu'il ne choisit point ses traits dans l'histoire grecque ou romaine ; que ses acteurs ne sont ni des empereurs, ni des rois, ni des guerriers ; que ce ne sont pas même de riches citadins, car c'est ordinairement dans les campagnes, ou dans la foule du peuple qu'il les prend. Il passe toute sa vie entière à étudier cette sorte d'hommes : le soir, quand il veut se délasser de ses travaux, il se rend aux petits spectacles, aux boulevards,

---

de réception le sujet de *l'empereur Sévère reprochant à son fils Caracalla d'avoir voulu l'assassiner......* les juges ne trouvèrent point ce sujet traité de manière à faire admettre son auteur dans la classe de l'histoire.

dans les guinguettes, et là il cherche ses personnages; il les trouve, les étudie et se dispose à les mettre en scène. Le tableau qui attire aujourd'hui tout Paris fait la suite d'un de l'année passée, intitulé *la malédiction paternelle :* il doit lui servir de pendant. Pour que vous entendiez mieux cette nouvelle composition, il faut vous donner une idée de la première.

L'auteur suppose qu'un jeune homme libertin a passé la nuit avec un recruteur, qu'il rentre chez son père à dessein d'en tirer de l'argent, ou de s'enrôler, s'il ne lui en donne pas. Ce vieillard infortuné s'indigne des menaces du vaurien; il entre dans une colère horrible, et ce sentiment prévalant sur celui de la douleur, il se soulève, les cheveux hérissés, le corps tremblant, et de ses mains étendues et desséchées il repousse l'ingrat, et de sa bouche entr'ouverte semble le maudire. Celui-ci, frappé comme d'un coup de foudre, malgré la fureur qui le possédait dans le moment même, et qui est indiquée par le poing qu'il ferme encore avec rage, est arrêté dans sa fuite; sa mère se met à son passage, et l'expression de la tendresse faible de celle-ci contraste à merveille avec l'autorité imposante de son mari. On voit sur cette figure un reste de fraîcheur, et de beauté altérées par les ans et flétries par les chagrins que lui a donnés ce fils qu'elle a gâté. Quatre enfants répandus dans cette scène jouent des rôles différents, proportionnés à leur sexe, à leur âge et à leur caractère. L'une des sœurs cherche à appaiser par ses prières et par ses larmes le père irrité; une autre plus raisonnable suit son frère, l'exhorte au repentir et à prévenir les malheurs qui vont fondre sur lui; un petit garçon tient le fuyard par la basque de son habit, et ne pouvant encore démêler la cause de tout ce tapage, dans sa frayeur s'attache à ce qu'il peut; un dernier moins vif est plongé dans la tristesse et comme atterré par ce spectacle; il regarde son père, et cherche à deviner le sujet de son état violent. Enfin, un huitième personnage termine ce chef-d'œuvre de composition. C'est le recruteur qu'on voit à l'écart, qui rit de ce qui se passe et attend sa proie avec impatience. Voici maintenant la seconde partie du drame.

Le père de famille, languissant depuis l'évasion de son fils qu'il a été forcé de maudire, succombe enfin au chagrin qui le consume; au moment où il expire, par un incident trop brusqué à mon gré dans un tableau où il ne peut être prévu, préparé, annoncé, comme dans une pièce de théâtre, le fils arrive introduit par sa mère, qui lui montre son ouvrage et lui reproche d'avoir hâté les jours du vieillard. Douleur du jeune homme : en proie tout entier à son repentir, il frappe d'une main sa poitrine, il tient sa tête de l'autre, et devient par son désespoir l'objet de l'intérêt général des spectateurs, qui se rassemble sur lui. Cet intérêt s'augmente encore à la vue d'une béquille à ses pieds, indiquant qu'il est estropié. Le reste de la famille joue dans cette scène, comme dans la première, des rôles proportionnés à l'âge, aux caractères de chacun, aux circonstances où il se trouve. La fille aînée s'est mariée pendant l'absence de son frère; son enfant de trois ou quatre ans augmente le nombre des personnages: ému des larmes de sa mère, il ne voit qu'elle; il lui tend ses bras innocents, comme pour la consoler: la cadette, peu accoutumée au spectacle de la mort, se flatte que son père vit toujours; elle est dans la ruelle du lit, elle lui presse la main, elle la porte contre son cœur; mais cette main glacée ne lui confirme que trop ce qu'elle craint. A côté de celle-ci, le plus jeune des garçons s'afflige moins de l'état de son père que de celui de sa sœur; le calme, la sérénité de la vertu qui respirent sur le visage du vieillard lui dérobent encore les traits hideux d'une nature sans vie. Sur le devant du lit est placé son frère déjà dans l'âge de la raison et des sentiments religieux; un genou en terre près d'un tabouret sur lequel est un livre, il y lisait les prières des agonisants; le cri d'effroi répandu dans la chambre au moment où le père a passé, l'a fait cesser; il baisse la tête et est presque suffoqué par ses larmes. Il n'est pas jusqu'à un chien qui figure dans l'action ; il envisage son maître ; il semble douter que ce soit lui, et son instinct ne lui fait que trop pressentir son malheur. Assurément si les grands peintres ont admis ces animaux dans les scènes les plus héroïques (1), pourquoi les exclurait-on de ces scènes villageoises dont ils augmentent le naturel et la vérité. C'est là le caractère distinctif des ouvrages de M. Greuze. Rien de mieux senti que les deux que je viens de vous décrire ; tous les airs de tête variés y expriment des passions différentes et quelquefois plusieurs ensemble. Le spectateur partage tour-à-tour les affections de chaque acteur de ce poëme pittoresque en deux actes, dont l'intérêt croît par degrés, et qui produit plus d'effet que le plus beau sermon. On dit que l'auteur compte ainsi traiter une suite de pareils sujets moraux, et il fera bien de s'y tenir ; car, à ne considérer son talent que du côté du mécanisme, sa manière le rapproche plus de ce genre ; son pinceau est terne, ses couleurs sont mal empâtées, ses draperies mesquines ; mais il entend à prodige la magie du clair-obscur. Quant à l'invention et au génie, je crois qu'il en a plus qu'aucun des peintres français actuels : par son

_____

(1) On voit entre autres au Luxembourg dans la galerie de Rubens, trois chiens qui figurent au couronnement de Médicis.

défaut de noblesse, s'il ne vaut rien dans la tragédie, il est excellent pour le drame, pour le larmoyant, c'est le *la Chaussée* (1) de la peinture.

Pour moi, Milord, peut-être penserez-vous qu'en fixant les yeux sur une chapelle, et sur ces scènes funèbres, c'est commencer l'année un peu tristement; mais je vous égayerai la prochaine fois. J'ai invitation pour me trouver avec mademoiselle Sapho incessamment.

Paris, ce 4 janvier 1779.

---

(1) Poète regardé comme le premier inventeur du comique larmoyant, ou drame bourgeois.

LETTRE XX.

Jugement rendu par le tribunal de l'inquisition d'Espagne, contre le comte d'Olavidès.

Empressé de vous satisfaire, Milord, j'ai ramassé les matériaux nécessaires pour vous rendre compte de la personne et du supplice d'Olavidès, de cet homme rare, qui, formé à l'école de *Montesquieu*, de *Voltaire*, de *Rousseau*, de *Buffon*, sous l'influence du plus sage ministre (1) qu'ait eu l'Espagne, avait fait briller quelque lueur de philosophie sur ce royaume plongé de nouveau dans la nuit de l'ignorance, des préjugés et de la superstition.

Le comte Paul Olavidès a de cinquante à cinquante-cinq ans. Il est né au Pérou, et, par la seule force de son génie, s'affranchit de bonne heure des préjugés et de la superstition si communs chez ses compatriotes. Il présenta dans ces climats lointains le rare spectacle d'un philosophe ; mais, cachant prudemment sa façon de penser, il parvint par son mérite à la place

---

(1) Le comte d'Aranda, qui avait aboli ou suspendu du moins les horreurs de l'inquisition.

d'Oydor ou de juge à *Lima*. Sa fermeté, son intégrité, ses lumières, son indépendance le rendirent odieux aux jésuites qui lui intentèrent un procès considérable, et l'obligèrent de venir se défendre en Europe : il succomba. Il était magnifique en tout, il avait fait de grandes dépenses et fut emprisonné pour dettes; il courait risque de rester long-temps en captivité, lorsque la veuve du premier commis qu'il avait su charmer, le vint trouver un jour et lui déclara qu'il serait maître de sortir le lendemain, qu'elle avait satisfait tous ses créanciers. Son premier soin fut d'aller voir sa bienfaitrice qui, pour toute récompense lui demanda sa main. Devenu ainsi puissamment riche, il se livra aux belles-lettres et à la philosophie : pour perfectionner ses connaissances, il demanda permission de voyager, à sa femme; il vint en France, et se plut beaucoup à Paris; on ne sait si son projet était de s'y établir un jour; mais il s'y fit 60,000 livres de rentes viagères; il en vit les beaux esprits et les philosophes; il lut tous les excellents ouvrages modernes, et revint dans son pays surtout enthousiasmé des théâtres de cette capitale: il ajusta plusieurs pièces françaises au théâtre espagnol; il en composa lui-même de régulières dans sa langue, qu'il fit apprendre aux acteurs, en leur enseignant la vraie déclamation, et Madrid vit en peu de temps la scène y devenir presque aussi excellente qu'à Paris. Il y était en général le protecteur des arts et des sciences : il excita les écrivains à composer des feuilles périodiques, genre de littérature absolument inconnu dans ces contrées peu exercées à la critique. Il en résulta du mouvement dans les esprits et un accroissement de goût parmi les auteurs, qui se répandit dans toute la nation.

Le comte Olavidès fut sollicité par le gouvernement de dresser un plan d'études pour la jeunesse ; il y fut généralement admiré : il y montrait l'universalité de ses connaissances, sa profonde sagesse et un tact fin des hommes. Il plut au comte d'Aranda, alors président du conseil de Castille. Ce seigneur reconnut en lui non seulement un homme de goût, mais un homme d'état. Dans la circonstance critique de la révolte de Madrid qu'on peut se rappeler, lorsqu'il s'agit de faire des innovations dans le costume espagnol et d'expulser les jésuites, il le chargea de la police de cette capitale. Cet utile citoyen réunit ainsi tous les suffrages de la cour et du peuple ; car celui-ci ayant eu pour la première fois le droit d'élire une espèce de tribun ou de représentant, appelé *Personero*, il eut la gloire d'être le premier élu par toutes les classes.

Le comte d'Aranda lui fit avoir ensuite l'intendance de Séville. Ce fut pendant cette administration qu'il fit présenter à la cour son mémoire pour le défrichement de la Sierra Morena, canton inculte où il ne croissait que du bois dégradé, et qu'il prouva être susceptible de devenir un des sols les plus fertils de l'Espagne. Son projet fut accepté : il appela des Allemands et autres étrangers, sans s'embarrasser de quelle religion ils étaient, pourvu qu'ils eussent des bras et de l'industrie ; il fonda sa colonie qui réussit à merveille ; il établit une ville, chef-lieu de sa résidence. Un couvent de moines, dont le voisinage lui déplaisait, gênait ses opérations ; il profita de son crédit pour les transporter ailleurs. Ces moines en conservèrent un ressentiment profond. Le comte Olavidès s'en reposant sur le ministre éclairé qui gouvernait le royaume, fut moins circonspect dans ses propos et dans sa conduite. Ses ennemis s'en prévalurent, ils tinrent secrètement registre de tout ce qui lui échappait contre la religion, et attendirent le moment favorable de la disgrâce du comte d'Aranda et du rétablissement de l'inquisition pour éclater et accuser le comte Olavidès comme coupable d'hérésie ; machination qui l'a conduit enfin au sort funeste qu'il a éprouvé, et que nous croirions être arrivée aux siècles de barbarie si nous n'en étions contemporains et témoins en quelque sorte.

Ce fut à la fin de novembre dernier (1) que

---

(1) Le 24 novembre 1778. Cette relation est tirée de

le tribunal de l'inquisition tint un acte secret dans lequel comparut comme accusé le sieur Paul Olavidès, assistant de Séville et sur-intendant des nouvelles colonies de la Sierra Morena.

On procéda au rapport de son affaire qui dura depuis huit heures du matin jusqu'à midi et demi; les griefs fondés sur ses excès et son libertinage étaient renfermés dans cent soixante-dix articles d'une part et soixante-dix d'une autre, sur le témoignage de soixante-dix-huit témoins.

Ayant été déclaré hérétique dans toutes les formes, il se présenta en cette qualité tenant en main une torche de cire verte, et surchargé de la croix de Saint-André, dont néanmoins M. le grand inquisiteur lui fit grâce; il fut condamné à la confiscation de tous ses biens, à huit années de clôture dans un couvent, pendant la première année desquelles il devra jeûner le vendredi, si sa santé le lui permet, ce qui sera remis à la décision d'un directeur éclairé qu'on lui nommera pour le fortifier dans la pratique de ses exercices, et l'instruire de la religion chrétienne : il lui fut enjoint de faire régulièrement ses prières du matin et du soir; de lire *le guide des pécheurs* du révérend frère Louis de Grenade, de réciter

---

différentes lettres espagnoles déchiffrées chez M. le comte d'Aranda, comme il est aisé de le juger aux expressions fanatiques dont elle est remplie.

tous les jours à genoux le rosaire, ainsi qu'un *Credo* ; il fut déchu de tous ses titres et charges, et déclaré incapable d'en posséder jamais aucuns; défense d'user à l'avenir de vêtements de soie, de velours, de tissus d'or et d'argent, ni de galons et de pierreries : ordre au contraire de s'habiller en drap jaune du plus commun; défense également de monter à cheval ni de porter des armes : on prononça ensuite son bannissement perpétuel de Séville, de toutes les maisons royales de Madrid, des nouvelles colonies et de Lima, lieu de sa naissance où il prit le grade de docteur.

On lui fit faire en qualité d'hérétique une abjuration solennelle ; il fut absous de l'excommunication et réconcilié suivant les formalités prescrites par les saints canons, à l'effet de quoi se présentèrent quatre prêtres en surplis ayant chacun une poignée de verges à la main, dont ils frappèrent sur ses épaules suivant la cérémonie d'usage, pendant qu'on récitait le psaume *Miserere* ; il fit sa profession de foi et fut interrogé sur plus de trente articles de croyance.

Dès que les deux secrétaires eurent fini de lire la procédure, au moment où l'on prononça ces mots : *Nous le déclarons atteint et convaincu d'hérésie*, le sieur Olavidès tomba en syncope de dessus la sellette ; il ne perdit cependant pas connaissance : on lui donna de l'eau et du vin, ce qui le rétablit et le mit en état d'écouter sa sentence, à la suite de laquelle il fit sa profession de foi, baigné de larmes et poussant des gémissements qui firent bien augurer de sa conversion. Ses erreurs sont en grand nombre et des plus extravagantes, provenant toutes de ce qu'il n'a pas voulu croire au sixième commandement, ni à l'existence d'un enfer destiné à en punir les violements, chose qui lui fit concevoir une haine implacable contre le clergé séculier et régulier, ce qui a été en lui le fruit de ses rapports et relations avec *Voltaire* et *Rousseau*. On le dépouilla de l'ordre de Saint-Jacques dont il avait été décoré.

Le comité qui assista à ce jugement était composé des ducs de Grenade, d'Hixart, d'Abrantès, du comte de Mora, du comte de la Corogne, de trois conseillers de Castille; de deux des finances, deux du conseil des Indes, deux des ordres royaux et un du département de la guerre; de l'abbé de Saint-Martin avec deux de ses moines; du prieur de l'Escurial, de l'abbé de Saint-Basile, de deux Trinitaires, de deux religieux de la Merci, du père Cantenas, capucin, de plusieurs prêtres décorés, et de plusieurs chevaliers de l'ordre royal et distingué de Charles III.

Le croiriez-vous, Milord? Il faut cependant en convenir, comme le dit le journaliste judicieux dont j'emprunte les réflexions. Il observe que l'infortuné comte Olavidès en est quitte à bon marché, et qu'autrefois il lui en eût coûté la vie pour s'être avisé d'avoir le sens commun. C'est donc une sorte de satisfaction pour l'honneur de la raison humaine et le bien de l'humanité, que l'inquisition, tribunal autrefois si redoutable par des actes de barbarie et de cruauté, se contente aujourd'hui de ne faire que des actes qui le vouent au mépris et à la dérision ; or, quand un pouvoir quelconque ne prête plus qu'au ridicule, il n'est plus à craindre et il touche à son anéantissement. *Amen, amen, amen.*

P. S. En ouvrant mes lettres, j'en trouve une de l'Orient, qui contient une anecdote venant ici comme de cire : il y a peu de jours qu'un inquisiteur de l'Inde, de l'ordre de Saint-François, dînait dans cette ville chez M. de Mont avec un Suisse parlant bien espagnol et français. Il était question de littérature : le Suisse servait d'interprète aux deux autres convives. Je fais, dit le maître de la maison, un grand cas de Voltaire. Si jamais vous venez en Espagne, lui répondit le saint homme frémissant de rage, je vous ferai percer la langue et couper la tête trois fagots sous le....

Paris, ce 21 janvier 1779.

LETTRE XXI.

Cours de Politique à l'usage des Dames Allemandes et autres.

L'ouvrage que je vous annonce, Milord, a été depuis peu la matière de plusieurs conversations chez Madame Geoffrin. Quelques savants étrangers, venus chez cette virtuose, le lui ont apporté et l'ont tellement vanté, que des illustres de la société, entendant la langue dans laquelle il est écrit, c'est-à-dire, l'Allemand, l'ont traduit et ont mis tout le monde à portée d'en juger. Il n'a point été trouvé indigne de la peine qu'on avait prise : on a décidé qu'il joignait l'instruction à la plaisanterie, le piquant à la véracité, en un mot, l'utile à l'agréable. Et, comme je n'ai rien de bien intéressant à vous envoyer en ce moment, qu'il contient plusieurs choses relatives à la France, je ne l'ai point cru étranger à mon objet, et j'espère que vous me saurez gré de vous en avoir fait part. Il faut vous mettre avant au fait de l'origine et de l'interruption de ce journal d'une nouvelle espèce.

M. l'abbé Jacobi, chanoine de Dusseldorf, homme d'une grande érudition, mais y joignant plus de goût que n'en ont ordinairement les savants de sa nation, d'ailleurs fort à son aise, et ne cultivant les lettres qu'entraîné par un attrait particulier pour elles, était depuis long-temps sollicité par des dames de sa ville, de les initier aux mystères de la politique, et surtout de les mettre en état de ne point éprouver l'ennui insupportable que leur causait la lecture des gazettes assommantes de toute espèce qu'elles ne pouvaient se résoudre à dévorer. Cet aimable savant a entrepris un pareil projet. Enchanté de la *Pluralité des mondes* de Fontenelle, il a cru que la politique n'était pas une matière plus sèche et plus rebutante que l'astronomie ; et prenant l'auteur français pour modèle, il a commencé sur les événements publics, un ouvrage périodique intitulé, l'*Iris*. Ce titre, qui se ressentait de l'aménité du caractère de son auteur, lui a procuré la plus grande vogue parmi le beau sexe de sa nation. Malheureusement il a trop éclairci la matière, et plusieurs cours du Nord lui ont su mauvais gré de parler si franchement. Il s'est fait de si fâcheuses affaires avec elles, qu'il a été obligé pour son repos, d'abandonner un journal qui lui occasionnait des reproches continuels et des tracasseries sérieuses. Son *Iris* n'a duré que quinze mois, depuis octobre 1774 jusqu'à présent. Voici l'introduction, dont, pour plus d'intelligence, il faut se rappeler l'époque que je vous cite.

INTRODUCTION.

La politique en général semble une science abstruse et compliquée, peu faite pour les dames. Si j'écrivais aussi dans un autre pays, en France, par exemple, où la loi rigoureuse interdit au sexe toute prétention au gouvernement et souvent l'administration de son propre bien, je n'aurais garde de faire retentir à ses oreilles délicates ce mot pédantesque et barbare. Mais je travaille pour ma patrie, pour le Nord de l'Europe, c'est-à-dire, pour des nations où les femmes austères, instruites, réfléchies, réunissent la force et les grâces. Leurs organes plus vigoureux leur permettent la contention d'esprit nécessaire pour les études les plus sérieuses, et si elles n'ont pas les *vapeurs*, les *maladies de nerfs*, toutes les gentillesses des autres, elles en sont dédommagées par un caractère mâle et intrépide, qui les rend propres au gouvernement le plus difficile. Et quel moment fut jamais aussi heureux pour parler politique au beau sexe, dans ce pays, que celui où deux princesses en font principalement les destins ? L'une, exercée depuis long-temps à manier le sceptre, formée à l'école de l'adversité, et n'en soutenant que mieux l'éclat des succès, non contente de rendre ses sujets heureux, préparant encore le bonheur des générations futures par ses instructions sublimes à sa nombreuse postérité qu'elle fait asseoir sur la plupart des trônes de l'Europe; enfin, donnant à l'empire un chef digne de son auguste mère. L'autre, à peine montée sur un trône ébranlé par des secousses multipliées, et trouvant tout-à-coup en elle les ressources nécessaires pour le raffermir; surmontant par l'ascendant de son génie les factions intestines et les rivalités étrangères, faisant un roi pour premier ouvrage; bientôt assaillie par un ennemi nombreux et puissant, soutenant la guerre avec une audace sans exemple, et donnant la paix avec une modération plus rare encore.

Mais indépendamment de ces circonstances favorables, bien propres à tourner l'esprit des femmes de ma patrie vers un objet si flatteur pour elles, et si capable par conséquent de mériter leur attention, je veux leur démontrer que ce mot de *politique*, effrayant d'abord, n'est rien moins que tel; que cette science à laquelle elles paraissent trop étrangères, elles la possèdent mieux que les Richelieu et les Alberoni. En effet, elles mettent souvent dans la conduite d'une intrigue amoureuse plus de constance et de finesse, que n'en employa Cromwell pour conduire Charles Ier sur l'échafaud. Que les dames me permettent quelques éclaircissements, et je les ferai convenir de mes assertions, qui, du premier coup-d'œil, ont l'air de paradoxe.

Qu'est-ce que la *politique* d'un souverain, sinon l'art de conserver ce qu'il a, ou d'usurper ce qu'il n'a pas ? La première est juste, l'autre est injuste. De là le monarque sage, et le monarque ambitieux. Celui-là, simple dans ses moyens, comme dans ses vues, n'a que deux choses à faire, rendre ses peuples heureux pour se garantir des troubles du dedans, et les aguerrir pour qu'ils puissent le soutenir contre les invasions du dehors. Celui-ci ayant une fois franchi les bornes de l'équité, n'a plus que des principes versatiles, au gré de sa passion, et change de mesures en changeant de desirs. Je trouve dans ces deux monarques la double image de la femme honnête et de la femme coquette. La femme honnête, satisfaite de régner sur le cœur qu'elle possède, cherche à s'attacher son amant de plus en plus, en faisant son bonheur, à le prémunir contre les séductions étrangères, en l'enivrant d'un amour toujours nouveau. La coquette, s'armant de la puissance de ses attraits, voudrait faire autant d'esclaves de tous ceux qu'elle rencontre, varie d'attaque suivant les circonstances, et ne trouve aucun moyen illicite pour parvenir à son but. Or, pour une femme honnête, que de coquettes dans ce monde ! De là cette multitude de tours, de ruses, de pièges, de perfidies, de trahisons, d'incidents bizarres, d'aventures singulières, dont sont remplis les romans, archives de Paphos, où les *Versac* (1) et les *Lovelace* (2), enflamment leur imagination, aiguisent leur génie, et, par de nouvelles combinaisons, fournissent matière à d'autres, et étendent le code de la galanterie. De même, peu de princes équitables, et beaucoup qui cherchent à envahir les possessions des autres; ce qui est l'objet principal de l'histoire, et a fait enfanter ces longs et volumineux traités sur le droit des gens, des Hobbes, des Grotius, des Puffendorf, des Machiavel, etc.

C'est ainsi que la politique, simple dans ses éléments, est devenue composée à l'infini par le jeu de tant de passions qui se croisent, s'entrechoquent et se combattent. Le monarque le plus droit, le plus loyal, a été obligé de la suivre dans tous ses détours, sinon pour faire des dupes, au moins pour ne pas l'être, pour se défendre, et jamais pour être agresseur. Un petit état, par exemple, après avoir tiré toute la force qu'il peut acquérir de lui-même par sa population, par la richesse de ses habitants, par l'énergie d'une administration intelligente et vertueuse, qui craint

---

(1) Héros d'un roman français, intitulé *les Égaremens du cœur et de l'esprit*.

(2) Héros d'un roman anglais, intitulé *Clarisse*.

l'ambition inquiète d'un voisin trop puissant, est obligé malgré lui de suppléer à sa faiblesse par des secours étrangers. Tantôt il se lie avec d'autres, ses égaux, qui, ayant les mêmes intérêts et les mêmes raisons d'appréhender, font une ligue, une confédération; tantôt il se ménage un protecteur dans un potentat redoutable, en état de le garantir de l'invasion d'un usurpateur; ou bien, s'il a lieu de se défier de la bonne foi de son défenseur, il sème adroitement la division entre les deux; il les affaiblit l'un par l'autre; il jouit en sécurité de la paix, qu'il se procure à leurs dépens. C'est encore la représentation en grand de ce qui se passe tous les jours dans les sociétés. Une jeune beauté qui entre dans le monde, est bientôt dupe, si par des instructions salutaires elle n'est préparée contre les dangers qu'elle va courir. Il faut qu'elle se mette au fait, malgré elle, de tout le manège des galants pervers que son inexpérience lui ferait connaître trop tard ensuite. Heureusement elle ne manque de secours ni de conseils. Presque toutes les femmes, sentant leur impuissance, sont naturellement conjurées contre les hommes; et comme rarement la vertu du sexe lui suffit pour résister à force ouverte aux attaques qu'on lui livre, à l'ingénuité il substitue la fausseté, à l'austérité; la ruse; à la candeur; l'artifice; il excite les rivaux aux prises, et ne se garantit de leurs mauvais desseins qu'en les faisant changer d'objet. Souvent aussi il devient la proie du défenseur, sous l'égide duquel il s'était rangé.

Il faut remarquer à ce sujet, que la politique n'est qu'un moyen de détourner, de diviser, de retarder les efforts d'un ennemi formidable, et jamais celui de lui résister. C'est ce qui fait, qu'inventée par la faiblesse, cette science en a toujours été le partage. C'est à Rome que M. de Voltaire (1) en établit le centre, parce que c'est par elle que les papes se sont élevés à ce degré de puissance qui a fait trembler l'Europe : puissance toujours précaire, parce qu'elle n'était fondée que sur l'illusion, et qui s'est bientôt dissipée avec le prestige qui la grossissait aux yeux des peuples, toutes les fois que les souverains ont senti, essayé et mis leurs forces en opposition : Alexandre et Charles XII n'ont jamais intrigué. Le sentiment intime de leur force, cette impulsion d'un courage impatient de s'exercer, ne leur permettait pas de se livrer aux lenteurs de la politique.

De ces observations il résulte que cette science est plus à la portée des femmes que des hommes; que c'est à elles que l'invention en est due, et que ceux-ci n'ont fait qu'étendre et développer en grand, le principe établi d'après la constitution des deux sexes, qui a obligé le plus faible à ré-

---

(1) Dans sa *Henriade*.

parer par le secours de l'adresse, ce que la force lui refusait. Si nous consultons les annales des empires, nous trouverons la confirmation de cette vérité; nous verrons qu'elles ont souvent intrigué dans les cours, excité les divisions, bouleversé les états, et que dans les royaumes où la loi les exclut du gouvernement, elles sont encore presque toutes, visiblement ou invisiblement, l'âme des conseils; elles font faire à leur gré la guerre ou la paix.

Qui ne sait pas dissimuler, ne sait pas régner, a-t-on dit. Si la dissimulation est la vertu des rois, l'âme de la politique, qui la connaît mieux que les femmes? Tibère cité entre les princes, possédant au plus haut degré cette science, prêt à mourir, se fardait le visage et se montrait dans cet état au peuple Romain, pour lui cacher le mal qui le consumait et le maintenir dans l'épouvante. Une vieille coquette, jusque dans l'âge de la décrépitude, observe cette maxime : elle veut dérober à ses adorateurs les outrages du temps ; elle est morte avant qu'on ait su qu'elle était laide. D'ailleurs indépendamment de l'art avec lequel le sexe se compose à l'extérieur, multiplie ses grâces, répare sa beauté, prolonge sa jeunesse, il a celui plus difficile encore, de masquer ses affections. Elevé dès l'âge le plus tendre à réprimer les mouvements de son cœur, il maîtrise en silence ses passions, et les varie sur sa physionomie avec la même habileté qu'il assortit les couleurs de son teint.

Mais les princes, en donnant l'impulsion aux diverses révolutions qu'ils combinent dans leur cabinet, n'agissent presque jamais immédiatement par eux-mêmes. Ils ont des ministres, des ambassadeurs, des plénipotentiaires, des agents subalternes, des émissaires, des espions. Tout cela se pratique encore en amour : les Mercures, les Proxenètes, les Bonneaux (1), sont d'une grande ressource dans les intrigues du sexe. Il les met en action, ou en est circonvenu ; et s'il n'a pas de négociations à leur donner, il faut toujours qu'il soit en garde contre eux, et veille sur les pièges qu'ils sèment sous ses pas.

Enfin, la conclusion dernière de tous les mouvements politiques, ce sont les traités, ou défensifs ou offensifs, ou secrets ou publics, ou directs ou indirects ; c'est ce qui consomme la gloire du négociateur. Il doit les énoncer toujours avec la plus grande clarté relativement aux intérêts de son maître, toujours d'une façon ambiguë et captieuse à l'égard de ceux des autres parties contractantes : lier celles-ci à leurs engagements d'une façon indissoluble ; ménager à celui là les facilités de rompre quand il voudra. Il aura surtout dressé un chef-d'œuvre, si par la

---

(1) Voyez *la Pucelle* de M. de Voltaire.

Tome II.

perfection de son artifice, les autres se félicitent d'avoir abusé son souverain, et ne reconnaissent leur faute qu'avec le temps, que par ses effets funestes et irréparables.

Osera-t-on dire que les femmes dans le résultat de leurs menées, dans leurs conventions, n'entendent pas à merveille leurs intérêts ? Elles dictent ordinairement leurs traités en despotes, et les hommes les souscrivent en esclaves. Elles donnent des fers : ils tendent les mains pour les recevoir; ils les supplient de les enchaîner, et par une illusion, le triomphe du sexe, ils s'applaudissent de leur défaite, ou plutôt ils s'attribuent la victoire ; ils se couronnent en conquérants; ils s'enivrent de leur bonheur ; ils se réveillent humiliés, dépouillés, méprisés, maudissent leur illusion qui, en se dissipant, met le comble à leur malheur.

Il est superflu de pousser plus loin ces détails. Les dames doivent être maintenant convaincues de la vérité de ma première proposition. S'il leur reste encore quelque doute à cet égard, je terminerai par leur apprendre une anecdote concernant un ministre dont la disgrâce a affligé la France et réjoui les puissances rivales ; ce qui confirme ses talents et sa célébrité.

Ce seigneur brillant de jeunesse et de santé, orné des grâces du langage et de l'esprit, mais repoussant par sa figure, semblait s'exercer déjà dans les cercles à l'art d'intriguer qu'il a possédé depuis si éminemment et développé dans les objets les plus importants de la politique. Il appliquait cet art non seulement aux circonstances délicates où il fallait commencer par la ruse une séduction amoureuse à laquelle ne prêtait pas son extérieur, mais, comme par un pressentiment secret, se sentant né pour travailler plus en grand, il s'en faisait une occupation, devenue bientôt un jeu pour lui. Un jour il paria de brouiller douze femmes entre elles, et il réussit. On voulut diminuer sa gloire : on trouva que la chose n'était pas difficile, et croyant lui proposer une négociation impossible, on lui dit que le chef-d'œuvre du génie serait de les raccommoder. Il accepta le défi et gagna de même.

C'est ce même ministre qui depuis trouvant la France plongée dans une guerre malheureuse dont elle ne pouvait se tirer par la force des armes, tâcha d'opposer le génie de la politique au génie de la victoire aliénée, et par son pacte de famille fit partager adroitement à l'Espagne et les pertes de son souverain et une honte qui autrement aurait jailli sur lui toute entière. Mais ce coup d'adresse n'eût été rien, si dès-lors, méditant une vengeance lente et combinée, il n'eût aussi préparé les moyens de l'exécuter. C'est dans cet esprit que cherchant à affaiblir l'Angleterre par des troubles continuels, tandis que sa patrie réparerait dans une paix profonde ses forces épuisées, il fomentait à Londres les divisions excitées par Wilkes; il excitait les tracasseries entre les colonies et la métropole; il lui soulevait jusques dans l'Inde un ennemi formidable dans la personne de Hider-Ali Kan; et, du même coup-d'œil, embrassant tout le Nord, il attachait à la France la maison d'Autriche par l'espoir d'une alliance, il enchaînait l'activité du roi de Prusse par la crainte de cette union; il amusait l'impératrice de Russie, occupée à calmer un royaume agité par des cabales qu'il favorisait sourdement; il allumait la guerre entre elle et le Grand-Seigneur, persuadé que c'était indirectement frapper l'Angleterre, placée dans l'alternative cruelle de perdre son commerce du Levant, ou avec la Russie. Enfin, étant parvenu par une chaîne de combinaisons éloignées, à voir cette puissance rivale se dégarnir de la meilleure partie de sa marine pour secourir son alliée, il allait, de concert avec l'Espagne, faire éclater leurs communs projets de ressentiment, lorsqu'une femme (1), plus adroite que lui, l'a renversé avec ses desseins.

Mais, j'en demande pardon aux dames : insensiblement, sans leur aveu, je suis entré en

---

(1) Madame Dubarri.

matière, et les voilà malgré elles embarquées avec moi. Je viens de former une esquisse de la situation où se trouvaient les affaires politiques au moment de la disgrâce du duc de Choiseul, dont l'influence était bien caractérisée par le mot d'une souveraine (1), qui l'appelait *le souffleur de Mustapha, le cocher de l'Europe*. Quoiqu'il n'ait quitté que depuis quatre ans le gouvernement de la France, le système des cours a déjà changé prodigieusement. Ce n'est plus le conseil de Versailles qui gouverne le conseil de Madrid; c'est celui-ci qui voudrait acquérir de l'ascendant sur le premier. L'Espagne, impatiente de combattre et de se refaire de ses pertes, se plaint de l'esprit de paix qui dirigeait le dernier ministre des affaires étrangères sous le feu roi (2), et semble être le même sous le règne actuel. Au reste, l'impulsion donnée par le duc de Choiseul à toute l'Europe était si forte, que l'ébranlement en subsiste encore. Il est vrai que ses intentions n'ont pas été remplies; il en a résulté des effets bien opposés à ses vues : les troubles de Pologne en ont occasionné le démembrement; la guerre déclarée par les Turcs à la Russie n'a fait qu'accroître la gloire et la puissance de cette dernière : ses efforts pour chasser les Anglais de l'Inde ont

---

(1) L'impératrice de Russie.
(2) Le duc d'Aiguillon.

tourné à leur avantage, et les y ont plus solidement affermis, et peut-être que la résistance des colonies ne fera qu'accélérer leur union si l'on laisse le temps à la fermentation de se calmer, aux esprits de se concilier, aux enfants de la même patrie d'envisager un intérêt commun dans leur indivisibilité.

Tous ces points qui méritent d'être approfondis et sont aujourd'hui la matière des spéculations des nouvellistes, seront traités la première fois. Les contestations élevées entre l'Espagne et le Portugal ne sont pas moins dignes d'attention, et je jèterai ensuite un regard rapide sur les autres états, comme n'étant que spectateurs indifférents, ou n'ayant qu'un intérêt secondaire à ces événements, sur lesquels roule aujourd'hui la politique de l'Europe. Je tâcherai surtout d'y porter la clarté nécessaire et d'y joindre la rapidité de la narration, les agréments du style, en un mot, de gagner les suffrages de cette partie brillante et aimable des lecteurs, à laquelle je consacre mes veilles et que je cherche à instruire en l'amusant.

Qu'en dites-vous, Milord ? Mais il me semble que cette introduction est admirablement prise ; que la situation d'alors de l'Europe y est bien esquissée, et le caractère du duc de Choiseul peint de main de maître. Puisse aller à tous les diables ce cruel ennemi de l'Angleterre, l'auteur de tous nos maux ! Et vous, Milord, puissiez-vous éprouver toutes les bénédictions du ciel pour votre zèle à défendre nos intérêts dans le parlement !

Paris, ce 18 janvier 1779.

LETTRE XXII.

Sur un livre obscène, intitulé : La F.....manie.

Je ne vous fais mention, Milord, de cet ouvrage infâme, que parce que vous voulez ne rien ignorer de ce qui attire l'attention de cette capitale. Il y occasionne un bruit si considérable, que j'ai eu envie de le lire. Il est fort rare. M. Le Noir a les ordres les plus précis du gouvernement d'en empêcher la distribution. Malgré cette inquisition, la cupidité audacieuse élude et trompe tous les efforts des émissaires de la police pour s'opposer au débit de la *F.....manie*. Quoique plusieurs colporteurs soient arrêtés et menacés des peines les plus graves, il en perce des exemplaires, et ils ne sont pas même à un prix exorbitant, puisqu'ils ne coûtent aujourd'hui que 9 liv. la pièce. Voici l'analyse de cet ouvrage obscène, dont le plus grand mérite est d'être prohibé. Il est intitulé : *Poème lubrique, à Sardanapalis, aux dépens des amateurs,* 1775. Il est divisé en six chants, d'environ 300 vers chacun. Il est précédé d'une préface servant d'apologie à l'entreprise de l'auteur, et surtout à la manière cynique de son exécution. Il ne dit là-dessus que les lieux communs usités par ses semblables.

Ce poème est le contraire de *Parapilla*. Celui-ci roule sur la chose la plus ordinaire, sans contenir un mot sale, et l'autre les emploie jusques en parlant morale. Il n'est proprement que la paraphrase de la fameuse *Ode à Priape*, immortel chef-d'œuvre de Piron dans le genre érotique. On sent qu'en délayant, en étendant, en multipliant en tout sens les peintures énergiques de ce grand maître, on n'a pu que les affaiblir. D'abord on croirait que c'est un traité didactique sur cet art, objet de tant d'écrits : il semble que le poète en ait eu le projet, mais il le perd souvent de vue, et ses chants ne sont pas même bien distincts.

Dans le premier, après une invocation à la *Luxure* et aux ombres des morts les plus illustres dans le genre que célèbre l'auteur, il trouve que la *F.....manie* est le bonheur des dieux, qu'elle les empêche de s'ennuyer. Il conseille aux hommes d'en faire autant : il peint son état quand il tient Mlle Dubois dans ses bras (Cette ancienne actrice de la comédie française est la première qui ouvre la marche). Il est si fier alors qu'il brave les plus grands héros et même le roi de Prusse. Les demoiselles Arnoux et Clairon figurent ensuite. En parlant de celle-là, l'auteur si impudent sur les objets les plus sacrés, semble n'oser nommer le comte de Lauraguais, et laisse en blanc le nom de ce seigneur. Il n'est pas si délicat à l'égard du comte de Valbelle, dont il peint l'attachement aveugle pour celle-ci. Mlle Allard figure après avec le duc de Mazarin. Mlle Vestris, émérite de l'opéra, n'est pas oubliée. Des héroïnes de théâtre l'auteur passe aux duchesses; il peint les mœurs à la mode parmi les femmes de cour, qui se dédommagent avec leurs laquais, des caresses que leurs maris prodiguent aux courtisanes. Court et vigoureux épisode sur la vieille Polignac de Pantin, si renommée pour son effroyable *putanisme*.

Dans le second, description des charmes d'une fille novice et des ardeurs d'un jeune libertin : rien n'arrête la lubricité à cet âge, pas même les menaces de l'enfer. Les directeurs se livrent aux mêmes débauches plus secrètement; l'auteur met à cette occasion en scène un père *Chrisostóme*, carme. Déclamation contre les plaisirs imparfaits des couvents. Episode d'un *F.....mane*, se déguisant en vitrier et pénétrant chez des religieuses. Sortie contre les Tribades, les Pédérastes. Le vieux duc d'Elbœuf est un des premiers qui ait amené cette dernière secte en France. Digression sur la vérole.

L'auteur ouvre le troisième chant par vanter l'art qui guérit cette peste. Il célèbre les hardis champions qui ont bravé ce mal immonde : il passe sans transition aux prélats de cette espèce : il parle des amours de M. de Montazet, archevêque de Lyon, avec madame la duchesse de Mazarin. Il se permet l'écart le plus indécent sur celles du duc d'Orléans et de madame de Montesson ; et poussant la licence jusqu'à insulter aux mânes de la feue duchesse, il révèle au grand jour le secret des penchants de cette princesse pour MM. de l'Aigle et de Melfort, et ne rougit pas de les peindre victimes des caresses empoisonnées de Son Altesse. Cependant il ne veut pas d'amour platonique. C'est en France où l'on ne se morfond pas auprès des femmes ; on en trouve dans tous les rangs de disposées à l'art, objet du poème. Il faut prendre garde de se mettre mal avec ce sexe aimable. Comment y suppléer ? La pédérastie est décriée ; ce qui donne lieu de raconter la disgrâce du prince de Beaufremont besognant un *Cent Suisse*. Le peintre revient aux attraits de la femme. Il finit ce chant par l'éloge de l'Arétin, inventeur des fameuses postures.

Le quatrième chant est consacré à l'éloge du *Bordel*. Les célèbres maquerelles sont passées en revues : *Páris, Carlier, Bokingston, Montigny, d'Hericourt, Gourdan*, reçoivent l'encens de l'écrivain. Description des orgies délicieuses de ces lieux infâmes. Le lit et la table doivent se succéder ; c'est ce qui rend les allemandes meilleures pour la F.....manie ; l'auteur le pense ainsi et maudit l'Italie, où il s'est ruiné la bourse et la santé.

Le poète, au cinquième chant, encourage ceux qui seraient effrayés de la vérole : toutes les femmes ne l'ont pas. Et puis le moyen de résister à l'impulsion d'un tempérament de feu ? Montesquieu a brûlé, ainsi que Rousseau et Marmontel ; c'est Daubeterre qui a enflammé ce dernier. Grand éloge de Dorat, poète F......mane; ce qui annonce combien l'auteur connaît peu ce flasque héros d'amour. Digression contre les Hollandais, qui n'aiment que l'or. Morale sur le bon usage des richesses, ce qui donne lieu de tomber sur M. de Brunoi. Description des cardinaux impudiques : Spinola couche avec Palestrine, Albani avec Altieri, Bernis avec Sainte-Croix, Borghese est b....... C'est ici que ce nouveau Mézence, provoquant la foudre des dieux de la terre, ose se permettre de mettre en scène l'auguste Marie-Thérèse, l'illustre souveraine des Russies, le roi de Pologne, la feue reine de Danemarck, et que par une pitié insultante dans sa façon de s'exprimer, il plaint les dames de France, les tantes de Louis XVI, de vivre célibataires.

Agironi est le héros du sixième chant. Ce charlatan l'a sans doute guéri de quelque galanterie ; il le met bien au dessus de *Keyser* et de tous ses semblables. Il entre dans quelques descriptions anatomiques, à la manière de M. Robé*; puis il revient sur le sujet de ses vers, sur la *F......*

* *poète connu par un poème sur la vérole, où il entre dans les détails les plus savans de l'art de la Chirurgie.* —

manie, âme de l'univers. Il termine ainsi, après avoir ressassé, en ses termes orduriers et accoutumés, cette morale *Epicurienne* si dégoûtante dans sa bouche.

On ne peut nier que cet auteur, qui fera bien de garder le plus parfait incognito, n'ait quelque talent pour la poésie, qu'il ne montre de la facilité ; mais il manque de l'essentiel en pareil genre, de l'énergie. Corneille disait que pour faire une bonne tragédie il fallait avoir des c......, à plus forte raison quand on traite de celles-ci. Il y a cependant quelques tirades dans l'ouvrage plus remplies de nerf. Ce sont précisément les plus condamnables, celles où la plume aurait dû lui tomber des mains. Sa description des débauches des cardinaux est vive et rapide, mais n'approche pas de celle où le poète forcené lève le voile sur les mystères amoureux qu'Homère a tracés d'un pinceau si chaste en célébrant les noces de Jupiter et de Junon. Doublement émule d'Arétin, et par son obscénité et par son audace, il parle avec une impudence sacrilége des deux plus grandes princesses de l'Europe, aux vertus desquelles il rend hommage, même en les calomniant, et dirigeant vers elles son encens empesté du fond de la fange où il se roule.

On sent qu'une furie seule a pu inspirer l'écrivain lorsqu'il composait ces vers, dignes du feu, ainsi que lui. Que ne s'en tenait-il aux héroïnes faites pour figurer dans la galerie de ses portraits ? Combien d'anecdotes, d'épisodes, d'historiettes en ce genre auraient pu lui fournir les coulisses et les courtisanes du grand ton, s'il eût voulu en enrichir ses chants. Au contraire, il ne parle que de quelques vieilles impures, et ne paraît nullement instruit de l'histoire des filles de Paris, dont il aurait dû se meubler la mémoire, avant que d'entreprendre sa tâche très-mal remplie.

En voilà beaucoup trop, sans doute, Milord, sur un poème qui mériterait d'être condamné à un éternel oubli, si la curiosité insatiable et irritée par une proscription rigoureuse ne lui donnait une vogue éphémère : car, au fond, il ne peut plaire à aucune espèce de lecteurs, et n'a pas même le mérite des livres de ce genre pour les jeunes débauchés, dont ils fomentent les passions, et pour les vieux, dont ils rallument les desirs.

Puissiez-vous, Milord, ne pas avoir besoin de pareilles ressources ! pour moi, j'ai toujours le cœur chaud pour mes amis et surtout pour vous.

1er février 1779.

*Non sum qualis eram bonæ
Sub regno Cinaræ.
mais j'ai toujours &c.*

LETTRE XXIII.

Voyage de Fontainebleau. Spectacles de la cour. Courses, etc.

Le voyage de Fontainebleau, Milord, est un usage ancien des monarques Français. Il a lieu périodiquement chaque année dans l'automne. C'est un délassement qu'ils se procurent et à leur cour pour échapper à l'ennui, cette maladie qui tourmente si fréquemment et si cruellement les rois et ceux qui les entourent. C'est ce qu'on appèle *le second grand voyage*. Le premier, qui est celui de Compiègne, se fait durant l'été. Il n'est pas si régulier; il manque quelquefois (1) et surtout pendant la guerre, ce séjour pouvant aisément être abordé de l'ennemi, parce qu'il n'est, à proprement parler, défendu par aucune place frontière. D'ailleurs, à la forêt près, d'une grande magnificence, il est beaucoup moins agréable. On y travaille peu, et l'on s'y amuse encore moins. C'est l'objet d'un million d'extraordinaire seulement, ce qui dans ce pays-ci est une misère.

---

(1) Louis XVI, moins allant que son aïeul, dès la première année de son règne, brûla ce voyage.

Le voyage de Fontainebleau est au moins du double, et peut-être beaucoup plus cher, suivant la nature des fêtes et des spectacles qu'on y donne. Il y a régulièrement de ces derniers. En outre c'est la saison de la chasse, et l'on s'y livre d'autant plus commodément, qu'il est aussi voisin d'une forêt superbe, mais très-différente de celle de Compiègne : elle n'est pas aérée, routée, alignée comme elle : c'est une beauté majestueuse, austère, inculte ; elle présente quelquefois des sites d'une horreur effrayante, spectacle qui aurait des charmes pour un philosophe, mais qui ne sont guère connus des courtisans. Quoi qu'il en soit, c'est-là qu'on célèbre la *Saint Hubert*, cette fête des chasseurs, si renommée dans toute l'Europe, où l'on prend le plaisir, incroyable pour ceux qui ne l'ont pas éprouvé, de faire la guerre aux animaux, de les tourmenter, de les détruire souvent de la façon la plus barbare.

C'est encore à Fontainebleau que s'opèrent souvent les révolutions importantes, ou qu'elles s'y préparent, qu'on décide sur la paix ou sur la guerre ; c'est-là qu'on forme les états de dépense pour l'année suivante ; conséquemment qu'on y arrête les moyens d'avoir de l'argent, soit par des impôts, soit par des emprunts. D'ailleurs ce moment étant celui de la vacance des tribunaux, c'est encore alors qu'on rédige tout ce qui est relatif à la magistrature. C'est-là que l'on vit éclore en 1765 le germe des troubles de Bretagne : c'est-là qu'en 1770 M. le chancelier forma son plan de vengeance contre les parlements, et celui de leur destruction.

Ce voyage n'a pas été aussi fécond que de coutume en événements. Au reste, le jeu, les spectacles, les courses ont partagé les divertissements de la cour.

Depuis quelque temps les jeunes princes se sont livrés à la fureur des jeux de hasard. Pour s'y mieux autoriser et se mettre à l'abri des reproches du monarque austère, ils sont parvenus à rendre en quelque sorte la reine complice de leur contravention aux réglements, qui les devraient concerner comme tous les sujets ; ils lui ont fait naître le goût de ce plaisir ; on a donné le pharaon chez S. M., et il y a eu de grosses pertes.

J'ai assisté souvent aux spectacles de la cour, et je vais vous rendre compte en bref de ceux que j'y ai vus. Il y a eu beaucoup de nouveautés, surtout de la part des comédiens français. Ces histrions, enfin sensibles aux reproches des auteurs, qui voyaient quelquefois s'écouler dix et douze ans entre la réception et la représentation de leurs pièces, se sont animés d'un zèle louable et ont déterminé les gentilshommes de la chambre à leur permettre de substituer aux anciennes, qui leur coûtaient presqu'autant d'efforts de mémoire que les autres, celles inscrites sur leur répertoire moderne. Mais comme ces dernières sont presque toutes tombées, il est à craindre que la cour ne se dégoûte de cet essai, et ne préfère à l'avenir de voir exécuter des pièces couronnées d'un succès constant.

Zuma est une tragédie d'un M. Lefèvre, par où s'est ouvert le spectacle. J'étais fort curieux de cette représentation. C'était la première fois d'ailleurs que je voyais la salle de comédie de Fontainebleau. Elle n'a rien d'extraordinaire, mais elle n'est point mal. Toute la cour est en haut, et meuble superbement les loges. Le parquet, assez bien composé en hommes, l'est très-mal en femmes : on n'y voit guères que des filles ou des grisettes : chaque garde du corps y amène sa maîtresse, qui n'est pas toujours honnête ni brillante. C'est un abus difficile à empêcher; c'est un petit avantage qui compense les peines incroyables de ces Messieurs pour contenir la foule. Lorsqu'il s'agit d'entrer, il semble qu'on aille prendre le château d'assaut. Ce tumulte est presque aussi indécent que celui que j'ai remarqué souvent aux spectacles de Paris, lors des nouveautés.

Quoi qu'il en soit, *Zuma*, balancée dans son succès, pourrait être regardée comme tombée, malgré les réclamations du poète. C'est un sujet tiré de l'histoire du Pérou ou du Mexique, ou plutôt c'est un roman sans vraisemblance, rempli d'absurdités. J'aurais beaucoup de peine à vous en rendre le plan et la marche; la décoration imposante a d'abord prévenu favorablement le public, et le premier acte a été très-applaudi. Il n'en a pas été de même des autres. Quelque chose de choquant a excité des huées dès le second; et le troisième et le quatrième, remplis de choses révoltantes, semblaient menacer l'auteur d'une chute inévitable, lorsqu'une reconnaissance, mal préparée sans doute au cinquième acte, mais ce que n'observent pas tous les spectateurs, a produit cependant un grand effet, et malgré le mal qu'on en a dit à Fontainebleau, je ne serais pas surpris que cette scène fît la fortune de la pièce à Paris, qui aime assez à fronder les jugements de la cour, le seul point où le Français ait la liberté de la contrarier.

La seconde pièce que j'ai vue à Fontainebleau, c'est la *Soirée des Boulevards*. Elle est de la comédie italienne et est ancienne. Les paroles sont du sieur Favart. Il a été question de la remettre au théâtre pour la représenter devant leurs majestés, et l'on y a fait des améliorations prétendues et des additions qui l'ont gâtée. Des quatre parties entre lesquelles on l'a distribuée, les deux premières ont paru charmantes, mais les deux autres absolument disparates. La dernière surtout, intitulée *le Bal*, est pitoyable, par une pantomime du plus grand ridicule qu'on y a jointe, allégorique aux vertus du roi et aux grâces de la reine. On s'est apperçu aisément que l'auteur, inspiré par le défunt abbé de Voisenon dans les précédentes, avait marché absolument sans guide dans celle-ci (1).

Je n'ai pu me trouver à la représentation de l'*Avare Fastueux*, comédie dont le titre seul, déjà piquant, faisait présumer favorablement de l'auteur. Il annonçait un homme au fait de l'art des contrastes et profond dans la connaissance du théâtre. On la savait du meilleur poète comique, sans contredit, qu'il y ait à Paris, quoiqu'étranger et déjà glacé par l'âge. Vous en conviendrez aisément, Milord, quand je vous aurai nommé M. Goldoni, dont le recueil italien imprimé est répandu dans toute l'Europe et a fourni des canevas à une foule de pièces représentées chez diverses nations. Cependant il n'a pas été plus heureux que ses confrères, et, par une modestie bien rare, il adopte le jugement sévère porté contre lui, et n'en appèle point, comme eux, au public de cette capitale. On m'a assuré qu'il avait retiré son ouvrage du répertoire.

M. Dorat n'a eu garde d'être aussi docile pour

---

(1) On a cru long-temps que l'abbé de Voisenon était l'auteur des meilleurs ouvrages de Favart.

son *Malheureux Imaginaire*. Impatient de réparer la honte de cette chute, il a intrigué dans le tripot comique pour être incessamment joué à Paris, et s'y relever à prix d'argent (1), si le public de cette capitale ne lui rend pas d'abord plus de justice que les courtisans difficiles de Fontainebleau. Quant à moi, je m'en tiens à ma décision : c'est un des sujets les plus mal traités au théâtre. Le principal personnage n'est nullement intéressant, en ce qu'il n'est représenté que comme un sot et un fou tour à tour. Heureusement il y a le caractère secondaire d'un insouciant qui, à l'examiner sévèrement du côté des mœurs, est sans doute malhonnête et fort dangereux sur la scène, mais d'un excellent comique par sa gaîté soutenue au milieu des plus grands revers, et il peut, aux yeux de spectateurs indulgents, éclipser bien des défauts.

La *Lecture Interrompue* (2) a eu le sort des

---

(1) Un auteur qui veut ou peut en sacrifier, est toujours sûr d'un succès éphémère, en prenant à ses frais, durant un certain nombre de représentations, une grande quantité de billets de parterre, qu'il distribue à ses émissaires affidés, gagés pour l'applaudir. Les loges, étourdies de ce fracas, assurent que la pièce a eu le plus grand succès, et les badauds y courent.

(2) Cette pièce avait autrefois pour titre : *le Dramomane* ; mais l'auteur, par égard pour M. Mercier, ap-

autres nouveautés exécutées durant le voyage. Elle est d'un ridicule si rare, que je suis désolé d'en avoir manqué le spectacle ; mais je vais y suppléer, Milord, par ce que m'en a écrit dans le temps un connaisseur.

Extrait d'une lettre de Fontainebleau.

« Jamais on n'a hasardé comédie aussi mauvaise ; les brouhahas, les rires par éclat, les applaudisements ironiques ont fait trouver que la pièce était bien nommée. La cour n'en a pas attendu la fin. C'est une plaisanterie contre les drames, dont le goût devient de plus en plus commun. Comme elle porte à plomb sur le sieur Mercier, les comédiens ont fait leurs efforts afin de la soutenir par leur jeu, mais inutilement. Le héros de l'ouvrage, engoué des drames, en veut imaginer un des plus noirs qui ayent jamais paru. Pour cela il choisit des aventures toutes noires, comme celle d'un pâté succulent, dont on fait l'ouverture et qui empoisonne tous les convives ; celle d'un frère assassiné par son frère. En un mot, ce ne sont que démons,

---

pelé plaisamment par feu Fréron le *Dramaturge*, et dont l'admiration exclusive pour les drames faisait le sujet de sa critique, l'a changé en celui sous lequel elle fut jouée à Fontainebleau.

enfers, abîmes, têtes de morts. On apporte à l'auteur dramomane ce drame qu'il a composé. Il veut en faire la lecture et annonce d'abord fort au long ce que doit représenter le théâtre : il veut ensuite distribuer les rôles, mais il se trouve qu'il ne peut être mis en action, parce qu'il lui faudrait trois pendus, et que chacun se refuse à cette représentation. Enfin, nonobstant cet embarras, il continue sa lecture, interrompue par un exempt, qui vient de la part du prince, pour le mettre aux petites-maisons, où l'on a envoyé très-hautement le poète. Autre gentillesse : la fille de l'amateur et compositeur de drames est destinée à un certain M. de Sombreuse, dont le caractère est fort analogue à celui du père. Il paraît devant la future et lui fait une déclaration d'amour si tragique, que la croyant voir fondre en larmes, il s'écrie : *Mademoiselle en tient !....* »

Pendant que nous sommes sur l'article des drames, j'ai vu quelque part, Milord, que M. de Voltaire, en parlant de quelques-uns observait que ce nouveau genre devait s'appeler *la comédie horrible*, genre qu'il proscrivait déjà par cette appellation même. On peut dire aussi, à l'occasion de la tragédie de *Gabrielle de Vergy* de M. de Belloy, imprimée depuis long-temps, mais jouée pour la première fois à Fontainebleau, que cet auteur a imaginé une troisième espèce de tragédie que je désignerais par la *tragédie exécrable*. Quoique je sois Anglais, et par conséquent habitué à toutes les horreurs de notre théâtre, je vous avouerai qu'elles m'ont toujours répugné. D'ailleurs ici l'actrice (1) enchérit sur l'action, déjà repoussante, par un jeu plus révoltant encore. Vous connaissez cette pièce; vous savez qu'on apporte à *Gabrielle de Vergy*, de la part de son mari, un vase couvert, qu'elle croit contenir du poison. Elle reçoit avec joie ce fatal présent; elle s'empresse d'en jouir et d'y trouver la fin de tous ses maux. Quel spectacle! c'est le cœur de son amant! alors le mouvement naturel serait de rejeter le vase avec horreur et de s'évanouir. Point du tout : comme pour s'assurer mieux de sa découverte, elle revient plusieurs fois sur ce cœur, le considère avec une horrible complaisance, et fait voir par degrés toutes les nuances d'une agonie étudiée, présentant les plus belles attitudes, les situations les plus pittoresques; ce qui détruit toute l'illusion pour de certains spectateurs, mais la rend plus cruelle pour les gens vaporeux et sujets aux affections spasmodiques. Aussi la jeune cour n'a pu goûter une tragédie pareille, où tous les sens sont également tourmentés : car si les yeux y trouvent le spectacle le plus hideux, les oreilles sont encore affligées par une versification dure et

---

(1) Mlle Vestris.

barbare, dont on ne rencontre d'exemple aujourd'hui que dans les autres pièces de M. de Belloy.

L'égoïsme, comédie de M. de Cailhava, était fait pour produire des sensations plus agréables : et cet auteur, qui avait donné des espérances fondées dans le vrai genre de la comédie, avait lieu de s'attendre à réussir ; mais pour avoir voulu trop généraliser son sujet, il l'a énervé ; tous les acteurs de sa pièce étant égoïstes, personne ne l'est. Ce n'est plus ni un vice, ni un défaut, ni un ridicule : c'est un attribut inséparable de notre nature. Sans doute son but était très-philosophique : il voulait prouver que la différence n'est que dans *l'égoïsme* bien ou mal entendu ; mais dès-lors il dénaturait l'acception du mot, qui se prend toujours en mauvaise part. Il peignait l'amour-propre, l'amour de soi, qui tient à notre existence, et qui, modifié ou exercé diversement, devient vice ou vertu. Malgré cette gaucherie capitale, la pièce n'est pas sans mérite, et l'on y trouve de ce *vis comica*, si rare dans nos poètes comiques actuels, bien préférable à l'esprit, au brillant, aux gentillesses qu'ils y sèment avec tant de profusion.

Pour ne point vous ennuyer par une énumération trop détaillée et trop longue de tant d'ouvrages morts-nés, je passe à la seule pièce qui ait eu un succès décidé, à la tragédie de *Mustapha et de Zéangir*, de M. de Chamfort. Elle a été aux nues, et le méritait au gré de ses partisans. Ils y trouvent un plan bien net, une conduite sage, une marche parfaitement suivie, du génie enfin. Du reste, toujours suivant eux, des beautés de détail, des vers harmonieux, des pensées les plus heureuses et l'amour fraternel peint au plus haut degré, ont contribué à compléter la satisfaction générale. Ils ne desirent que de légers changements dans le dénoûment. Pour moi, qui ne m'engoue pas avec tant de facilité, le premier acte m'a plu ; j'ai trouvé quelque sensibilité dans le second ; le troisième m'a paru froid ; le quatrième très-beau, et le cinquième détestable. Tel était le jugement que j'avais porté de la pièce, lorsqu'on m'a prêté une tragédie sous le même titre d'un M. Belin, exécutée en 1705 et qui eut alors vingt-six représentations. Je fus bien surpris de la hardiesse de M. de Chamfort à remanier un sujet qui avait plu généralement dans un temps où l'on était encore tout ému d'admiration des chefs-d'œuvres de Corneille et de Racine. Mais quelle ne fut pas mon indignation, lorsque, par la discussion, je découvris que cet auteur, en prenant le même sujet, en avait pillé de la façon la plus grossière, le plan, l'intrigue, les caractères, les situations, et jusqu'aux sentiments et aux pensées : qu'il avait seulement ralenti la marche, affaibli les caractères, et, aux vers simples et naturels de son modèle, substitué des vers épiques et brillants ! Je m'écriai alors avec Gresset :

> Des réputations, on ne sait pas pourquoi !

Voici cependant ce qu'a produit celle-ci : c'est que le poète, à l'occasion de l'amour fraternel, objet principal de ce drame, a placé quelques tirades, gauchement amenées, mais relatives à l'union qui règne aujourd'hui entre Louis XVI et ses frères. Le monarque en fut très-satisfait, et dès le soir en témoigna son contentement à son coucher. La reine, qui protégeait M. de Chamfort, lui annonça que le roi lui donnait une pension. M. le prince de Condé le nomma secrétaire de ses commandements, et les fades courtisans prônèrent à l'envi un poète qui avait eu le bonheur d'intéresser leurs majestés.

Après les spectacles, Milord, les courses de chevaux ont fort amusé la cour. Ces courses, dont je ne vous ai pas encore parlé, et qui ne sont qu'une frêle imitation des nôtres, sous un gouvernement plus prévoyant, ayant de grandes vues et perçant dans l'avenir, pourraient se tourner en institution politique très-propre à nous devenir funeste un jour. En effet il serait, sans doute, fort avantageux à la France de former, par ces exercices fréquents et multipliés les chevaux de ses haras à la vigueur, au brillant et à légèreté des nôtres. Elle s'affranchirait ainsi à la longue du tribut qu'elle nous paye en cette partie. Mais jusqu'à présent je n'y vois qu'un jeu puéril, sans aucun but d'utilité réelle. La reine qui, dans l'âge aimable où elle est, se plaît à tout ce qui est mouvement et tumulte, a beaucoup contribué à encourager les courses. Pour amuser Sa Majesté il y en a eu durant le voyage de Fontainebleau : on en avait réservé pour ce temps une, la plus fameuse qu'on ait encore vue.

M. le comte d'Artois avait fait acheter chez nous, il y a plusieurs mois, un superbe coureur d'un prix fou, puisqu'il lui avait coûté 1,700 louis. Depuis on l'avait gardé avec le plus grand mystère ; il était dérobé à tous les yeux, et les seuls favoris de son maître avaient la liberté de le visiter. Il se nommait king Pepin (1). C'est ce magnifique cheval qui a été réservé pour la course en question. On en parlait diversement. Quelques-uns de nos compatriotes qui le connaissaient, m'avaient prévenu qu'il était de la plus avantageuse encolure, qu'il n'avait point de pareil pour les deux premiers tours, mais qu'il faiblissait au troisième considérablement ; qu'en un mot il était usé : que du reste il était excellent pour la pelouse et ne valait rien sur la terre. Vous jugez, Milord, que je n'ai pas manqué un pareil spectacle, qui intéressait en quelque sorte notre

---

(1) Le roi Pepin.

nation. Il y avait en effet beaucoup d'Anglais, et l'un d'eux a offert dix mille louis de pari. On a prétendu qu'il était de moitié avec l'ancien propriétaire du coursier, qui, honnêtement, ne pouvait pas porter de défi.

Beaucoup de curieux de Paris et d'ailleurs, d'amateurs, de fainéants et de richards s'étaient rendus au jour indiqué pour jouir de ce coup-d'œil, que vous savez être de quelques minutes seulement.

Toute la cour n'a pas manqué d'y assister et même le roi qui, invité par le comte d'Artois de parier pour lui, y a consenti, et pressé de s'expliquer sur la somme, a répondu qu'il irait jusqu'à un écu de trois livres ; persiflage qui n'a point amusé S. A. Royale ; mais la reine l'en a dédommagé par l'intérêt vif qu'elle a paru prendre au maître et au coursier, qu'elle a daigné caresser de ses augustes mains. L'animal, fier d'un tel encouragement, est parti ; il a déployé la plus héroïque ardeur ; mais ce qu'on avait annoncé est arrivé, il n'a pu soutenir son début brillant et a perdu. Malheur, sans doute, au *Jockey* (1) chargé de cette expédition ! Le prince a été furieux, et il a fallu soustraire le héros vaincu aux premiers mouvements de sa colère. Une bataille

---

(1) Le palfrenier qui court sur le cheval.

perdue en France ne met pas à beaucoup près un général dans un danger si éminent.

Je ne puis en finissant, Milord, vous rendre compte encore de l'affreuse catastrophe arrivée auprès de Fontainebleau. Vous avez raison de regarder comme absurde tout ce que les gazettes vous en ont dit, et je compte fixer incessamment vos incertitudes à cet égard. Je vous embrasse en attendant du plus profond de mon âme.

10 mars 1779.

LETTRE XXIV.

Étrange catastrophe arrivée à la chasse, auprès de Fontainebleau.

La catastrophe arrivée à la chasse aux environs de Fontainebleau, et dont vous n'êtes instruit qu'imparfaitement, Milord, est une des plus cruelles aventures qu'ait jamais occasionnées cette passion funeste. Elle sert de nouvelle preuve des excès auxquels elle porte ceux qui en sont tourmentés. C'est un besoin, c'est une fureur, c'est une rage : il faut qu'on se satisfasse, à quelque prix et par quelque moyen que ce soit. Les hommes les plus doux, les plus honnêtes par nature, par éducation, par état, elle les rend plus féroces et plus impitoyables que les bêtes fauves qu'ils poursuivent. C'est ce qu'on remarque dans l'auteur du meurtre, ou plutôt de l'assassinat lâche et barbare dont il s'agit. Voici le fait, tel qu'il s'est raconté dans le premier moment à Fontainebleau, lorsque les partisans et les défenseurs du coupable n'avaient pas encore eu le temps de l'arranger pour le rendre moins odieux et plus pardonnable. J'ai observé que dans les relations de cette espèce, bien différente des autres, c'était toujours à la première leçon qu'il fallait s'en rapporter.

M. de Biragues, capitaine d'artillerie, étant à table dans son château, entend tirer; il est surpris qu'on vienne sur sa terre sans l'en avoir prévenu. Il quitte le dîner, malgré les instances de sa femme, et n'ayant pour toute arme qu'un bâton, il s'avance vers l'endroit où il a entendu le bruit. Son fils, âgé de dix ou douze ans, par la curiosité naturelle à cet âge, le suit avec un domestique. Son père rencontre bientôt deux chasseurs auxquels il reproche leur hardiesse : la querelle s'engage, elle s'échauffe et le propriétaire du lieu se servant des termes énergiques que lui suggère sa juste indignation, l'un des deux *quidams* (1), qu'on a su depuis être un officier dans le régiment de la reine, le couche en joue et le tue. Cependant le fils et le laquais crient à l'assassin et le poursuivent. L'autre *quidam*, connu ensuite pour un abbé (1) et un parent du premier, ayant encore son fusil chargé, les menace de tirer sur eux, s'ils ne s'éloignent et ne cessent leurs clameurs. Ils retournent vers madame de Biragues, tremblante, éplorée et presque sans vie. Elle ranime ses forces dans l'es-

---

(1) M. *Berthelot de la Ville Haurnoye.*
(2) L'abbé *Berthelot.*

poir d'une prompte vengeance; elle est bientôt instruite du nom du plus coupable; elle se rend à la cour et s'y jète aux pieds du roi en demandant justice. L'extrême sensibilité du jeune monarque à tout ce qui est horreur, atrocité, le porte à donner les ordres les plus sévères contre l'accusé. En conséquence M. le comte de Saint-Germain fait enjoindre à toutes les maréchaussées de le poursuivre sur son signalement, ainsi que les malfaiteurs et les scélérats. Mais bientôt tout a changé de face; des liaisons d'intérêt, de parenté, d'amitié, ont rendu le chef suprême de la justice moins ardent à l'exercer. M. le garde des sceaux a prétendu éclairer la religion surprise de Sa Majesté en lui faisant entendre que M. de Biragues, armé d'un bâton, avait menacé le chasseur, ce qui rendait la conduite de celui-ci moins criminelle et même nécessaire. L'on s'est refroidi généralement : le procès s'instruit cependant pour la forme; mais comme le mort a toujours tort, on ne doute pas que le vivant n'obtiène sa grâce incessamment. Pour toucher davantage en sa faveur, on raconte que son père, âgé de 84 ans, est tombé en apoplexie à cette fatale nouvelle; et ce n'est plus sur l'épouse en deuil et sur des enfants sans appui que porte l'intérêt du Français, dont le cœur change d'affection, comme l'esprit d'objet; on s'étend sur les excellentes qualités du militaire, sur sa bravoure, sa politesse, sa mansuétude; on dit, au contraire, que M. de Biragues était un homme mal embouché, violent, emporté. N'ayant point les pièces du procès sous les yeux, et ne pouvant lire les dépositions des témoins, discutons les vraisemblances de la narration de ceux qui cherchent à donner le tort à M. de Biragues et à justifier le meurtrier.

Ils disent que M. de Biragues, après avoir violemment injurié les braconniers, l'un d'eux s'était approché honnêtement de lui, et, le chapeau à la main, lui avait fait des excuses; qu'alors, sans égard à celles-ci, il lui avait donné un coup de bâton qui l'avait fait tomber, et qu'il se disposait à lui en assener un autre, lorsqu'en se relevant le militaire s'était vu forcé pour éviter ce second outrage de coucher son ennemi à bout portant.

Or, peut-on croire qu'un homme n'ayant qu'un bâton soit assez téméraire pour en attaquer un autre armé d'un fusil, accompagné d'un camarade également en défense? Peut-on croire que celui-ci, assez inhumain, assez furieux pour menacer un enfant demandant vengeance de la mort de son père qu'il vient de voir expirer sous ses yeux, soit assez lâche, ait assez de sang froid pour ne pas défendre son ami tombant à ses pieds d'une manière infâme? Y a-t-il quelque apparence que le spectateur intact, étant resté dans l'inaction, l'autre terrassé d'un coup vigoureux, conséquemment ayant laissé échapper son fusil, ait eu le temps de se relever, de le reprendre et de faire en un clin d'œil toute la manœuvre que supposerait le récit de ses défenseurs.

Tout le monde convient, il est vrai, assez généralement des mœurs douces et honnêtes, jusques là, du meurtrier; mais on assure assez unanimement aussi que c'était un braconnier impitoyable, ne connaissant ni loi, ni procédés à cet égard, lorsqu'il était animé de la passion de la chasse; ce qui confirme ce que je vous ai dit au commencement de ma lettre au sujet de cette fureur, transformant l'homme et le dénaturant tout à fait. Quant au caractère de M. de Biragues, peu importe ce qu'il était; il avait certainement bien droit d'entrer dans la plus violente colère de se voir bravé, insulté chez lui et jusque sous ses fenêtres; mais cela ne rend pas son action plus vraisemblable, ni même plus possible, encore moins la suite entière de ce récit d'un bout à l'autre.

Enfin, de quelque manière que les choses se soient passées, le coupable ne peut se laver d'un premier crime, d'être venu à main armée sur une terre étrangère, d'y avoir exercé un brigandage effroyable. Et il était essentiel pour le bon ordre, pour l'intérêt de tous les seigneurs et pour la nécessité de pourvoir à la conservation des droits les plus sacrés de l'humanité, de faire un exemple qui effrayât et pût arrêter à l'avenir les malheurs provenant fréquemment d'une passion effrénée, dont la potence et la roue peuvent seules arrêter les excès.

15 mars 1779.

LETTRE XXV.

Sur la ville de Marseille. Caractère de ses habitants: leur gaité. Digression sur une folie religieuse de cette ville ; détail de ses manufactures.

En quittant Toulon, Milord, je me suis rendu à Marseille, qui n'en est qu'à peu de distance, depuis long-temps la troisième ville du commerce de France (1) et à la veille d'en être la première. D'abord par son heureuse position, elle fait presque à elle seule nécessairement et exclusivement aux autres ports de ce royaume tout le commerce de l'Italie et du Levant ; et elle va le faire maintenant à l'exclusion même des Anglais hors d'état durant cette guerre-ci de tenir dans la Méditerranée des forces suffisantes pour protéger leurs navires. En outre, elle doit par les circonstances qu'elle n'aura jamais plus favorables, entreprendre le commerce des îles, en concurrence, sinon supérieure, au moins égale avec les ports du Ponent. En effet, si elle

---

(1) On met au dessus Bordeaux et Lyon.

a le désavantage d'un plus grand éloignement et du détroit difficile à franchir, elle ne craint pas comme eux que ses bâtiments soient pris en sortant, et les siens vont prolonger en liberté les côtes d'Espagne, et s'élever promptement dans l'Océan sans avoir couru que des risques nuls ou faibles.

Au reste, cette ville très-ancienne (1), a depuis son origine été célèbre par son commerce : mais ce qui la distingue, et ce qui n'est pas ordinaire à celles de son espèce, c'est qu'elle est encore renommée pour la politesse de ses habitants. Il faut sans doute attribuer ce caractère de douceur, d'agrément et d'urbanité à la nature de leurs correspondances toujours entretenues avec les peuples les plus cultivés de la terre, les Grecs et les Romains; tandis que les autres ports n'avaient de liaisons qu'avec des nations grossières, avec des barbares ou des sauvages. La beauté du ciel, du climat et du sol y contribue vraisemblablement aussi. Indépendamment de ces qualités sociales, qui ne sont peut-être que la suite de la culture de leur esprit, les Marseillais ont de tout temps eu beaucoup d'aptitude aux sciences ; ils se glorifient que leur ville ait été la patrie de l'ancien et fa-

---

(1) On la prétend fondée par une colonie de Phocéens.

meux astronome Pythéas ; ils comptent depuis une foule de savants, de gens de lettres, d'artistes de toute espèce sortis de leur sein ; et actuellement ils ont une académie de belles lettres, sciences et arts, une académie de peinture, une académie de musique, un observatoire royal (1) et plusieurs autres institutions semblables, fruit de leur goût pour ces divers genres et propres à l'entretenir.

Une qualité des Marseillais, suivant moi plus précieuse, c'est leur amour ardent pour la liberté. Marseille, la sœur et l'alliée de Rome, presque dès sa naissance, comme elle, ne tarda pas d'expulser les chefs dont elle craignit le despotisme. Aux Proriades (2) elle substitua le gouvernement républicain : elle le divisa entre ses six cents citoyens, et depuis elle n'a pas perdu ce goût ; la citadelle Saint-Nicolas et le fort Saint-Jean bâtis sous Louis XIV (3) pour les contenir, en sont des monuments subsistants, et

---

(1) Cet édifice est sur une éminence, près de l'endroit anciennement appelé la *Roque des Moulins*, où il y a lieu de croire que Pithéas avait fait élever sa fameuse aiguille.

(2) Ou Prothides, descendant de Prothis, le premier conducteur de la colonie phocéenne.

(3) La citadelle Saint-Nicolas fut construite en 1660, et le fort Saint-Jean en 1664.

l'inscription latine que j'ai lue et qui se trouve mise à la pierre angulaire de la première, quelque adroitement tournée qu'elle soit (1), en décèle l'objet et confirme mon assertion.

La gaîté de ce peuple est une chose très-remarquable dans une ville presque toute composée de négociants. Ceux-ci ne sont point, ainsi que leurs pareils, travaillés d'une avarice insatiable qui ne leur permette pas de perdre de vue un instant leur commerce, et de se livrer à aucune distraction ; ils savent entremêler les affaires aux divertissements, et de cette disposition habituelle à la joie, il résulte sur leur physionomie une franchise aimable qui inspire la confiance. Les mouvements du port n'ont point à Marseille, comme dans les autres villes maritimes, un air d'effort et de gêne, de cupidité active et inquiète : tout s'y traite avec aisance et liberté ; tous les jours y semblent des jours de

---

(1) On y lit : *Ne fidelis Massilia, aliquorum motibus concitata, vel audaciorum petulantiâ, vel nimiâ libertatis cupiditate, tandem rueret.*

Ludovicus XIV, Gallorum Imperator, Optimatum populique securitati hac arce providit.

Rex jussit :

Cardinalis Mazarinus, pace ad Pirennes compositâ, suasit.

Ludovicus de Vendôme, *provinciæ Gubernator, executor est.*

fête, et l'on dirait que le travail n'est que le délassement du plaisir. Le mélange seul des différentes nations qui y abondent, plus diversifié qu'ailleurs, fait un spectacle charmant pour les étrangers.

Qui croirait, Milord, que la superstition eût pu se glisser parmi ce peuple aimable et folâtre? Que dis-je! elle y domine puissamment, et je n'en ai pu douter à la vue de cette foule de couvents de deux sexes dont Marseille est remplie, de ces chapelles, de ces confréries, de ces pieuses mascarades qu'on y rencontre de toutes parts. Sous cette dernière dénomination, j'entends les *pénitents*, genre de folie que nous n'avons jamais connu en Angleterre, même lorsque nous étions le plus absorbés sous le joug de Rome. La nouveauté du sujet m'engage dans une digression curieuse, où je vais vous faire part de tout ce que j'en ai appris.

Les chroniqueurs sont divisés sur l'origine des pénitents; les uns les font venir d'Italie, les autres de Hongrie: quoi qu'il en soit, elle remonte au moins à plus de quatre siècles; il y en eut à Marseille dès 1370, et ils multiplièrent tellement qu'on y compte jusqu'à treize chapelles fondées de pénitents de diverses couleurs. De cette intarissable pépinière, il se forma bientôt des émigrations dans les villes voisines de la Provence et du Languedoc, et les colonies s'étendant jusque dans les provinces limitrophes de celle-ci, la France aurait été enfin couverte de pénitents, si François 1er n'y eût mis ordre en les abolissant, et faisant raser leurs chapelles (1). L'édit de ce prince ne fit qu'arrêter les progrès de ce nouveau genre de bigoterie, mais resta sans exécution dans les provinces éloignées, et surtout au chef-lieu. Les calvinistes en prirent ombrage, et, aussi intolérants que leurs persécuteurs, en sollicitèrent par leurs députés à la reine régente (2), l'extinction totale ; ils envoyèrent même à la cour des caricatures grotesques de ces pénitents. Paris s'en amusa, et les plaintes des religionnaires n'ayant point eu d'effet, il vit refluer dans son sein ces proscrits triomphants (3), glorieux de compter parmi leurs confrères des souverains, Henri III, le roi de Navarre et Louis XIII.

Les pénitents, dont l'institution est assez désignée par leur nom, sont au dessus des confréries ordinaires, par l'adoption de toutes les abstinences et macérations religieuses ; ils ne sont cependant pas tout à fait cénobites, puisqu'ils ne

---

(1) Par édit du mois d'août 1539.

(2) En 1591.

(3) Charles IX par son édit donné à Amboise en 1572, révoqua celui de François Ier, et Henri III en fit de même.

font aucun vœu et ne se sèvrent ni du mariage, ni des autres fonctions de la société; mais ils se désignent comme ceux-ci par des livrées; il en est de blancs, de noirs, de gris, de jaunes, de verts et autant qu'il y a de couleurs et de nuances; la différence est qu'ils ne les portent qu'à l'église et durant l'exercice de leurs dévotes simagrées. Cet accoutrement lui-même est plus bizarre qu'aucun habit de moine. C'est une espèce de *domino* qui les enveloppe depuis la tête jusqu'aux pieds; ils ont en outre un capuchon avec un masque.

Les pénitents étaient autrefois d'une rigidité sévère sur l'observation de leurs règles, et la tradition en a conservé parmi eux des traits frappants. En 1421, Fabri de Casaux étant entré avec l'épée et le baudrier dans la chapelle des pénitents noirs le jour de Saint-Jean-Baptiste, son propre père, Charles de Casaux, qui, méconnaissant son vrai souverain, s'était érigé en tyran dans Marseille (1), se trouvait pour lors recteur de la confrérie; il fut scandalisé d'un faste militaire, trop opposé à l'esprit de l'institution. Animé de ce fanatisme, qui l'avait rendu coupable d'un crime de rébellion, il oublia que

---

(1) Il fut tué en 1666 par Bayon de Libertat, qui rendit la ville au duc de Guise pour Henri IV, quoique les Espagnols en occupassent le port.

c'était son fils, et le soumit comme les autres pécheurs à la pénitence publique ordonnée par les statuts ; il fallut que ce superbe paladin se revêtît de son habit de confrère, et en présence de tous et du peuple, chantât devant l'autel le psaume *Miserere*.

Cette expiation était bien légère en comparaison de celle que s'imposa lui-même, en 1611, le recteur d'une autre troupe de pareils fous. Se repentant de n'avoir pu assister à la procession le jour de la Conception, à cause d'une fièvre lente qui le tenait alité, il fit amende honorable le jour de Noël suivant, pieds nus, la torche au poing, en chantant plusieurs fois l'hymne *Memento salutis auctor* ; et chaque fois qu'il prononçait ces mots, *Matris misericordiæ*, il baisait la terre qu'il arrosait de ses larmes.

Il faut avouer que dans ce siècle la ferveur des pénitents est bien relâchée. On a vu en 1752 un frère discole préférer de soutenir un long et dispendieux procès, plutôt que de s'acquitter d'une légère pénitence, puisqu'il ne s'agissait que de dire l'Oraison Dominicale à genoux et à huis clos ; mais enfin ce fut le sujet d'une contestation sérieuse : elle dura beaucoup de temps, elle coûta des frais énormes, et il y eut des juges assez imbécilles pour s'en occuper comme d'une matière importante ; il paraît même que la cause n'a jamais été décidée, car on n'a pu m'apprendre le jugement.

Après vous avoir égayé un moment, Milord, de ces farces mystiques, dignes des siècles qui les ont vues naître, mais dont il est honteux pour ce siècle éclairé de voir rester des vestiges, je passe à des détails qui vous intéresseront davantage.

On commence à prendre ici les précautions les plus gênantes pour empêcher l'introduction des étrangers ou inconnus quelconques. A peine ai-je eu mis pied à terre dans l'auberge d'où je vous écris, qu'il a fallu donner mon nom à l'hôte, ce qui ne se pratiquait jamais autrefois et n'a lieu que depuis le commencement du mois, en conséquence d'ordres donnés à tous ceux qui tiènent des hôtels ou des chambres garnies, par le duc de Pilles, gouverneur viguier (1) de la ville. J'étais heureusement en règle et muni de fortes lettres de recommandation comme pour Toulon : il m'a donc été permis de tout voir.

Marseille est divisée en vieille ville et ville neuve ; la première est d'un mauvais goût, la seconde est très-belle. Il y avait autrefois un département de marine royale très-florissant du temps que les galères y étaient ; mais depuis leur

---

(1) C'est-à-dire, chef du corps de ville.

réunion à Toulon, ce n'a plus été qu'un département des classes pour lever des matelots. Ce qui a déterminé surtout à supprimer cet arsenal, c'est qu'il ne peut entrer dans le port qui ne tire point assez d'eau pour les vaisseaux de ligne, que des frégates du roi. Les Marseillais regrètent encore la superbe salle d'armes qu'on y voyait, et qui faisait l'admiration de tous les voyageurs ; elle est aussi transférée à Toulon : le reste de l'emplacement et des édifices ne servant plus à rien, il est question de les vendre ; mais qui les achètera ?

Comme je vous l'ai insinué plus haut, Milord, les Marseillais sont enchantés de la guerre : ils forment d'avance les spéculations les plus brillantes. Leur port marchand est dans un mouvement tel qu'on ne l'a jamais vu, j'y ai compté plus de trente bâtiments sous charge pour les Etats-Unis de l'Amérique ; cette branche nouvelle de commerce sera très-avantageuse au débouché des nombreuses manufactures de cette ville ; j'y en ai visité jusqu'à trente-cinq : celles de savon sont les plus renommées de toutes les autres du même genre qui existent. Les nations étrangères justifient leur excellence par les achats immenses qu'elles en font : celles de faïence m'ont paru à un tel point de perfection, qu'elles imitent la porcelaine ; depuis l'établissement de l'académie de peinture, les directeurs trouvant à leur disposition des dessinateurs et des peintres à un prix médiocre, ont procuré aux productions de leurs fourneaux l'élégance des formes, la vérité des couleurs et toutes les recherches de l'art. Une preuve non équivoque de leur supériorité, c'est que le feu roi de Portugal ayant établi une pareille manufacture à Lisbonne, n'a pas cru donner une meilleure idée de la bonté et de la beauté des ouvrages qui en sortaient, qu'en l'intitulant : *Manufacture Royale de faïence, façon de Marseille*. Les mêmes circonstances ont mis de plus en plus en vogue les manufactures des étoffes et des toiles peintes, façon des Indes ; je n'ai pu m'empêcher d'admirer la pureté des traits de leur dessin, et le brillant de leurs couleurs. J'en dois dire autant des manufactures de tapisseries peintes à la détrempe, connues sous le nom de tapisseries de Marseille, parce que c'est dans cette ville que ce genre prit naissance, au moyen de l'imitation que les élèves de *Puget* (1) surent faire des tapisseries des Gobelins, qu'un intendant des galères avait, le premier, portées à Marseille. La diversité de ces manufactures en fait le mérite le plus essentiel pour leur consommation ; il en est à l'usage des riches, des bour-

---

(1) Un des plus grands sculpteurs de l'école française, né à Marseille en 1623. Il était aussi peintre.

geois, des pauvres, des nationaux, des étrangers; il en est pour la marine marchande et pour les arsenaux du roi; il en est pour les bâtiments, pour les meubles, pour les vêtements, pour le luxe, pour le jeu, pour le comestible. Quel gourmand ne connaît la fabrication des salaisons de ce port, telles que le thon mariné, les anchois, les capres, les truffes, les olives préparées à la manière du fameux *Pesceolini* (1); enfin, il est jusqu'à des manufactures de pipes, pour faire fumer les Hollandais, et qui le disputent à celles de leur pays.

L'insurrection des Américains, Milord, a causé une si vive émotion dans Marseille, qu'on y a institué une fête pour en conserver et célébrer la mémoire à perpétuité: c'est un *Club* à la manière anglaise; il est composé de treize personnes, emblème des treize colonies unies. Ces frères, qui ne sont pas tout à fait des frères pénitents, doivent faire annuellement treize piqueniques; il n'est permis de ne boire que treize coups; on y porte treize santés, et c'est le 13 septembre dernier que le premier festin a eu lieu. Vous voyez, Milord, que ce nombre de treize, autrefois évité par les Français dans les repas avec tant de soin, comme funeste (2), va devenir recherché et de

---

(1) Traiteur, rival de *Martiola*, célébré par Voltaire.
(2) Les gens superstitieux de ce pays-ci, à cause de

bon augure. On craignait dans les commencements que cette association de politique ne déplût au gouvernement par le génie anti-anglais qui en fait l'essence et qu'il affiche avec tant d'éclat ; on s'attendait d'un jour à l'autre à lui voir intimer des défenses de s'assembler, mais elle a pris naissance précisément au moment où les cartes commençaient à se brouiller, et elle a reçu au contraire des éloges et des encouragements. A chacun de ces festins, on chante des chansons ; on lit des vers, des morceaux de littérature relatifs à l'objet de l'institution, et alors le public est admis à assister à la séance. Depuis mon arrivée on en a tenu une, et l'on m'a procuré ce spectacle. J'ai été frappé en entrant dans la salle à la vue d'une foule de portraits représentant tous d'illustres insurgents, mais celui de M. Franklin a surtout attiré mes regards à cause de la devise : *Eripuit Cœlo fulmen, sceptrumque Tyrannis* : elle y était inscrite depuis peu, et chacun en admira la vérité sublime. Je ne pus malheureusement qu'en reconnaître aussi la justesse, et tout ce que je crus devoir à ma nation, ce fut de ne pas applaudir comme tout le monde. Après ce

---

Judas, le treizième des apôtres, devenu traître, ne voulaient point se mettre à table au nombre de treize, ils prétendaient qu'un des convives devait mourir dans l'année.

brouhaha, les exercices littéraires commencèrent.

Il y a d'abord le cantique de fondation composé de l'ouverture de la société, qui est en treize couplets et se chante par chacun des frères à mesure qu'on porte les santés. Il est d'un M. *Vauchier*, créole de naissance, exerçant la profession d'avocat à Marseille. Il est très-bien fait, rempli d'idées, embelli d'images nobles et poétiques.

Dans le premier couplet le poète s'adresse à la nation entière des insurgents ; le second est à la mémoire des guerriers morts en combattant pour leur patrie ; le congrès est célébré dans le troisième ; son président, le sage *Hancok*, est le héros du quatrième : *Washington* vient après ; ensuite *Lée*, *Arnold*, *Putnam*, *Lewis*, et autres généraux reçoivent les louanges qui leur sont dues. On n'oublie ni le corps des officiers, ni les soldats qui composent l'armée entière.

Le neuvième couplet est consacré au docteur *Franklin*, à M. *Deane*, et autres chargés des affaires de la nation ; le dixième, aux mères enceintes ou nourrices : on enflamme déjà dans le onzième le courage des enfants encore trop jeunes pour combattre ; on n'oublie pas les officiers français passés au service de ces alliés, et le marquis de la *Fayette* est spécialement désigné au treizième et dernier couplet.

Cette explication préalable vous fera mieux goûter l'hymne marseillais. Que nos compatriotes rougissent de ne pas mieux rendre justice à des peuples que les Français ont su apprécier, dont ils ont reconnu la bravoure et les vertus !

>Tandis que nous goûtons les charmes,
>Du plus fortuné des climats,
>Amis, au milieu des frimas,
>Tout retentit du bruit des armes.
>O muse ! inspire-moi des chants
>Dignes du temple de Mémoire.
>Muse, viens graver dans l'histoire
>Le nom, les faits des insurgents.

>De lauriers couronnons la cendre
>De ces héros morts aux combats ;
>En perdant ses meilleurs soldats,
>La Grèce apprit à se défendre.
>O muse, etc.

>Vous dont le conseil toujours sage,
>De l'Anglais sait braver les coups,
>Faites revivre parmi vous
>Les vertus de l'aréopage.......
>O muse, etc.

>C'est en vain qu'on proscrit sa tête,
>Hancok soutient la liberté ;
>L'Américain avec fierté
>Autour de lui voit la tempête.......
>O muse, etc.

Le sort ne peut rien sur ta gloire,
Washington; l'immortalité,
Aux yeux de la postérité,
Ne dépend pas de la victoire....
O muse, etc.

Toi qui disposes du tonnerre
Et qui sus lui donner des lois,
Franklin, en triomphant des rois,
Il est beau d'étonner la terre...
O muse, etc.

Pour fonder la nouvelle Rome,
Arnold, Putnam, soyez unis;
Apprenez de vos ennemis
Combien parmi vous vaut un homme...
O muse, etc.

Couverts d'honorables blessures,
Je vois triompher vos guerriers,
Ils n'ont pas flétri leurs lauriers
Par ces horribles chevelures.
O muse, etc.

L'Europe entière se soulève
Au récit de ces cruautés;
Sur vos crânes ensanglantés,
Soldats, la liberté s'élève....
O muse, etc.

Daignez partager notre hommage,
Beau sexe que nous chérissons;
Transmettez à vos nourrissons
Votre fierté, votre courage....
O muse, etc.

Vous aussi dont l'âge trop tendre....
Enchaîne aujourd'hui la valeur,
Sachez ce qu'une noble ardeur,
A la patrie un jour doit rendre.....
O muse, etc.

Français, quittez le sein des villes,
Coulez des jours plus glorieux;
Allez chercher en d'autres lieux
Marathon et les Thermopyles......
O muse, etc.

C'est par toi brave la Fayette
Que nous terminons nos concerts;
Affronte les vents et les mers,
Des Français va payer la dette.
O muse, etc.

J'ai retenu encore, Milord, entre les autres morceaux, cette chanson qui n'est pas nouvelle, mais que je ne connaissais point, et qui m'a frappé par la manière dont elle peint le caractère aimable, facile, enjoué que développe maintenant le docteur Franklin depuis que la meilleure tournure des affaires l'a rendu à son état naturel; elle a été composée à l'occasion du jour anniversaire de sa naissance, elle est sur l'air charmant :

Il aime à rire, il aime à boire.

Point de contrainte à cette table;
Chantons, amis, jusqu'à demain.

J'y trouve un plaisir tout divin
Quand je vois ce docteur aimable.
Tout ce qui gêne la gaîté
A son aspect doit disparaître :
Ce jour heureux qui le vit naître
Est marqué par la liberté. *Bis.*

On sait que la philosophie
Lui fit présent de son flambeau ;
Il l'adoucit par le bandeau
D'un grain de charmante folie.
De ces dons toujours précieux,
Tour à tour il fait bon usage.
Que servirait l'art d'être sage
Si l'on n'avait l'art d'être heureux ? *Bis.*

Si quelquefois dans sa belle âme
Les passions trouvent accès,
Il en sait régler les effets ;
C'est doucement qu'elle s'enflamme.
Du sort il verrait la rigueur
D'une égalité sans seconde ;
Il sent qu'on doit en ce bas monde
Prendre l'épine avec la fleur. *Bis.*

Je ne crois pas inutile aussi, Milord, de vous faire passer la parodie d'un discours prononcé par le lord North, servant d'introduction à ses bills conciliatoires. Ce discours ne prêtait pas mal à la plaisanterie, et vous verrez que les Français entendent mieux ce genre que nous. Faites circuler cette facétie ; puisse-elle avoir en

Angleterre le succès qu'elle ne manquerait pas d'obtenir ici, de désoler le ministre tourné en ridicule et d'accélérer sa chute !

On a lu une prétendue tragi-comédie, intitulée *Albion*, trop longue et trop ennuyeuse pour vous être adressée : voici seulement quelques vers d'une grande scène politique entre la princesse *Albion*, nom allégorique sous lequel est personnifiée l'Angleterre, et la princesse *Treize-Etats*, qui représente les colonies unies de l'Amérique. L'auteur y prédit d'avance le mauvais succès de nos démarches, aujourd'hui ridicules et insensées vis à vis nos sujets révoltés. La princesse *Treize-Etats* s'en moque, et l'autre voulant reprendre un ton de dignité et de supériorité, elle lui répond :

Je brave vos efforts, je ris de vos menaces.
Retournez dans votre île, y cacher vos disgrâces.
Le temps viendra, Madame, il s'approche à grands pas,
Où traitant avec moi, vous parlerez plus bas.
Adieu : je vais trouver une aimable princesse (1) ;
Son idole est l'honneur, l'opprimé l'intéresse ;
Vous la reconnaissez sûrement à ces traits,
Quoique bien méchamment vous gâtiez ses portraits !
Votre cœur est rongé des serpents de l'envie,
Il respire la rage avec la jalousie.
Faut-il donc s'étonner, si ses charmants appas
Toujours ont mérité que vous ne l'aimiez pas !

---

(1) La France.

O combien vos fureurs lui prodiguant l'injure,
La vont nommer de fois et perfide, et parjure!
Par un noble mépris elle vous répondra :
L'Olympe voit en paix fumer le mont Etna.

Que de revers, que d'humiliations, Milord, va nous causer cette guerre! car hélas! la pasquinade dont il s'agit n'est que l'image trop vraie de ce qui se passe aujourd'hui, et le pronostic du sort que nous devons attendre.

On regarde ici comme un des motifs du retard des Espagnols à se déclarer contre les Anglais, les inquiétudes où ils sont sur le compte de leurs galions. S. M. catholique ne peut pas laisser à ceux-ci le plus léger prétexte de s'en emparer au passage; on les attend incessamment; le bruit avait même couru dans ce port intéressé à leur retour, qu'ils étaient mouillés à Cadix; il ne s'est pas confirmé, et c'est le seul événement qui manque aujourd'hui à la satisfaction des négociants de Marseille.

Depuis mon départ de Toulon, le comte de Saint-Priest y est arrivé, et l'on dispose tout pour son départ prochain. Il a ordre de se rendre en diligence à Constantinople, non pour brouiller de mieux en mieux le Grand-Seigneur avec la Russie, comme n'aurait pas manqué de faire le duc de Choiseul qui, redoutant les liaisons de cette dernière puissance avec l'Angleterre, aurait cherché à l'occuper par une guerre personnelle; mais au contraire pour concilier les deux cours et consolider la paix entre elles, genre de politique inconcevable pour bien des gens, mais fort goûté des Marseillais qui en feront leur commerce avec plus de tranquillité.

Deux navires arrivés depuis peu dans ce port, ont donné des nouvelles du comte d'Estaing et de son escadre. Le premier a parlé au capitaine d'une des frégates à la hauteur d'*Alicante*, et trois jours après, le second étant sur le cap Palos, a vu au large une escadre faisant route à l'ouest par un petit vent frais venant de la partie de l'est. On se flatte donc qu'en ce moment le général français a surmonté les obstacles et cinglé dans l'Océan.

Je pars et me rends à Rochefort pour retourner bientôt à Paris, afin d'être à portée des grandes nouvelles qui doivent incessamment occuper les oisifs de cette capitale.

20 mars 1779.

FIN DU SECOND ET DERNIER VOLUME.

ERRATA.

Page 71, 13 septembre; *lisez*, 20 décembre.
Page 101, 13 novembre; *lisez*, 22 décembre.
Page 104, première note, tiré; *lisez*, retiré.
Page 121, 11 août; *lisez*, 25 décembre.
Page 137, 14 août; *lisez*, 29 décembre.

TABLE DES MATIÈRES

CONTENUES DANS CE VOLUME.

Lettre Ire. *Voyage de l'empereur en France; son séjour à Paris et dans quelques grandes villes du royaume,* pag. 1

Lettre II. *De la révolution de la musique en France. Ecrits à ce sujet,* 39

Lettre III. *Sur l'école française de peinture, et sur l'exposition au salon,* 59

Lettre IV. *Suite du coup-d'œil sur l'école française,* 72

Lettre V. *Sur la scène française, sur les acteurs et les actrices; sur les querelles des poètes dramatiques avec eux; sur la tragédie de Gabrielle de Vergy, sur son auteur,* 102

Lettre VI. *Sur la mort de Gresset, sur celle de Coustou. Description et critique du mausolée du dauphin et de la dauphine,* 122

Lettre VII. *Mémoire pour les auteurs dramatiques, contre les comédiens français,* 138

Lettre VIII. *Sur la mort de Le Kain*, 160

Lettre IX. *Sur un duel fameux*, 176

Lettre X. *Journal du séjour de Voltaire à Paris, depuis le 10 février jusqu'au 31 mars,* 191

Lettre XI. *Suite de la lettre précédente,* 209

Lettre XII. *Sur un procès plaidé avec un éclat sans exemple. Plaidoyers pour et contre. Jugement,* 221

Lettre XIII. *Suite du séjour de Voltaire à Paris. Sa mort. Evénements auxquels elle a donné lieu,* 256

Lettre XIV. *Sur la dissolution d'un mariage juif. Anecdote plaisante. Digression sur les juifs portugais en France,* 280

Lettre XV. *Sur la mort de Rousseau; sur le château d'Ermenonville; sur les mémoires de la vie de ce philosophe, écrits par lui-même,* 305

Lettre XVI. *Sur les Foires; sur les Spectacles forains. Anecdote curieuse et plaisante.* 323

Lettre XVII. *Fête funéraire en l'honneur de Voltaire,* 350

Lettre XVIII. *Apologie de la secte Anandryne, ou Exhortation à une jeune tribade, par mademoiselle de Raucourt, prononcée le 28 mars 1778,* 358

Lettre XIX. *Sur l'église de Saint-Sulpice; sur la restauration de la chapelle de la Vierge; sur le peintre Greuze et sur quelques-uns de ses ouvrages,* 380

Lettre XX. *Jugement rendu par le tribunal de l'inquisition d'Espagne, contre le comte d'Olavidès,* 400

Lettre XXI. *Cours de Politique à l'usage des Dames Allemandes et autres,* 408

Lettre XXII. *Sur un livre obscène, intitulé :* La F......manie, 424

Lettre XXIII. *Voyage de Fontainebleau. Spectacles de la cour. Courses, etc.,* 431

Lettre XXIV. *Étrange catastrophe arrivée à la chasse, auprès de Fontainebleau,* 447

Lettre XXV. *Sur la ville de Marseille. Caractère de ses habitants : leur gaîté. Digression sur une folie religieuse de cette ville; détail de ses manufactures.* 453

Fin de la Table du second et dernier Volume.

www.ingramcontent.com/pod-product-compliance
Lightning Source LLC
Chambersburg PA
CBHW072102220426
43664CB00013B/1970